Buch

Sergius Golowin verfolgt die Spuren der Katze mit großer Detailkenntnis und viel Humor durch die Kulturgeschichte. Er weiß sachkundig von ihrer Bedeutung im alten Ägypten, bei den Griechen oder in der nordischen Mythologie zu berichten; schildert uns ihren Einfluß auf das Brautwerben im Alpenraum, auf die Naturwissenschaften des Mittelalters und der frühen Neuzeit wie auch die Entwicklung der Heilkunst; deutet die Zusammenhänge zwischen Katzen einerseits und Klopfgeistern, Gespenstern oder Glücksbringern andererseits. Der letzte Teil des Buches ist der noch immer unterschätzten und wenig untersuchten magischen Ausstrahlung der Katze auf den Menschen gewidmet. Kaum ein Buch dürfte je so vielseitig und anregend unser mehrere Jahrtausende währendes Zusammenleben mit der Katze untersucht haben.

Autor

Sergius Golowin gilt als der bekannteste Autor auf dem großen Gebiet des Volksglaubens und des geheimen Wissens früherer Generationen. Der Autor, 1930 geboren, lernte schon von seinen Eltern und Großeltern sehr viel von den alten Überlieferungen zwischen Alpenraum und Schwarzem Meer kennen. Als gelernter Bibliothekar sammelte er entsprechende schriftliche Zeugnisse und wirkte in Arbeitsgruppen, die Nachrichten über Volkssagen und noch erhaltene Sinnbilder erforschten.

Im Goldmann Verlag sind außerdem erschienen:

Das Reich der Schamanen (11885)
Die Weisen Frauen (12068)
Edelsteine: Kristallpforten zur Seele (12058)

Sergius
GOLOWIN
Göttin Katze

*Das magische Tier
an unserer Seite*

GOLDMANN VERLAG

Der Goldmann Verlag
ist ein Unternehmen der Verlagsgruppe Bertelsmann

Made in Germany · 10/91 · 1. Auflage
Genehmigte Taschenbuchausgabe
© 1989 by Wilhelm Goldmann Verlag, München
Druck: Presse-Druck Augsburg
Umschlaggestaltung: Design Team München
Verlagsnummer: 12136
DvW · Herstellung: Sebastian Strohmaier
ISBN 3-442-121136-1

Inhalt

Vorwort 9

1. Teil: Sechs Spiegel der Göttin

Ägyptens Katzenseele 13
   Der siegreiche Sonnenkater 16
   Der Nil strömt durch Europa 19
   Geschwister aus dem Paradies 22

Die indische Katzengöttin und ihre Kinder 26
   Treue Beschützerin des Familienglücks 29
   Preis der göttlichen Mutter 31
   Die Katze im Goldhimmel 35

Lieblinge der Jägerin Artemis 39
   Flucht im Katzenfell 41
   Götterdämmerung der Antike 44
   Heinrich Heine sucht Diana 47

Freyja fliegt im Katzenwagen 51
   Wie Frau Holle dankt 54
   Das Tier der Weisen Frauen 56
   Wer hilft den Märchenhelden? 59

Der Kater am Weltenbaum 62
   Freund der russischen Kinderfrauen 64
   Bei Baba-Jaga im Waldhaus 67
   Lernen in der Katzenschule 69

Keltische Wiedergeburt 73
   Bei der Mutter aller Verwandlungen 76
   Feuer im Fell 80
   Keltenschätze oder Orte der Kraft? 82

2. Teil: Auf weichen Pfoten durch die Kulturgeschichte

Bei der Gottesmutter in Bethlehem 87
   Urchristliche Katzenlegenden? 90
   In der Kirche der Katzenheiligen 92
   Die Religion der Tierliebe 95

Die Völker suchen neue Grenzen 99
   Bei der Katze des Propheten 102
   Die Wälder beherrschen das Mittelalter 104
   Im Reich der Gepard-Fürsten 107

Die »Katzenküsser« im Alpenraum 111
   Katerweg zur Menschenehe 114
   Nachtwanderung der Liebe 118
   In den Bergen überlebt die Freiheit 121

Das Rokoko entdeckt das Märchen 124
   Geschichten aus dem Katzenschloß 127
   Inseln der verfemten Eigenart 130
   Ägyptische Magie in Pariser Salons 134

Die Sagenwelt entsteht neu 137
   Pantherfrauen für die Massenmedien 140
   Bilderträume um die Tiermenschen 143
   Die Wiederkehr der großen Katzengöttin 146

3. Teil: Magische Naturwissenschaft

Von Spukhäusern und Katzensteinen 151
   Es klopft in Hütten und Schlössern 154
   Wächter an heiligen Plätzen 157
   Liebevolle Gespenster als Glücksbringer 160

Das »New Age« entdeckt den Katzen-Kobold 164
   Magische Familienbande 166
   Wie man einen ergebenen Hausgeist gewinnt 169
   Die Erziehung einer Glückskatze 172

Torhüter zu den Traumreichen 176
   Seelentechniken der Nachtwanderung 179
   Fahrkarte für die Zeit-Reise 182
   In den ewigen Jagdgründen 186

Seelenwanderung durch alle Welten 189
   Ferien im Tierreich 192
   Fahrt zu den Erinnerungen 194
   Buddhas Katzen 196

Symbole der Natur 201
   Im heiligen Jahreskreis 203
   Weihnachten und die Tiere 205
   Die Katze in der Christnacht 208

4. Teil: Geheimpfade der alten Heilkunst

Schutz vor Seuchendämonen 213
   Ratten und Krankheitskeime 215
   Die Hexen als Heilerinnen 217
   Tierqual, Schuld und Sühne 219

Wundermittel für das Übersinnliche 223
   Glückbringende Schmuckstücke 226
   Der Luchs und sein Kraftstein 229
   Katzenmedizin und Alchimie 231

Die Wildnis ist eine Apotheke 235
   Das Kraut für die strahlende Löwenmähne 237
   Tigerzorn aus Katzenminze 239
   Katzenschlüssel gegen den Trübsinn 241

Von der »elektrischen« Katzenkraft 244
   Gesundheit durch Strahlen 246
   Wirkung über Zeit und Raum 249
   Wächter der unsichtbaren Erdströme 252

5. Teil: Gemeinsam in Gegenwart und Zukunft

Mein Kater ist mein Psychiater 257
   Fürstenarznei gegen Melancholie 260
   Zärtliche Krankenpflege 264
   Hauskobolde und schmerzlose Geburt 266

Das Rätsel der Lebenswärme 270
   Die Entdeckung der »alten Jungfern« von England ... 272
   Meditation über wilde Waldberge 275
   Architektur im Einklang mit der Natur 278

Ritt auf dem Tiger im trauten Heim 281
   Begegnung mit dem Ewigen 284
   Praxis der Seelen-Reise 286
   Ferien in der »Anderen Wirklichkeit« 288

Spielgefährtin meiner Phantasie 292
   Welche Katze gehört zu mir? 294
   Was die Farbe des Fells bedeutet 297
   Astrologische Wesensverwandtschaften 300
   Alle Wege des Menschen führen zur Sphinx 303

Anhang

Abkürzungen 309
Anmerkungen 310
Bildnachweis 319

Vorwort

Die Künstler von Paris wußten es seit jeher, und auch die neue Wissenschaft findet dafür immer mehr Bestätigungen: Die Katze kann heilen! Sie schenkt Menschen, die von Streßzuständen zermürbt, die seelisch unstabil oder gestört sind, erfrischenden Schlaf und Entspannung. Auch anderer Katzenglaube aus Urzeiten wird jetzt überprüft, und es mehren sich die Anzeichen, daß eine gesunde Katze gewisse störende Einflüsse zu »neutralisieren« vermag. Pendler und Wünschelrutengänger versichern, daß die Katze, »gleich dem glückbringenden Hausgeist unserer Sagen«, die auf uns negativ wirkenden Erdstrahlungen in günstige Kraft umwandeln kann. In der Zeit der Hoffnungen und Ängste bei der Erforschung von neuen Energien finden wir hier Anregungen für ein ganzheitliches Naturverständnis.

Von meiner Geburt an bis heute, waren immer Katzen um mich, insgesamt etwa achtzig. Ich erlebte die »Kleinen Löwen«, um schon hier ihren ägyptischen Namen zu gebrauchen, in städtischen Abbruchhäusern, Berghütten, Wohnwagen, Herrenvillen und in Wolkenkratzern aus Beton. Im letzten Fall war es sicher eine Qual für die freiheitsliebenden Tiere. Mir schien aber damals der Verzicht auf einen Katzenfreund echte Menschenquälerei zu sein...

Als ich klein war, wußte man, gerade im Umkreis der Alpen, noch sehr viel vom rätselhaften Katzenvolk, »diesen Menschen mit einer Katzenseele« zu erzählen. In der Bauernstube und am warmen Ofen sprach man voll Bewunderung und Gruseln von ihren nächtlichen Wanderungen im Mondlicht, in den bewaldeten Bergen. Jeder Zuhörer kannte selbstverständlich wirkliche Katzen; zugleich waren sie aber für ihn auch echte Märchengeschöpfe, ähnlich wie für andere das schneeweiße Einhorn.

Andere Formen der Katzenverehrung fand ich bei jenen osteuropäischen Flüchtlingen, die mir in der Jugend den Reichtum der ganzen Welt zu offenbaren schienen. Ein Wolgadeutscher war überzeugt: »Wo deine Katze zufrieden schnurrt, kann immer deine Heimat sein.« Ich hörte die Erfahrungen eines taurischen Tataren: »Der Prophet lehrt uns, gleich den Katzen immer auf die Füße zu fallen.« Ein Tschake, ein Karaim aus der Krim, erinnerte sich: »Mit Katzenaugen blickte der weise König Salomo ins Herz der Schöpfung.«

Wir leben in einer Zeit des Umbruchs. Auch ein äußerer Erfolg kann nicht verhindern, daß wir häufig durch das Loch der geistigen Ermüdung schreiten müssen. Klug und witzig sagt dazu die Film-Diva Cher: »Was nützt mir der Film-Preis ›Oscar‹, wenn ich nicht mit ihm schmusen kann?« Gerade Haustiere, namentlich die so vielseitigen Katzen, besitzen aber die Gabe, uns Erholung und neue Kraft zu schenken. In diesem Sinne schreibt auch Victoria Principal, einer der beliebtesten Fernsehstars: »Meine Katze ist die beste Therapie gegen Streß. Wenn ich sie streichle, werde ich ruhig. Ich habe das Gefühl, ich streichle meine eigene Seele.«

»Liebst du mich, dann mußt du meine Katze lieben!« So sagt ein englisches Sprichwort, das sehr alt ist und nie veralten kann. In diesen Worten verkörpert das freundliche Tier auch unseren inneren Reichtum, alles was unsere Eigenart ausmacht, unser wahres Wesen.

Über solche Ideen nachzudenken, ist heute nicht *nur* hochinteressant. Hier ist der Beitrag zu einer schöneren, farbigeren Zukunft für *alle* Erdbewohner: für Menschen *und* für Tiere.

1. Teil

SECHS SPIEGEL DER GÖTTIN

Ägyptens Katzenseele

Der persische Kaiser Kambyses strebte im 6. vorchristlichen Jahrhundert nach der Ausdehnung seiner Macht. Beim Eindringen in Ägypten fürchteten aber seine Krieger die berühmten ägyptischen Bogenschützen. Also wurde eine Kriegslist ersonnen, an die man sich noch heute erinnert: Jeder der Soldaten trug vor sich ein Kätzchen, und der mörderische Geschoßhagel unterblieb: Die Verteidiger zogen es vor, eine schwere Niederlage einzustecken. Die Unterwerfung erschien ihnen von geringerem Übel, als die zufällige Tötung eines ihrer heiligen Tiere.

Die beiden menschlichen Geschlechter bildeten für die ägyptische Religion ein kosmisches Gleichgewicht. Sie bedingten sich gegenseitig und erschufen zusammen die sichtbare Welt. Verfiel der Götterkönig Osiris den Ränken der bösen Mächte, dann

Die Katzendarstellungen der Ägypter zeugen von ihrem Weltbild: Naturliebe vereint mit mystischer Frömmigkeit.

suchte ihn seine geliebte Gattin Isis. Sie behandelte seine Leiche nach allen Regeln der Urweisheit. So konnte er eine neue Auferstehung und den Sieg über die tückischen Feinde erleben.

Eine Unzahl von weiblichen und männlichen Göttern wurde im Tal des Nil zusätzlich verehrt. Jeden wichtigen Lebensvorgang sah man ja auch im Verhalten eines Tieres sichtbar verkörpert. Die überirdischen helfenden Mächte wurden darum sehr häufig mit den Häuptern von Geschöpfen der verschiedensten Arten abgebildet. Wohl keine dieser Mischgestalten hat sich in der Erinnerung der Menschheit besser erhalten als die Bast, Pascht oder Bastet: die weibliche Gottheit mit dem Katzenkopf.

Immer wieder diente darum die ägyptische Religion als Bestätigung der uralten Zuneigung des Menschen zum liebenswürdigen Haustier. Viele sind sogar überzeugt, daß der alte Götterame immer noch weiterlebt. So rufen die Engländer ihre Katzen puss, pussy, pussy-cat, aus Rußland erzählte man mir von den Rufnamen Busska oder Bussenka und in der Stadt Bern hat man die Katzenbezeichnung Büssi. – Ob dies tatsächlich alles mit der ägyptischen Göttin Bast zusammenhängt?

Viele Forscher sind noch immer überzeugt, daß die nordafrikanischen Stämme zuerst die Hauskatze züchteten. Die nubische Falbkatze (Felis silvestris lybica) wäre dann die Ahnin aller heutigen Rassen. Neuerdings wird allerdings versichert, daß in Vorderasien schon im 6. vorchristlichen Jahrtausend verschiedene Unterarten dieser Wildtiere gezähmt wurden. In Anatolien fand man sogar sehr alte Statuetten, auf denen Frauen mit Katzen spielen. Im Morgenland, zwischen Schwarzem Meer und den afrikanischen Wüsten, wäre demnach die Urheimat unserer Hauskatze. Entstand dann der bunte Reichtum der heutigen Rassen durch weitere Kreuzungen der orientalischen Tiere mit Wildkatzen? Alpenländische Völker glauben, daß der Wechsel zum Hausgefährten sehr schnell vor sich geht: Nach drei Generationen sollen gezähmte Wildtiere sehr freundliche Hausbewohner abgeben. Verwildern sie aber in der gleichen Zeitspanne, dann werden sie schon zu echten Feuerteufeln. Der große Tierbeobachter Tschudi sah in diesem Volksglauben einen wahren Kern. Er war sich allerdings auch sicher, daß sich diese Umwandlungen kaum je ohne gleichzeitige Vermischungen vollziehen.

Doch noch in der zahmsten Katze sahen die Ägypter den ganzen Zauber der ursprünglichen Wildnis. Bast und eine Reihe ihr wesensverwandter Gottheiten stellte man gern mit einem Löwenhaupt dar. Der Löwe war eben dem frommen Volk am Nil eine ursprüngliche Großkatze, während sie in dem niedlichen Haustier nur einen verkleinerten Löwen sahen. Wenn sie mit ihm spielten, glaubten sie, ganz ohne Gefahr, auch den König der Tiere besser zu begreifen. Die Naturbeobachtung und die Liebe der Ägypter zu den Geschöpfen ihrer Umgebung wirkte auf ihre Kultur wie ein Verjüngungsmittel: Nach manchem Verfall und feindlichen Eroberungen erhob sich das Land mehrfach aus Schutt und Asche.

Die jährlichen Feste der katzenköpfigen Bast in ihrer heiligen Stadt Bubastis galten als einzigartig. Nach dem Zeugnis von Herodot versammelten sich dabei im östlichen Nildelta nicht weniger als 700 000 Menschen. Ausdrücklich vernehmen wir aus dieser Schilderung, daß bei dieser Schätzung die Kinder noch nicht dazugezählt sind. Frauen und Männer feierten ihre Lieblinge gleichermaßen mit Spielen, urtümlichen Bräuchen und der entsprechenden Katzenmusik. Für viele Menschen waren diese Versammlungen wichtige Höhepunkte in ihrem Dasein. Gefühle und Gedanken, die man in Bubastis pflegte, beeinflußten einen weiten Kulturkreis.

Bast und die große Mond- und Lebensgöttin Isis verschmolzen fast vollständig miteinander. An der Pupille im Katzenauge glaubten die Ägypter Veränderungen feststellen zu können – sie sollten dem Zunehmen und Abnehmen des Mondes entsprechen. Auch ordnete man dem Muttertier die heilige Mondzahl zu: Es sollte nacheinander ein, zwei, drei, vier, fünf, sechs und endlich sieben Junge bekommen, was zusammen nun einmal achtundzwanzig, die Zahl der Tage im Mondmonat, ergibt.

DER SIEGREICHE SONNENKATER

Man weiß, die Katzenschönheit war den Ägyptern ein Merkmal des Weiblichen. Die von Künstlern dargestellten Lieblingstiere und die Büsten anmutiger Frauen scheinen sich in vielem zu gleichen. Doch die Verehrer von Osiris und Isis wollten offensichtlich keines der Geschlechter über das andere stellen: weder im Himmel noch auf Erden.

Auch den männlichen Priestern erschien das Aussehen ihrer Tempelgeschöpfe als vorbildlich. Sie versuchten ebenfalls, sich ganz entsprechend deren Aussehen zu verhalten. In ihren Heiligtümern versuchten auch sie »Munterkeit«, »zierliche Geschmeidigkeit« und »anmutige Bewegung des Körpers« vorzuführen. Der Dienst der Bast und der verwandten Götter sollte also aus ihren Verehrern die entsprechenden Eigenschaften herausholen. In den Tempeln entdeckte man gemeinsam das »Kätzische« im Menschen. Hier wurde die geschmeidige Schönheit der Frau, der kämpferische Durchsetzungswille des Mannes, das Verspielte in den Kindern gepflegt. Man dankte der Katze, daß es sie gab – vor allem auch in der eigenen Seele!

So sehr in Ägypten die Katze mit dem Mond verbunden schien, nicht weniger war sie es mit der Sonne. Der Geschichtsschreiber Horapollon versichert, an der Größe der Pupille im Katzenauge erkenne man die Höhe des Sonnenstandes. Kater und Katze wurden damit zu den Sinnbildern des täglichen und des nächtlichen Lichts. Sie waren offensichtlich zusammen die Sinnbilder der Lebenskraft, die alle Wesen erhält. Es ist verständlich, daß die Tiefe der ägyptischen Sinnbilder vielen späteren Völkern als nachahmenswert erschien. Hier sahen sie Wegweiser zu einer zeitlosen Weisheit.

Athanasius Kircher versuchte im 17. Jahrhundert in einem mehrbändigen Riesenwerk den Schatz dieser Symbolik zu heben. Das astrologische Zeichen für das »hitzige« Tierkreisbild Löwe gleicht bekanntlich noch immer einer Welle – dem liegenden Buchstaben »S«. Für Kircher haben die Ägypter dieses Zeichen aus dem muskulösen Hinterkörper, der Hüfte mit den starken Beinen, dem peitschenden Schwanz des königlichen Tieres

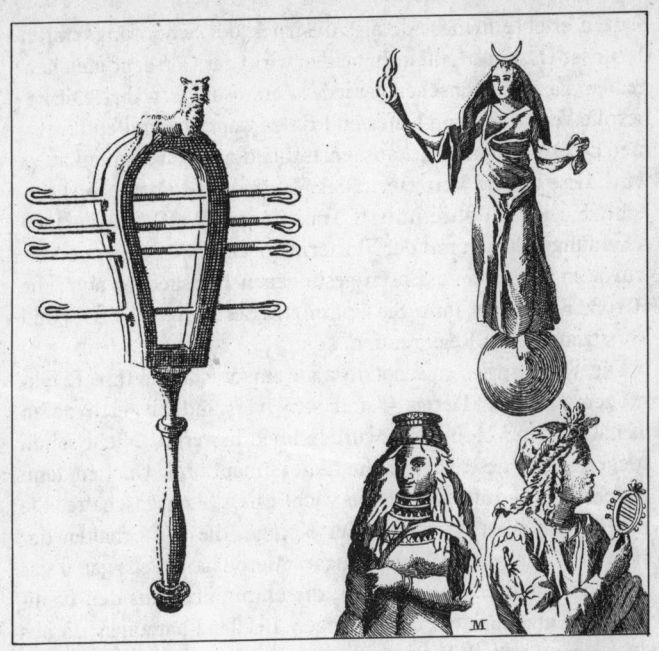

So verschieden die Göttin Isis auch dargestellt wurde, die Beziehung zu ihren heiligen Katzen war stets selbstverständlich. Sogar »ihr« Musikinstrument, das Sistrum, wurde daher mit Katzen verziert.

entwickelt. Damit wäre das Zeichen die vereinfachte Darstellung der Sprungfeder, die der ganze Leib des Löwen ist. Sie erscheint den alten Gelehrten als ein Bild der geballten Kraft, die dem Katzenkörper sein scheinbar schwereloses Vorwärtsschnellen ermöglicht. Die kriegerischen Pharaonen bewunderten die unbezähmbare, unbesiegbare Energie: Sie waren glücklich, wenn sie über diese in entscheidenden Augenblicken selber verfügten.

Wie die Katze, so kämpft auch die Sonne für den Menschen gegen gefährliches Ungeziefer. In der »Sonnenstadt« Heliopolis setzte man aus diesem Grund Tier und Gestirn gleich. Das für seinen Kampfesmut bewunderte Tier des Lichts trennt auf einer Darstellung der gefährlichen Schlange den Kopf ab. Sterne und

Katzen erlebte man beide als Ausdruck der Schöpfungskräfte, die unser Dasein erhalten. In beiden wirkt das Göttliche gleichermaßen, das den Menschen vor jeder Zerstörung bewahrt. Die liebevolle Verehrung von Kater und Katze war ein ergreifend frommer Dank. In einem bekannten Loblied an die »Sonnenkatze« wird diese als die Vertreterin des »Herrn des Lebens« verherrlicht. Sie ist Bewahrerin und Trägerin der Waffe für die Entscheidungsschlacht mit der Finsternis. Der große Sonnengott Ra wurde in den ihm zu Ehren gesungenen Preisliedern auch die »Große Katze« genannt: Sie ist Leiterin des heiligen Kreises und Vorsitzende aller Regierenden.

Die Katzenpriester schätzte man entsprechend. Ihre Erfahrungen mit den Tieren – und selbstverständlich auch deren menschlichen Verehrern – wurden hoch bewertet. Nicht selten stiegen sie die gesellschaftliche Leiter hinauf und erhielten dann zunehmenden Einfluß auf die wichtigsten Staatsgeschäfte. Sie wurden sogar zu Ratgebern der Könige, die das Erhalten der Himmelsordnung auf Erden zu garantieren hatten. Es gab sogar Herrscher und Herrscherinnen, die unmittelbar aus den Familien der Katzenpriester hervorgingen. Bei den Pharaonen, die aus der Gegend von Bubastis stammten, stößt man häufig auf den ehrenden Beinamen »Kater«.

Malereien in der Gruft des ägyptischen Herrschers Ramses II. zeigen einen mächtigen Löwen, der den Streitwagen des Königs begleitet. Die Großkatze ist sein bester Freund in der blutigen Schlacht. In der Schilderung des Kampfes zwischen Ramses II. und den Hethitern lesen wir sogar: »Der große Löwe begleitete den Wagen des Pharao. An dessen Seite kämpfte er wider die Feinde. Die Wut ließ alle seine Glieder erzittern. Furchtbar waren die Hiebe, die er austeilte. Wer sich ihm auch näherte – die Pranke schlug ihn zu Boden.« Der Löwe ist hier sicher das Symbol der glühenden Kraft, die vom gerühmten König ausging. Weil seine Krieger sie fühlten, ließen sie sich zum Sieg mitreißen. Seine wilde Wut sprang auf sie über. Sie gab ihnen den übermenschlichen Durchhaltewillen bis zum Siege.

Selbstverständlich will ich damit nicht behaupten, die von den Ägyptern in ihren Schlachten beschworene Katzenkraft sei nur sinnbildlich zu verstehen. Die alten Völker besaßen nun einmal die hohe Begabung, ihre Vorstellungen auch in die sichtbare Wirklichkeit umzusetzen. Die Geschichtsforschung ist sich ziemlich darüber einig, daß die Ägypter in ihren Kriegen gezähmte Löwen einzusetzen wußten. Auch die kleinen Katzen haben ihnen schließlich bei der Jagd geholfen! Man sieht also: Die Zusammenarbeit zwischen Mensch und Tier erreichte am Nil seltene Hochleistungen.

Die vielgenannte »Tierverehrung« der Alten war nicht zuletzt ein mustergültiges Erforschen des Verhaltens der Geschöpfe. Darum erreichten die Ägypter bei deren Zähmung und Zucht Ergebnisse, die wir noch immer bewundern müssen.

DER NIL STRÖMT DURCH EUROPA

Ägypten wurde im letzten vorchristlichen Jahrhundert durch die aufstrebende Weltmacht Rom völlig entmachtet. Die sagenumwobene Pharaonin Kleopatra fand dabei den Tod – gleichzeitig der mit ihr verbundene Marcus Antonius. Die Bibliotheken voll alter Weisheiten gingen in lodernden Flammen auf. Doch war diese Götterdämmerung ein Ende?

Überall um das Mittelmeer tauchten nun Kultstätten mit den ägyptischen Sinnbildern auf. Sternenkunde und Naturmagie sollen stets mit ihnen verbunden geblieben sein. Zusammen mit ihrer Tierverehrung bewegten sich durch das Abendland Flüchtlinge oder Einwanderer aus dem heiligen Nordafrika. Überall wo sie hinkamen, fanden sie treue Gesinnungsgenossen. Das Wort »ägyptisch« entwickelte sich damit von einer reinen Volksbezeichnung zum Attribut eines verbreiteten Weltbildes.

Für den bayerischen Geschichtsschreiber Aventin war die Göttin Isis eine weise Königin. Nach seiner Vorstellung zog sie in der Urzeit über die Alpen und brachte den europäischen Völkern ihre hohe Kultur. Dies wurde während der deutschen Renaissance behauptet, aber haben sich durch das Mittelalter hindurch Spuren von echten Überlieferungen erhalten? Auch die mündlichen Alpensagen sind voller Geschichten über dunkelhäutige »Sarazenen«, die von Nordafrika bis ins Herz Europas vorstießen. Im Wallis, der Waadt und im französischen Jura gibt es Familien und Dörfer, die von ihnen abstammen wollen. Manchmal sehen solche Menschen tatsächlich etwas »ägyptischer« aus als ihre Umgebung. Für das 10. Jahrhundert nach Christi Geburt kann die Geschichtsschreibung tatsächlich »arabische« Vorstöße bis zu den wichtigen Alpenpässen nachweisen. Die Gebirgssagen bezeichnen diese Eroberer aus dem Süden als »Heiden«, die Götterbilder besaßen und verehrten. Die islamischen Krieger aber lehnten solche Darstellungen bei Ägyptern und Griechen völlig ab. Waren vielleicht unter den Einwanderern des 10. nachchristlichen Jahrhunderts Menschen, die sich uralte Traditionen bewahrt hatten? Vielleicht suchten sie zwischen den erbittert ringenden Weltreligionen einen Platz für den eigenen Brauch. Sie mögen später ein Bestandteil der »neuen« Völker geworden sein, wie sie sich im Mittelalter herausbildeten. Vielleicht ist hier eine Erklärung für die unzähligen Katzensagen, die im Alpenraum noch immer erzählt werden.

Der große Arzt Paracelsus (1493–1541) sah bei einem Teil seines Geheimwissens einen ägyptischen Ursprung. Für ihn war er dank der Zigeuner im Abendland eingezogen. Diese Meinung war im übrigen bei den Gelehrten und Gebildeten fast allgemein. Wahrsagekünste und mit ihnen verwandte Wissenschaften sol-

Könnte die katzenköpfige, musizierende Bast das Urbild der vielen europäischen Kobolde gewesen sein, »die Haus und Hof hüten«?

len nach ihrer Vorstellung aus dem Morgenland kommen. Darum heißen die Zigeuner in der englischen Sprache noch heute »Ägypter« (Gypsies)!

Als man im 18. Jahrhundert einwandfrei die indischen Wurzeln der Zigeunersprache entdeckte, wurde die erwähnte Auffassung mehr oder weniger vergessen. Mit ihr leider auch eine Reihe von Tatsachen, die man früher zu ihrer Begründung anführte. Ich erinnere hier nur an jene, die uns der deutsche Fahrende Wittich mitteilt: Seine Vorfahren hätten in ihrer verlassenen Urheimat »steinerne Denkmäler« hergestellt, die »bis fast hinauf zu den Wolken« gereicht hätten. Ist hier nicht eine Erinnerung an die künstlichen Totenberge, die Pyramiden zu sehen?

Einen ergänzenden Hinweis fand ich bei Block, einem anderen Kenner der mitteleuropäischen Zigeuner. Er war überzeugt, daß es unter diesen Wandervölkern echte ägyptische Familien gab, vielleicht noch gibt. Wegen des nicht unähnlichen Aussehens und des gemeinsamen Nomadenlebens habe man sie häufig mit den unbestritten indischen Stämmen verwechselt. Auf der Balkanhalbinsel ziehen sie noch heute umher, wie sie es im 19. Jahrhundert auch in Deutschland taten. Sie sind nach Block vor allem Schausteller, die seit jeher Stadt und Land mit ihren Tiervorführungen unterhielten. Sie wissen mit Bären, Affen und Kamelen hervorragende Kunststücke vorzuführen – fast Zauberei für die staunenden Zuschauer.

Gaukler dieser Art durchwanderten nach den anschaulichen Erzählungen meiner Eltern besonders noch Rumänien, Bessarabien und die Ukraine. Ihr Einfluß auf die Tiere war so bedeutend, daß man ihn geradezu aus ihrer »Kenntnis der Tiersprache« oder der von ihnen beherrschten Gedankenübertragung erklärte. Die Kinder dieser Sippen ließ man angeblich mit ihren Affen, Hunden oder Katzen lange und eng in Höhlen zusammenleben. Dadurch entstand in den Heranwachsenden nach und nach das sichere Gefühl, mit diesen Gefährten fest verbunden zu sein und mit ihnen wie mit Geschwistern »zusammenzugehören«.

Es ist sehr schwer zu bestimmen, ob solches Volk *wirklich* irgendwie über die griechischen Inseln oder über die Türkei zugewandert ist. Diese Sippen waren aber ganz sicher wichtige Träger der großen »ägyptischen« Sehnsucht nach dem harmonischen Zusammenleben des Menschen mit dem Tier. Sie lebt nun einmal in uns allen. Sie erklärt uns, warum in jeder Generation Geschichten wie Rudyard Kiplings »Dschungelbuch« oder »Tarzan« die Jugend so zu faszinieren vermögen. Es ist die tiefe Sehnsucht nach einem Zustand, in dem sich Menschen und Tiere sehr nahe zu stehen vermögen.

GESCHWISTER AUS DEM PARADIES

Gerade in der Löwen- und Katzengöttin Bast fanden die Griechen und Römer ihre Mondkönigin Artemis oder Diana wieder. Manches wies bei dieser Schwester von Apollo darauf hin: Sie galt schließlich als Beschützerin der Geburt und des Weiblichen schlechthin. Die mächtige Mondfrau wachte aufmerksam über die eigenartigen, nächtlichen Wege der Liebe. Sie achtete aber auch darauf, daß sie, als ihr höchstes Ziel, in die Fortpflanzung münde.

Zur engen Verbindung zwischen Bast und Diana trug die Katze durch ihren Ruhm als unermüdliche Jägerin bei. Viele der wunderbaren Kunstwerke Ägyptens zeigen sie uns, wie sie geschickt ihre Beute reißt. Ihre unnachahmliche Gewandtheit galt offensichtlich nicht nur als sehr nützlich, sie wurde auch als besonders anmutig empfunden. Die Bewegungsabläufe der Katzen beim Anschleichen und Fang erschienen geradezu als ein Schöpfungswunder. Sogar das Verfahren des Tiers bei der Vogeljagd erweckte entzücktes Staunen. Der heutige Mensch unserer Zivilisation neigt hier zu einer abweichenden Betrachtungsweise. Der ganze gegen die gefiederten Sänger gerichtete Mordtrieb scheint ihm eher verwerflich.

Die Ägypter waren aber bereit, auch diese Leistung dankbar anzuerkennen. Gerade durch diesen Mordtrieb sahen sie in ihren Katzen unermüdliche Beschützerinnen der Gaben ihres Landes: Schließlich verdankte das Wüstenreich nur dem Schlamm des Nil seinen Erntesegen. Dessen Überfluß gewährte dem Volk eine beneidenswerte Muße für sein geistiges Wirken. Die Fülle des Getreides ermöglichte auch das Erblühen einer männlichen und weiblichen Priesterschaft. Sie konnte das gesamte Wissen sammeln und pflegen! Sie beobachtete das Wetter und den Lauf der Gestirne. Dadurch fand sie immer neue Möglichkeiten, die Landwirtschaft noch mehr zu verbessern.

Stand jedoch eine schlechte Ernte bevor, drohten dem Land die gefürchteten Hungersnöte. Wie es uns auch die Bibel berichtet, war darum das Anlegen von Vorräten für das allgemeine Wohlergehen entscheidend. Weil die Katzen aber die Nagetiere von den Speichern abhielten, wurden sie zu den Hütern des »glücklichen Daseins«. Sie vertrieben auch die Vogelschwärme, die bereits die Saat bedrohten. Kein Wunder, daß sie als die treuen Verbündeten der himmlischen Mächte galten. Die Tiere halfen dem Menschen, nicht nur die Nahrung für seinen unmittelbaren Lebensunterhalt zu gewinnen, sie gaben ihm auch die Möglichkeit, sie für Notzeiten zu bewahren. Die »Verehrung« der Tiere besaß damit als Grundlage deren genaue Beobachtung. Man dankte ihnen für den Überfluß an Nahrung und den daraus erwachsenden Lebensgenuß.

Unsere Zivilisation vergaß ihre Vorläuferin, die ägyptische Hochkultur. Der Stadtmensch war entsetzt, daß in seiner Umgebung das Vogelgezwitscher immer mehr verschwand. Er verdrängte seine eigenste Schuld an diesem traurigen Vorgang und fand in ihm eine Bestätigung für einen dummen und abergläubischen Katzenhaß. Dies ging gelegentlich so weit, daß um die letzte Jahrhundertwende richtige Ausrottungskriege gegen die armen Tiere ausgelöst wurden... Doch gründliche Beobachter versichern uns, daß die Katzen auf ihren ewigen Jagden nur alte, kranke und sehr junge Vögel erwischen. Durch ihren seltsamen Spieltrieb lassen sie aber erst noch *neun Zehntel* (!) ihrer bereits gefangenen Opfer wieder davonflattern.

Sind die Vögel mit der drohenden Gefahr nicht vertraut, verfallen sie einer vierpfotigen Jägerin sicher gnadenlos. Wird aber ein Garten von verschiedenen Katzen durchstreift, lernen auch Vögel die lebensrettende Wachsamkeit. Sie achten zunehmend auf gefährliche Geräusche und entwickeln ein anwachsendes

Geschick. Wirklich bedroht sind dann nur noch die Jungvögel, wenn sie hilflos auf dem Boden herumhüpfen. Will dann gerade eine gute Katzenmutter in ihren Kindern das Raubtier wecken, kann es schon blutig zugehen. Man muß eben in solchen Zeiten ein wenig nach seinen Lieblingen schauen, dann bleibt in der Natur alles im allerbesten Gleichgewicht.

Die Esoteriker des 18. Jahrhunderts führten die Überlieferung der Tarotkarten auf »ägyptische Einwanderer« zurück. »Die Kraft« (Force) ist eine Karte, die auf den Glauben an die friedliche Verbindung von Mensch und Tier hinweist.

Wahrscheinlich sahen die Ägypter sogar die Jagd der Großkatzen als ein Wirken im Sinn der großen Harmonie. Der Ausdruck »Ärzte der Wildnis« für diese Raubtiere wäre schon ganz in ihrem Sinne gewesen. Ohne diesen natürlichen Ausgleich durch die Raubtiere würde die Zahl der Pflanzenfresser so anwachsen, daß sie bald keine Nahrung mehr finden oder traurig entarten würden. Jäger und Naturforscher erzählen das Beispiel von Kaninchen, die man auf völlig »friedlichen« Inseln aussetzte. Sie vermehrten sich maßlos, fraßen den ganzen Pflanzenwuchs auf und verhungerten endlich kläglich. Ähnliches zeigt auch das Schicksal der Gemsen, deren natürliche Gegner man ausgerottet hatte. Als Folge wurden diese Bergtiere immer schwächer, blinde Geschöpfe wurden unter ihnen geboren, die man künstlich füttern mußte. Endlich verschwand die Widerstandskraft gegen Erkrankungen. Die entarteten Gemsen wurden so leichte Beute der in ihr Gebiet einbrechenden Seuchen.

Die Bauern in Indien sind häufig sogar empört über die überflüssigen Tötungen der Tiger. Sie sind fest überzeugt, daß sie manche Feinde ihres Ackerbaus in Schranken halten. Der Tiger vernichtet oder vertreibt die zahlreichen Affen und Wildschweine, die die Felder heimsuchen. Von China bis in die Mandschurei gilt das gleiche Raubtier als »Statthalter des Himmelskaisers«, und man schrieb ihm eine günstige Unterstützung des Gedeihens der ganzen Natur zu. Auch in den mitteleuropäischen Sagen über die »Wilde Jagd« mögen ähnliche Vorstellungen nachwirken: »Im Sturm fahren die Naturmächte durch das Holz. Aber sie machen auch manchen Schaden wieder gut.«

Die ganze Lehre der Alten über die Tiere als Hüter der himmlischen Weltordnung steht heute kurz davor, wiederentdeckt zu werden. So wird uns auch der wahrscheinliche Sinn der Ursage vom Paradies deutlich: Adam und Eva lebten im Kreis von vollkommenen Geschöpfen. Jedes von ihnen tat genau nach der Anlage, die es von Gott zum Geschenk bekommen hatte. Dadurch leistete es aber gleichzeitig seinen Beitrag zum Glück der Gesamtheit.

Die indische Katzengöttin und ihre Kinder

Der indische Volksglaube sieht im klaren Mond eine weiße Katze. Sie ist rein und reinigt auch mit ihren Wunderkräften die nächtliche Welt. Die lichte Mondkatze ist die himmlische Beschützerin der unschuldigen Wesen. Ist die »schwarze Katze«, die den Dunkelmond verkörpert, ihre Schwester – oder vermag das weiße Tier sich in das schwarze zu verwandeln? Die Katze im Mond jedenfalls achtet darauf, daß die Einflüsse des Übels durch sie ihre verdiente Strafe und Vernichtung finden.

Das weiße und das schwarze Nachtwesen sind in ihrer Bedeutung auch für die Kinder verständlich. Sie sind sehr ursprüngliche Sinnbilder des kosmischen Gleichgewichts. Licht und Dunkelheit sind nach den meisten indischen Philosophien gleichermaßen für das Gedeihen unserer Welt notwendig. Wir brauchen die Kräfte, die das Gute vor der Ermüdung bewahren. Nicht weniger Nutzen bringt aber die folgerichtige Abwehr des Schlechten und Schädlichen: Schließlich verdankt auch die indische Kultur ihre Größe dem Schutz ihrer Ernten. Ohne den Kampf gegen Ratten, Mäuse und Giftschlangen wäre ein menschenwürdiges Dasein zumindest sehr schwierig gewesen.

Der Wissenschaftler Hermann Brunnhofer versuchte die Existenz der Hauskatze schon für die heiligen Dichtungen der Veden nachzuweisen. Dort soll sie nach ihm bereits in sehr schönen Worten besungen worden sein: »Der Reinigung liebende Kater wäscht sich wie am eigenen Herd. Der Hausfreund ist unser von den Dichtern gepriesener freundlicher Gast.« Mit dieser Übersetzung versuchte der Gelehrte einen entscheidenden Nachweis zu erbringen: Katzen als Haustiere sind den Begründern der indischen Kulturen bereits vor etwa fünf Jahrtausenden bekannt gewesen! Wahrscheinlich halfen Verständnis und Freundlichkeit der Menschen, bei ihrer »freiwilligen« Zähmung aus einheimischen Wildtieren. Man gewöhnte sich langsam aneinander. Von beiden Seiten hat es dazu viel Geduld gebraucht, vielleicht eine angeborene gegenseitige Zuneigung.

Die Katzen der Veden waren anscheinend noch lange keine vollkommenen Haustiere. Sie waren noch echte Gäste aus der benachbarten Wildnis, die zunächst als höfliche Besucher Haus und Hof betraten. Doch sie waren schon regelmäßige, gern erwartete, froh begrüßte Gäste. In der Menschenwohnung fühlten sie sich schon beinahe sicher, fast wie daheim. Die neue Umgebung erinnerte sie an die eigene wärmespendende Höhle. Andererseits betrachtete wohl auch der Mensch seine Besucher fast als neue Familienmitglieder. Er zeigte sich gern bereit, mit seinen Verbündeten aus dem Wald Speise und Trank zu teilen.

Auch in der Nähe der vorgeschichtlichen Siedlungen des Abendlandes hat man recht viele Knochen von Wildkatzen aufgefunden. Vielleicht sind sie nicht nur Reste der blutigen Ernährung der Urmenschen! Es ist durchaus möglich, daß auch in unserem Erdteil schon sehr viel früher, als bisher angenommen, Mensch und Tier immer enger zusammenlebten. Wenn der Indienforscher Brunnhofer mit seinen Übersetzungen recht hat, entdeckte er eine wichtige Urkunde für einen langen Zeitraum, und ähnliche Vorgänge mögen wie in Indien auch in Anatolien, Arabien, Nordafrika oder Europa stattgefunden haben. Unsere Ahnen und das stolze Tier entdeckten langsam die Vorteile ihrer Zusammenarbeit. Es bildete sich nach und nach eine häusliche Wildkatze oder eine wilde Hauskatze heraus...

Dichter und Priester mögen sich schon in der Urzeit über das Verhalten ihres »freundlichen Gasts« Gedanken gemacht haben. Für die frommen Brahmanen war schon in der fernen Vergangenheit die leibliche Reinheit ein wichtiger Bestandteil der Religion. In dem sich so häufig putzenden Tier erkannten sie geradezu ein ihnen von den Göttern gesandtes Vorbild: Es zeigte dem Menschen, daß er seinen Körper sehr sorgfältig und täglich zu pflegen habe. Schließlich galt er in den Veden als ein Tempel, in dem der unsterbliche Geist wohnt.

Es gibt eine alte indische Katzenbezeichnung, die im übrigen auch für die wilden Waldkatzen verwendet wird. Sie lautet »mar-

Die indische Katzengöttin schenkt dem Menschen Fruchtbarkeit und beschützt seine Kinder.

jâra«, daneben ebenfalls »mârjârîya« oder »mârjâlîya«. Sie geht auf eine Sprachwurzel zurück, die sich waschen, sich reinigen bedeutet. Auch Worte mit der Bedeutung putzen, säubern, tilgen, abwaschen gehören dazu. Ein weiteres Wort, das verwandt ist, lautet »mârjani« für Wäscherin, also die Frau der Reinigung. Die Katze ist demnach »rein« im doppelten Sinn: Sie ist um ihr eigenes mustergültiges Aussehen besorgt und reinigt gleichzeitig unermüdlich das Haus, indem sie das lästige Ungeziefer vertilgt.

Nach Brunnhofer hat man im übrigen den Kater sogar mit dem vedischen Gott Agni verglichen. Agni war der große Herr des Feuers, das auch in verschiedenen anderen indogermanischen Sprachen ähnlich heißt – ignis im Lateinischen, ogon im Russischen. Man pries seine segensreiche Tätigkeit durch die wärmenden und die Speisen zubereitenden Flammen des Hausherdes. Nicht weniger verglich man mit ihm die in allen Wesen wirkende Lebenskraft. Die emporzüngelnden Lohen galten als

Inbegriff der Reinheit: Es galt als übler Brauch, irgendwelche Abfälle in ihnen zu verbrennen.

Wahrscheinlich hat man in Katze und Feuer-Element auch sonst enge Beziehungen entdeckt. Die Liebe des Tieres zur Wärme und damit zum Ofen ist schließlich bei vielen Völkern geradezu sprichwörtlich.

TREUE BESCHÜTZERIN DES FAMILIENGLÜCKS

Zu den schönsten Seiten der indischen Religionen gehört ganz sicher die liebevolle Verehrung des göttlichen Kindes Krishna. In ihm verehrt man die endlose Güte, mit der »der Erhalter der Welten« Maha-Vishnu zu allen Wesen schaut. Es gibt ein Märchen, wie eben Krishna – kaum war er dem Säuglingsalter entwachsen – bei seinen Verwandten unermüdlich Milch und Butter stahl. Er tat es, um damit das kleine Getier seiner Umgebung zu füttern und durch besondere Leckereien zu erfreuen. Die Gläubigen sind bis heute überzeugt, daß hier ein sehr vollkommenes Gleichnis für unsere Beziehung zu allen Wesen der Welt ist: Wir verdanken ihnen so ziemlich alles, was wir für unseren Lebensunterhalt benötigen. Es ist darum nur billig, daß wir ihnen dafür nach Möglichkeit unseren Dank erweisen. Wenn wir sie ernähren, vergelten wir ihnen die Fülle der Freuden, die sie uns bereiten.

Krishna hat nach den indischen Sagen angeblich vor etwas mehr als 5000 Jahren gelebt. Er hat in seinem glorreichen Heldenleben sehr viel getan, um die Menschheit von einer Unterdrückung durch das Böse zu retten. Die soeben erwähnte Legende erklären aber verschiedene religiöse Lehren als Grundlage für sein ganzes Weltbild. Nach den weisen Indern erscheint in der kindlichen Tat die gegenseitige Zuneigung und Liebe zwischen den von der Gottheit erschaffenen Geschöpfen als ein Naturgesetz. Nach Krishnas Unterweisung gewinnt der Mensch, wenn er nach seinen Möglichkeiten an seine ganze Umgebung Glück verteilt, die Gunst der Glücksgöttin Lakshmi. In diesem oder in künftigen Leben wird ihm das Gute vergolten; so sicher, wie jede überflüssige Tierquälerei die Vergeltung nach sich zieht.

Wie die Ägypter kannten auch die Inder eine enge Beziehung ihrer Götter zur Tierwelt. Sie stellten die Götter gern als schöne Menschen, Männer und Frauen, dar. Je nach ihren Eigenschaften bekamen sie dann das Haupt eines Falken, einer Katze, des Schakals, des Affen usw. aufgesetzt. Die Völker des Himalajaraums schufen ihre religiöse Kunst ganz sicher aus ähnlichen Gedankengängen. Sie wählten aber meistens einen anderen Weg: Ihre Götter haben in der Regel Menschengestalt, werden aber fast immer mit »ihrem« Tier abgebildet. Das höhere Himmelswesen besitzt es in seiner unmittelbaren Umgebung, benützt es als Reittier oder läßt es seinen strahlenden Triumphwagen ziehen. Solche Vorstellungen finden sich in den verschiedenen indischen Religionen, auch bei den Jaina oder den Mahayana-Buddhisten.

Der große Gott Vishnu-Krishna reitet darum von Tibet bis nach Bali auf seinem herrlichen Garuda-Adler. Der Kriegsgott Kartikeya benützt den farbenprächtigen Pfau, der Feuerherr Agni sitzt auf seinem Widder, der blitzende und donnernde Indra hat den königlichen Elephanten. Die jedermann bekannten Göttertiere sind in jedem Fall etwas wie lebendige, leichtverständliche Wappen. Sie zeigen sinnbildlich das Wesen der Energien, die jede der Gottheiten besitzt. Sie erklären in Kurzfassung deren ganzes Geheimnis, wofür man sonst dicke Bücher verfassen müßte. Wer ein irdisches Geschöpf völlig begreift und liebt, der nähert sich auch der Schöpfungskraft – die es verkörpert.

Die Reinlichkeit und die rührende Mutterliebe der Katze zwangen die Völker der vedischen Kultur zu ihrer Bewunderung. Sie ist ihnen, als die urtümliche Göttin Sasthi, heilig. Gelegentlich hat man diese mit der Mutter des Glücks, Lakshmi, gleichgesetzt. Sie schenkt den Frauen ihre Kinder. Sie ist helfend bei jeder Geburt zugegen und sorgt für die Gesundheit der Säuglinge. Sie hütet sie dann auch durch ihre ersten Lebensjahre hindurch. In volkstümlichen Darstellungen erscheint sie mit goldener Haut. Ein Kind hält sie im Arm und führt ein anderes an der Hand. Sie steht auf einer schönen und freundlich dreinblikkenden Hauskatze.

Ist nun ein indisches Weib zu einem solchen Tier unfreundlich, füttert sie es nachlässig, beleidigt oder plagt sie es gar, dann soll es sehr schlimme Folgen haben. Sie verliert die nützliche Hilfe der Katzengöttin auf dem ganzen riesigen Lebensbereich, den diese beherrscht! Sechsfach im Jahr wird Sasthi allgemein gefeiert. Monatlich ehren sie die Frauen, die schon ein Kind durch den Tod verlieren mußten. Sie hoffen nun durch zusätzliche Verehrung das Wohlwollen der Glücksmacht zu gewinnen. Auch die tägliche Pflege der Hauskatze gilt als ein Opfer an die Göttin. Man darf sie im übrigen auch nicht ausschließlich als ein Bestandteil der weiblichen Welt ansehen: Selbstverständlich zeigen ihr gegenüber die Väter vielerlei Zeichen ihrer dankbaren Liebe.

Die heiligen Plätze der Katzengöttin Sasthi verraten uns deren ganze Urtümlichkeit. Unter den heiligen Banyan-Bäumen sehen wir Steine von der Größe eines Menschenhauptes. Man schmückt sie regelmäßig mit frischen Blumen und bringt vor ihnen Reis und Früchte als Opfer dar. Hier feiert in aller Stille ein naturverbundenes Volk seine ungebrochene Lebenskraft.

PREIS DER GÖTTLICHEN MUTTER

In den indischen Mythen reitet die große Göttin sogar selber sehr gern auf einer Katze. Man setzt sie nach Neigung mit Bhavani-Kali gleich, der Gattin von Shiva. Manchmal sieht man in ihr auch Lakshmi, die schon erwähnte Ehefrau des großen Vishnu-Krishna. Am liebsten nennt man sie aber »Shakti«, was eigentlich »Kraft« bedeutet. Schließlich gelten die einzelnen Göttinnen als die verschiedenen Seiten der gleichen Urenergie, der wir die Entstehung und das Bestehen »von sämtlichen Welten« verdanken.

Diese »Kraft«, die alle Wesen hervorbringt, wurde verschiedenen indischen Gelehrten zufolge schon in der Urreligion erkannt. Gelegentlich vermuteten sie, das Wort Shakti sei mit dem ägyptischen Namen Sekhmet verwandt. So bezeichnete man bekanntlich am Nil eine Göttin, die der Göttin Bast sehr ähnlich war oder ihr sogar gleichgesetzt wurde. Auch sie stellte man mit Vorliebe mit einem Löwen- oder Katzenhaupt dar. Dieser Zusammenhang zwischen Shakti und Sekhmet gefiel den englischen Mystikern des 19. Jahrhunderts außerordentlich: Er regte sie an, nach dem gemeinsamen Ursprung der großen Kulturen der Ur-

Die Herrin aller Kraft Maha-Shakti reitet in der Überlieferung der Himalayavölker auf einer »unbesiegbaren« Großkatze.

zeit zu forschen und ermöglichte ihnen somit die Entdeckung einiger der alten Wege, »in sich selber die Lebenskräfte zu wecken«.

Ob der indische Gläubige sich der liebevollen Verehrung (bhakti) hingibt, ob er sich mit den Anleitungen der Yogis oder der Tantra-Schriften beschäftigt, stets geht es ihm um diese Shakti. Er sucht den besseren Zugang zu der endlosen Kraft der Schöpfung. Sie geht ohne Anfang und Ende vom Göttlichen selber aus, sie erfüllt alle Nähen und Fernen. Sie ist in uns selbst und in allem, was wir wahrzunehmen vermögen, und strömt dem zu, der sich mit junger Vollkraft entfalten kann. Sie entzieht sich aber auch stufenweise allem, was verbraucht, von seinem baldigen Vergehen gezeichnet ist.

Die Katze als Reittier dieser Shakti bringt uns zur Beschäftigung mit einer grundsätzlichen Überlegung der indischen Weisen. Sie soll bis heute nicht als reine Gedankenspielerei gelten. Denen, die sie gut zu durchdenken wissen, hilft sie zu einem zunehmenden Wohlbefinden auf dem Wege zu ihrer Weiterentwicklung. Die zahlreichen Arten der Beziehung zum Göttlichen wurden von den Völkern der Himalaja-Kulturen in zwei große Abteilungen geordnet: in die Art der Affenjungen und die der Katzenkinder.

Die Affenmutter behandelt bekanntlich ihre Nachkommen mit einer maßlosen und darum sprichwörtlichen »Affenliebe«. Sie schleppt sie mit viel Stolz herum und freut sich sichtlich, wenn andere Geschöpfe ihre Kleinen entsprechend bewundern. Wenn diese sie aber wirklich brauchen, ist sie jedoch recht häufig gerade mit etwas ganz anderem beschäftigt. Sie sucht sich Nahrung, will auf einen höheren Ast gelangen oder plappert angeregt mit den Nachbarinnen. Das arme Junge kann sich aus diesem Grunde in eine richtige Verzweiflung hineinsteigern. Seine Ratlosigkeit und Furcht steigert sich dann jeden Augenblick. Mit seinen noch schwachen Kräften strebt es dann seiner zerstreuten Mutter nach.

Wenn das Kind endlich das Affenweibchen erreicht, klammert es sich an ihr fest. Es ist dabei nicht besonders wählerisch, es greift dort zu, wo es die Mutter zu fassen bekommt. Eine Äffin mit dem bekümmerten Kleinen am Schwanz oder am Hinterfuß gehört darum zu den Hauptbelustigungen in unseren Tiergärten. Das Junge tut scheinbar alles, um nicht verlassen und verloren zu werden.

Bei den Kätzchen geht es schon auf den ersten Blick ganz und gar anders zu. Wenn sie nicht gerade vom Hunger geplagt sind, werden sie schon nach wenigen Wochen von ihrer Neugier und ihrem Forschungstrieb gesteuert. Kaum daß sie auf ihren Pfoten erste tapsige Gehversuche machen, eilen sie in alle Windrichtungen. Sie versuchen jeden Anblick zu erhaschen, spitzen ihre Ohrchen nach jedem Geräusch, schnüffeln an jedem Schuh herum.

Die Mutter miaut oft wirklich recht erbarmenswürdig herum. Es kann für sie sicher recht traurige Tage geben, an denen sie fast nur mit dem Zusammensuchen ihrer Nachkommen beschäftigt ist. Gelegentlich reibt sie sich sogar am Bein eines befreundeten Menschen. Sie fleht ihn sichtlich an, ihr ein wenig beim Auffinden ihrer Jungen zu helfen. Zum guten Ende findet sie diese in einer Lage, die ihr eher bedenklich und gefährlich erscheint. Sie muß sie nun in das sichere Nest abschleppen, wobei die Kleinen immer neue Störungen ihrer Bemühungen ersinnen. Findet sie den Platz für ihre Kinder nicht sicher genug, schon sucht sie mit traurigem Geschrei einen neuen. In ihrer unbekümmerten Sorglosigkeit wissen die heranwachsenden Katzen gar nicht, welche Mühen sie ihrer Mutter bereiten.

Die Mittel des Menschen, ein bewußtes Dasein zu führen, werden nun von den klugen Indern mit den zweierlei tierischen Bräuchen verglichen. Die einen entsprechen nach ihnen deutlich den Wegen des Affenkindes: Der Mensch, der ihnen folgt, sucht verzweifelt die Hilfe der göttlichen Kräfte. Er tut alles, ihre Unterstützung zu erflehen. Er nimmt sämtliche Anstrengungen auf sich, sie zu finden und dann noch für sich günstig zu stimmen. Der Himmel hilft nach seiner Auffassung nur dem, der sich am meisten um ihn bemüht. Wer dies nicht tut, versinkt in immer schwärzere Verzweiflung. Er empfindet sich als völlig einsam und verlassen. Um ihn herum wartet die feindliche Welt auf seinen traurigen Untergang.

Wer dagegen bewußt dem Beispiel der Katzenjungen folgt, der streift naiv und frohgemut durch die Wunderfülle der bunten Erde. In jedem Sprung der Heuschrecke, in jeder Bewegung des Grashalms sieht er staunend die Möglichkeit zu neuen Abenteuern. Er ist geradezu überzeugt, seine Umwelt sei mehr oder weniger zu seiner Belustigung erschaffen worden. Die lauernden Gefahren? Der Mensch, der diesen Weg geht, ist ziemlich sicher, daß er im entscheidenden Augenblick immer die notwendige Unterstützung erhalten wird.

Noch bevor sich die ihm unbekannte Drohung ganz über seinem ahnungslosen Kopf zusammenbraut, naht schon die helfende Kraft – wie eine besorgte Katzenmutter. Sie beobachtet sehr aufmerksam seine Lage. Sie bewacht ihn in gefährlichen Zuständen, deren Bedeutung er gar nicht zu ermessen vermag. Sie kämpft für ihn todesmutig. Sie holt ihn in jedem Fall aus dem Rachen eines fremden Untiers heraus. Sie rettet ihn mit Zuverlässigkeit und bringt ihn darauf mit viel Nachsicht und Sorgfalt auf ein sicheres Plätzchen.

Das Leben ist für solche mystischen Katzenverehrer zwar ausgesprochen lebensgefährlich. Das vermindert aber nicht dessen Wert, sondern verleiht ihm die köstliche Würze. Man muß nur das nötige Vertrauen in sich tragen, dann kann man erst sein Dasein in vollen Zügen genießen. Bei seinem naiven Lebensspiel darf man ruhig sicher sein – im richtigen Augenblick kommt meistens alles in die allerbeste Ordnung.

Ich glaube, viel von diesem »Katzen-Weltbild« der indischen Gelehrten und Dichter wirkt auch in manchen unserer liebsten Märchen nach. Besitzen in ihnen nicht Katzen oder Katzenkobolde eine besonders wichtige Bedeutung? Gerade die naiven, kindlichen Heldinnen und Helden machen in ihnen das große Glück. Auch wenn sie zuerst in ihrer Arglosigkeit zahllose Fehler begehen und übermächtige Feinde besitzen! Am Ende helfen ihnen die Feen – oft in Katzengestalt – zu einer angenehmen Umgebung, machen sie zu König und Königin eines ganzen Landes. »Und wenn sie nicht gestorben sind, leben sie noch heute.«

DIE KATZE IM GOLDHIMMEL

Fast drei Jahrhunderte besitzen wir eine wunderbare indische Sage in Europa. Der gebildete Katzenfreund Paradis de Moncrif hat sie zuerst niedergeschrieben. Seither wurde sie vielfach nachgedruckt, leider sehr häufig ohne genügende Quellenangabe. Wir haben hier eine der ersten Blüten der asiatischen Götterdichtung, an der sich das Abendland begeisterte. Bezeichnenderweise beschäftigt sie sich mit den göttlichen Gaben eines liebenswürdigen Katers. Er vermag bei allen Menschen und sogar bei den Himmelswesen das Gefühl der ewigen Seligkeit zu erzeugen.

Die Geschichte erzählt vom großen König Salangham, der, wie viele indische Fürsten, vor allem Wettkämpfe des Geistes schätzte. Weise Vertreter verschiedener Weltanschauungen traten bei solchen Gelegenheiten gegeneinander an. Sie erklärten mit gewählten Worten ihre besten Gedanken. Sie führten gleichzeitig vor, welche mystischen Fähigkeiten sie durch ihre gelebte Überzeugung gewonnen hatten. Der König, dessen ganze Sippe, schöne Damen, Ritter, Priester und das Volk schauten und hörten dabei zu – fast wie heute bei einer sportlichen Veranstaltung. Der siegende Philosoph oder Religionslehrer wurde dabei herzlich bewundert. Er erhielt oft nicht nur großzügige Preise, sondern wurde in vielen Fällen sogar nachträglich zum Berater des Herrscherhauses erwählt. Seine Ideen wurden so nach und nach zu denen eines ganzen Reiches.

Bei dem entsprechenden Kampf am Hofe des Königs Salangham trat ein Priester, ein Brahmane, gegen einen bekannten Einsiedler an. Der erste besaß sehr bedeutende Geisteskräfte. Sie waren schließlich nach allen Regeln von uralten, in Tempeln gehüteten Wissenschaften geschult worden. Doch der Einsiedler hatte in der Natur viele Wunder erlauscht und erklärte sich für unschlagbar: Er versprach den Anwesenden, seine Katze in die Götterwelt senden zu können.

Seine Gedanken waren in der Einöde immer wirkungsvoller geworden. Also hob er mit ihnen sämtliche Gesetze von Raum und Zeit auf. Sein Kater Patripatam, sein treuer Freund und Mitarbeiter, verschwand für die Menschen. Er tauchte fast gleichzeitig in einem andern Universum, bei den höheren Wesen auf: Er erschien am Hof des Königs der Götter, Devendiren. (Dieses Wort scheint mir eine Schreibweise des französischen 17.-18. Jahrhunderts für den Götterherrscher Deva-Indra zu sein – von dessen Herrlichkeit schon die heiligen Schriften der Veden künden!)

Die Welt dieses Himmelskönigs ist nach den indischen Überlieferungen ein ewiges Fest mit Musik, Tanz und Lustbarkeiten ohne Ende. Schöne Götter und Feenwesen genießen hier ihr fast endloses Dasein und besitzen alle Schätze, von denen wir nur zu träumen vermögen. Nur eins hatte ihnen in ihrer Vollkommenheit noch gefehlt – eine so schöne und liebenswürdige Katze, wie sie der irdische Einsiedler besaß. Also war ihre verzückte Freude am stolzen und klugen Tier so maßlos, daß sie beinahe das ganze All in Unordnung gebracht hätten.

Die Hauptfrau des Devendiren weigerte sich einfach, die Katze wieder herzugeben. Sie hatte sich in sie sozusagen unsterblich verliebt. Für den stets höflich den Launen seiner Damen nachgebenden Götterkönig blieb damit nur eins übrig: Er erlaubte seiner wunderschönen Gattin, noch ein wenig mit dem Gast von der Erde zu spielen. Nun muß man aber wissen, daß die Zeit in anderen Welten ein wenig anders läuft als bei uns: Das »kurze« Spielen der Göttinnen und Feen mit der Katze mochte nach ihren Begriffen nur eine kurze Unterhaltung sein. Für die Geschöpfe der Erde waren es aber immerhin ganze dreihundert Jahre.

Um die Ordnung der Erde nicht übermäßig zu stören, mußten die Himmlischen das Dasein der wartenden Hofleute entsprechend verändern: Sie mußten während des Katzenspiels in der andern Welt keinen Augenblick altern. Auch ihnen verflossen die Jahre wie in einem fröhlichen Fluge. Höchstens in einer Beziehung waren sie ein wenig bekümmert: Sie mußten die Anwesenheit der Wunderkatze entbehren.

Doch endlich hatte die Königin von Devendirens Paradies genug Unterhaltung mit dem Tier gehabt. Nun kam für die Katze die Zeit der Rückkehr. Sie verließ das Universum der Unsterblichen und tauchte wieder am indischen Königshof auf. Der Himmel wurde nun über den staunenden Menschen unaussprechlich schön. Eine Wolke von tausend Perlen leuchtete und verbreitete über allem ihre Zauberfarben. Auf einem Blumenthron kam das magische Tier zum Volke zurück. In seiner Pfote hielt es das Geschenk der Götter an ihre treuen Verehrer: Es war ein ganzer Zweig des Paradiesbaumes. Allein sein berauschender Duft bringt die Unsterblichkeit mit sich.

Diese köstliche Geschichte war in Europa eine Freude der Rokoko-Zeit. Sie faßt tatsächlich ungefähr alles zusammen, was die Geschichten der Katzenfreunde aller Jahrhunderte beinhalten:

Deren Liebling ist hier der beste Freund der mystischen und magischen Menschen. Die Katze wird als ein Kunstwerk der ganzen Schöpfung erlebt, deren Schönheit sogar Götter und Feen begeistert. Es ist fast ein himmlischer Genuß, mit ihr Zärtlichkeit auszutauschen. Sie kennt sogar die Geheimnisse der Brücke oder des Tores, dank denen wir in die Herrlichkeit von Traumländern gelangen können. Durch ihre Hilfe kann man irgendwie die märchenhaften Mittel zu einem glücklichen und sehr langen Leben auffinden.

Lieblinge der Jägerin Artemis

Wer vom Ursprung der Menschheit wissen wollte, zog im griechisch-römischen Altertum zu den ägyptischen Tempeln. Hier sollen nach den antiken Schriftstellern die Kulturschöpfer wie Orpheus, Homer und Pythagoras den Geheimnissen der Götter nachgeforscht haben. – Sind dies alles nur phantasievolle Sagen?

In dem unsterblichen Werk »Timaios« des großen Philosophen Plato findet sich dazu eine sehr wichtige Stelle. Die ägyptischen Priester verglichen demnach die Griechen mit Kindern. Sie hätten ganz im Gegensatz zu ihnen ihr Wissen von den Hochkulturen der Urzeit vergessen! Sogar die eigene Vorgeschichte sei bei ihnen fast völlig verdrängt worden, und sie wüßten auch nichts mehr von den großen gemeinsamen religiösen Sinnbildern. An der gleichen Stelle schildert Plato die ganze Welt als eine gewaltige Einheit. Kulturbrücken verbanden nach ihm schon vor vielen Jahrtausenden die Völker. Wunderbare Götterlehren verbreiteten sich damals über die weite Erde.

Bei den Griechen und Römern finden wir auf alle Fälle sehr deutliche Spuren einer engen Beziehung zu den Katzen. Besitzen wir in diesem Umstand einen Hinweis auf die ursprünglichen Heimatländer der Völker? Sind es Andeutungen auf eine enge Beziehung mit den ägyptischen und anderen orientalischen Nachbarn? Sehr wenig wissen wir heute über die alten Kulturen des Mittelmeerraumes. Anatolien, die geheimnisvollen Pelasger, das minoische Kreta, die italienischen Etrusker – ihre Rätsel sind noch immer unter den Ruinen verborgen. Dennoch muß bei der Bildung der verschiedenen Kulturen und Religionen der Völker von Europa, Nordafrika und Vorderasien viel Verwandtes mitgewirkt haben.

Hier nur wenige ganz einfache Beispiele, auf verschiedene andere werden wir noch später zu sprechen kommen. Der große hellenische Rauschgott Dionysos, der Bacchus der Römer, ist zuerst zu nennen. Er durchzieht alle Reiche, indem er alle Wesen in einer Flut der endlosen Begeisterung mitreißt. Bezeichnenderweise wird nun auf den Darstellungen sein Siegeswagen von Tigern, Panthern, Löwen und Luchsen gezogen. Sein Gespann und sein Umzug gefiel den Künstlern bis in die Renaissance und klassische Kunst. Sie erkannten darin eines der besten Sinnbilder des uns beseelenden Lebenswillens. Dichter und Denker fanden im wilden Dionysos den Ausdruck der ekstatischen Freude am Dasein. Nur die Völker, die sich dieser ergaben, waren in jeder Beziehung schöpferisch.

Sehr häufig werden überhaupt in den Dichtungen Homers die Löwen genannt. Die Tapferkeit und der Mut der größten Helden werden mit ihnen verglichen, so zum Beispiel Achilles, Hektor, Ajax, Diomedes und Sarpedon. Sie können geradezu als »löwenbeherzt« oder als »Löwen« bezeichnet werden! Das Löwenfell ist sogar ein Abzeichen des vom Donnergott Zeus abstammenden Herakles oder Herkules. Vom gleichen Tier soll noch der schreitende Löwe auf dem Wappen des Marcus Antonius, des Geliebten der Ägypterin Kleopatra, abstammen. Nach Plutarch gab es eine Sage, die diesem berühmten Römer zuschrieb, ein Nachkomme von Anto, einem Herkulessohn, zu sein. Er habe jedenfalls den Bildern des griechischen Urhelden sehr stark geglichen. Entsprechend seiner Familientradition zog er sogar in einem Wagen in Rom ein, der mit Löwen bespannt war. Aus dieser Überlieferung des griechisch-römischen Löwengeschlechts soll noch das Wahrzeichen der französischen Löwenstadt Lyon kommen.

Für Homer war auch der Panther ein Sinnbild des Mutes und Trotzes. In den biblischen Prophezeiungen des Daniel erscheint das Weltreich des Alexander als Panther dargestellt. Er hat vier Häupter und vier Flügel. Diese zusätzlichen Glieder sollen den Eindruck noch steigern, den wir von der überlegenen Schnelligkeit des Tieres haben. Der Märchenpanther wurde damit zum Symbol der stärksten Ausbreitung der griechischen

Kultur: Sie beherrschte unter Alexander eine Unzahl von Ländern, die sie überwachte, genauso wie die für ihre Geschwindigkeit bewunderte Großkatze es mit ihrem Lebensraum tat.

Übrigens steht auch der große Sonnengott Apollo mit dem Luchs in Verbindung. Wegen seines hervorragenden Sehsinns galt ja der Luchs als Tier des Lichts! In späteren Zeugnissen besitzen wir zusätzlich die Nachricht, Apollos Schwester Artemis habe die kleine Katze erschaffen. Neben den mächtigen Tieren ihres Bruders und der andern Götter wirkt dies eher bescheiden. Vor allem wenn wir bedenken, daß Artemis einen unglaublichen Einfluß auf alles Weibliche besaß: so auf die Nacht, den Mond, die Geburt, die Wildnis und alle ihre Wesen.

Doch das niedliche Geschöpf der Hauskatze stand nun einmal den Menschen näher als seine wilden Verwandten. Löwen, Tiger, Panther eigneten sich für Herrscherwappen, man mußte sich aber vor ihnen hüten. Die Katze war niedlich und zutraulich. Am Geschenk der großen Göttin Artemis konnte der Mensch das Wunder der Schöpfungskräfte ungestraft beobachten und verehren.

FLUCHT IM KATZENFELL

In seinen einzigartigen »Metamorphosen« geht der gelehrte Dichter Ovid auf eine scheinbar ewige Feindschaft ein: Die riesenhaften Titanen wollten das freundliche Reich der himmlischen Götter vernichten, die schließlich den Alten als Kinder der schweren Materie gelten. Höchstens diese darf nach den Herren jeder Gewalt angebetet werden! Es gelingt dem mächtigen Titanen, dem schrecklichen Typhon, das Reich der Strahlenden zumindest vorübergehend zu erobern. Das lichte Göttergeschlecht verliert nun einen Großteil seiner Macht. Um sich den grausamen Verfolgungen durch ihre Feinde zu entziehen, flieht es ins fromme Ägypten. Dort nimmt es für die oberflächlichen Augen Tiergestalt an. Ausdrücklich berichtet uns Ovid über Diana, wie die Römer die Artemis nannten: Sie verwandelte sich in eine Katze.

In den Geschichten dieser Art schilderten die antiken Weisen große Weltengeheimnisse. Wer sie verstand, begriff nach ihnen einen wichtigen Teil des Schöpfungsrätsels. Bei Herodot finden wir gerade über die Katzen die sehr bedeutsamen Sätze: »Weswegen sie aber für heilig gelten – würde ich das erzählen, dann würde meine Darstellung in die göttlichen Dinge eindringen. Das zu enthüllen, sträube ich mich durchaus.« Auch dieser griechische Wissenschaftler setzt im übrigen die ägyptische Löwen- und Katzengöttin Bast ausdrücklich seiner einheimischen Artemis gleich.

Über die Sage von der Flucht der Himmlischen in die Tiergestalt zerbrachen sich noch die Denker des Rokoko ihre Köpfe. Im blutigen Typhon sahen sie etwa einen »mächtigen Aufrührer«. Durch ihn sei eben eine morsch und schwach gewordene Oberschicht gestürzt worden. Sie habe sich ihrer völligen Vernichtung durch die Flucht auf rettende Schiffe entzogen. Diese hätten nun die Bilder von verschiedenen Tieren als Unterscheidungszeichen besessen. Offensichtlich stellten sich die Sagendeuter der Aufklärung vor, die Königin Artemis-Diana habe auf einem Gefährt mit dem Katzenwappen Zuflucht gefunden. Von solchen Revolutionsberichten über Niederlage und Wiederkehr von großen Familien glaubten die Gelehrten die ganze menschliche Geschichte erfüllt. Richtig erkannten die alten Forscher, daß man bereits in Urzeiten von verehrten Tierbildern Trost und Kraft im Unglück erwartete. Schließlich sahen sie noch in ihrer Zeit überall an Häusern und Schmuck Wappen dieser Art.

Im übrigen können wir für das Zeitalter der untergehenden antiken Kulturen eine Zunahme von Tieren als Sinnbilder des Göttlichen feststellen. Gerade in den Jahrhunderten des Verfalls beschäftigte sich der Mensch vermehrt mit urtümlichen Dingen. Er suchte verzweifelt nach dem, was einst seinen bewunderten Vorfahren die Größe gab. Er träumte davon, bei der mütterlichen Natur gute Hilfe zu finden. Artemis oder Diana sollte dem Menschen der sterbenden Antike neuen Rat gewähren. In ihren Heiligtümern versuchte er, den kühnen Unternehmungsgeist der urzeitlichen Jäger zu finden. Die ägyptischen Katzenkulte waren ihm darum keineswegs fremd. In ihnen waren für die

Einige Stämme des antiken Italien glaubten, daß sich der »wilde Mut« der Katzen auf ihren Wappen auf sie übertrug.

Griechen und Römer auch die Geheimnisse ihrer eigenen Vergangenheit erhalten. Im Nachsinnen über die Naturkräfte hofften sie einem neuen Zukunftsglauben zu begegnen.

Schließlich finden wir schon im »Traumbuch« des griechischen Philosophen Artemidoros die Katze als Sinnbild einer unbezähmbaren Lebensfreude. Sieht man sie im Schlaf, bedeutet sie heimliche Liebeslust. Sie ist die Freude an den Frauen, an deren »Schönheit, Lieblichkeit und Freundlichkeit«. Die große Göttin Diana steht als Beschützerin an der Wiege der antiken Kulturen. Sie ist auch bei deren Verdämmern eine zuverlässige Trösterin des Menschen. Aus dem Bild ihres Gestirns, dem Mond, entnahm er eine entscheidende Beruhigung: Nach jeder Verfinsterung kommt der »neue« Mond. Damit auch das zunehmende Licht und sich mehrende Lebenskraft.

Wir besitzen aus der gallo-römischen Zeit die Reste eines Grabsteins, den man einem halbwüchsigen Mädchen setzte. Wirklichkeitstreu stellte der Bildhauer dar, wie es mit beiden Händen seine Katze an die Brust drückt. Wahrscheinlich wollte es auch jenseits des Grabes keinen Augenblick den Umgang mit seinem Liebling missen. Schließlich haben schon die Vorläufer der Römer, die Etrusker, ähnlich gedacht. Katzen unterhalten auch bei ihnen im Jenseits die Verstorbenen... Dazu war wohl das Tier voll Lebensenergie den Römern ein verständliches Symbol: Es erinnert an den ewigen Sieg des Lebens über den Tod.

GÖTTERDÄMMERUNG DER ANTIKE

Die angerufene Macht der Mondgöttin Diana erwies sich damals tatsächlich als unbesiegbar. Als sich die römisch-griechische Zivilisation nach und nach auflöste, mieden die Völker immer mehr die in Ruinen zusammensinkenden Großstädte, und die undurchdringlichen Urwälder rückten langsam wieder vor. Über sie herrschte wieder die Nachtgöttin der Jagd. Die Wanderer aus den übersichtlich gewordenen Siedlungen hörten ihren Zug durch die Wildnis brausen. Ob sie nun die Waldherrin mit dem antiken Namen Diana bezeichneten oder als Frau Holda kannten, die Katzen waren ihre Begleiter. Ihr Jaulen tönte aus den tobenden Stürmen heraus. Zusammen mit der Jägerin beschützten sie die unabhängigen Menschen. Sie halfen ihnen Nahrung zu finden und beschützten die Geburt der Kinder.

Auf einen Marmortorso der Diana, die neben der Klosterkirche zu St. Matthias bei Trier stand, setzte man zwar als Beschriftung:

>»Wollt ihr wissen, was ich bin?
>Ich bin gewesen eine Abgöttin!
>Da Sankt Eucharius zu Trier kam,
>Er mich zerbrach, mein Ehr abnahm.
>Ich war geehret als ein Gott,
>Jetzt steh ich hier, der Welt zum Spott.«

Doch man »spottete« oder lachte über die Vorstellungen der Vergangenheit eigentlich nur am hellen Tage. In der Nacht neigte man dazu, ihnen noch immer die alte Ehre zu erweisen. Um aber mit diesen Erinnerungen endgültig aufzuräumen, schreckte man bald nicht einmal mehr vor maßlosen Tieropfern zurück. Darum kam anscheinend schon sehr früh der entartete Brauch auf, die »Abgöttin« Diana durch das Quälen »ihrer« Katzen zu vertreiben. Damit wollten die Abergläubigen deren Behüterin selber erniedrigen. Man hoffte, die Göttin werde durch dieses dauernde Blutvergießen der unschuldigen Geschöpfe die Erde verlassen.

Auf einem römischen Grabstein ist ein Mädchen zusammen mit ihrer Lieblingskatze abgebildet. Schon die Etrusker hofften, ihre Katzen im Jenseits wiederzutreffen.

Der Sagenforscher Wolf fand darüber den Bericht in einer Handschrift der Stadt Ypern. Dort sollen bereits im Jahr 962 unseres Zeitalters Katzen von hohen Türmen aus feige in den Tod geworfen worden sein. Übrigens erst noch zur Feier des heiligen »Ascensionsfests«, also des Himmelfahrtstages Christi am 29. Mai. So sehr hatte der Mensch, kaum ein Jahrtausend nach Jesu Tod, dessen Lehre mißverstanden! Anstelle der Verbreitung von mehr Liebe auf der ganzen Welt erfand er stets neue Foltern.

Der teuflische Brauch wurde auch Jahrhunderte nach dem Sturz der Diana weiterhin ausgeübt. Geschah dies, weil die Göttin immer noch in verschwiegenen Menschenherzen weiterwirkte? Die blutige Verhöhnung der Katzen sollte die Stadtbürger von ihrer Naturliebe lösen. Ausdrücklich versichert uns der Chronist von Ypern, ein gewisser Balduinus habe das Blutopfer verordnet. Wahrscheinlich um damit seine Macht über das Volk zu steigern, denn mit der Vernichtung einer Überlieferung verschwinden zwangsläufig auch die mit ihr verbundenen Rechte der Unabhängigkeit. Tatsächlich wissen wir aus der spätrömischen Zeit, daß man die Katze als Begleiterin der Freiheitsgöttin ehrte: Der Tempel der Diana von Ypern war möglicherweise auch ein Sinnbild der ursprünglichen Selbständigkeit. Man vernichtete ihn genauso wie seine heiligen Tiere, die bekanntlich jeden äußeren Zwang ablehnen. Diese Art des Katzenmordens war einer der Vorläufer für die später folgende große Kulturschande: Ich meine die Hexen- und Ketzerverfolgungen. Der feige Tiermord bildete die Einleitung zur Ausrottung von Andersgläubigen.

Doch gibt es auch etliche Tatsachen, die die Treue der Stämme zu ihrer Sagenwelt bezeugen. Seit dem 6. Jahrhundert finden wir gleichermaßen in romanischen wie germanischen Ländern Vorschriften, die uns recht ausführlich berichten, daß noch immer »eine große Menge von Weibern« mit den »Heiden-Göttinnen« fuhren und dazu »etliche Wald-Tiere« benutzten. Obwohl dieser Umstand nicht ausdrücklich erklärt wird, bestätigen uns die ziemlich genau damit übereinstimmenden Sagen: Zu diesen Reittieren der Frauen gehörte ganz sicher nicht zuletzt das Mondgeschöpf Katze.

Von diesen »Weibern« sagte man, daß sie »in der Nacht Stille durch viele Erdreiche oder Länder« zogen. Sie waren dabei, wie wir ausdrücklich vernehmen, dem »Gebot« der Diana gehorsam, »als einer gewaltigen Frauen«. Die Urkunden nennen diese geheimnisvollen Vorgänge »Fantasien«, denn offensichtlich handelte es sich bei ihnen um abenteuerliche Reisen ins Traumreich. Sehr wichtig ist die Versicherung, daß im Volk noch immer die feste Überzeugung bestand, »daß sie (die große Menge der Weiber) dieselbe Göttin in bestimmten Nächten zu ihrem Dienst rufen«.

HEINRICH HEINE SUCHT DIANA

Im »Glauben an die Fee Diana« sah man in vielen europäischen Kulturen ein Fortleben der Ahnenweisheit. Überall hatten sich schließlich beim Zerfall der antiken Zivilisation schöpferische Menschen in die ursprüngliche Natur gerettet. So versichert beispielsweise die aus dem 15. Jahrhundert stammende Chronik der Stretlinger und Bubenberge, der Ahn des burgundischen Adels sei der Sproß eines edlen griechisch-römischen Geschlechts gewesen. Er habe die gesamte ägyptische Weisheit gekannt und habe sich nach Spiez im westlichen Alpenraum zurückgezogen. Ähnliches erzählte man vom Volk der Unterwaldner, dem der Heilige Niklaus von der Flüe entstammt. Im Mittelalter hielt man auch die Sippen um Schloß Tarasp in Graubünden für »römisch«. Die Sage versichert sogar, die große Naturgöttin habe an diesem Ort den Vorfahren die Heilwasser der Gebirge und die Kräfte der Kräuter offenbart – man glaubte, daß die Menschheit dank solcher, in jedem Zeitalter neuentdeckter Geheimnisse überlebt habe.

Bei seinem Aufenthalt in Paris versuchte der Dichter Heinrich Heine das Suchen langer Jahrhunderte zusammenzufassen. Im Vorwort seiner noch immer anregenden Arbeit »Die Götter im Exil« schrieb er 1853: »Alles ist nun einmal vergänglich. Die Glaubenslehren und die Sagen verschwinden nicht nur in unse-

Gerade in der Übergangszeit von Altertum zu Mittelalter erlebte die Darstellung von Göttern mit ihren Tieren eine Renaissance. Hier die orientalisch-römische Kybele, deren Wagen von Löwen gezogen wird.

rem Abendland.« Im Anschluß erzählt Heine die köstliche Geschichte eines dänischen Geistlichen, der einen grönländischen Greis nach seiner Überzeugung fragte. Der gute Eskimo gab ihm zur Antwort: »Früher glaubte man noch an den Mond, aber heutzutage glaubt man nicht daran.«

Überall in der westlichen Welt kam im 18. und 19. Jahrhundert die sogenannte »Vernunft« an die Macht. An die Stelle der bunten Dichtungen um den Sinn der Schöpfung trat die Langeweile. Als Gegenmittel schlug darum der Dichter Heine vor, den uralten Überlieferungen wieder den Atem des Lebens einzuhauchen. Dazu bedürfe es nur der Anwendung von »Geheimmitteln«, wie sie sich in der geistigen Apotheke der wahren Künstler befänden.

Auch Heine diente die von uns bereits erwähnte Sage der Ägypter, Griechen und Lateiner von der Flucht der Götter vor den himmelstürmenden Titanen als ein Schlüssel für die Neuschöpfung der Kultur. Für den romantischen Lyriker und Gelehrten ist sie ein Sinnbild für einen ewigen Vorgang, denn auf den Sommer folgt nun einmal der Winter und dem Tag die Nacht. Doch das Gestürzte kommt immer zurück. Die Weisheit der antiken Götterlehren überlebte nach Heine in den Sagen um die Natur, den Bräuchen und Dichter-Fantasien. Im Geheimen wurde sie weitergereicht von Menschen, die sie im Herzen liebten. In den Sagen und Märchen trotzte sie dem Zerstörungswillen der Ketzer- und Hexenrichter.

Heine setzte die Überlieferung vom Überleben der Götter in ihren heiligen Tieren bei seinen Lesern als hinlänglich bekannt voraus. So schien es ihm nicht erforderlich, die Stelle, nach der sich die Mond- und Lebensgöttin Diana in Katzengestalt verbirgt, ausdrücklich zu erwähnen. Sein persönliches Interesse an der Göttin bleibt aber dennoch nicht verborgen, denn im Nachtrag zu den »Göttern im Exil« schrieb er – ebenfalls in Paris – seine »Göttin Diana«: den Entwurf einer Pantomime für das königliche Theater von London.

Der Dichter besingt hier die Abenteuer eines deutschen Ritters, der in mondbeschienener Einsamkeit nach der ewigen Wahrheit sucht. Er will sich schon in seiner Verzweiflung umbringen, da erscheint ihm die schöne Diana leibhaftig. Sie erzählt dem Mann, daß die alten Götter gar nicht tot sind. Sie halten sich nur versteckt in Berghöhlen und verlassenen Tempelruinen. Sie können sich sogar nächtlich besuchen und zusammen ihre Freudenfeste feiern. Im Reich der Unsterblichen begegnet dann der Ritter all seinen großen Vorläufern aus der Vergangenheit: Die schöne Helena ist hier, genau wie die Königin von Saba. Gemeinsam mit der Ägypterin Kleopatra begegnet er den Heldinnen der keltisch-bretonischen Sagenwelt. Sie sind begleitet von allen großen Sehern, Weisen, Abenteurern: von Ovid bis Goethe... Auf die Bitte der Diana erscheint nun Bacchus-Dionysos, auf einem zahmen Löwen reitend. Er erweckt den suchenden Ritter zu neuem Leben. Die ganze Versammlung ist nun vereinigt in der ewigen Welt der Heiterkeit und des Glücks.

Doch auch Heines Einweihungs-Theater konnte im 19. Jahrhundert unmöglich seine völlige Verwirklichung finden. Der oberflächliche Fortschrittsglaube feierte auch weiterhin seine meistens sehr kläglichen Triumphe. Der Welt Dianas blieb nichts übrig, als weiterhin in Berghöhlen, Tempelruinen und den Dachkammern der romantischen Dichter zu überleben. Die Katze der Mondgöttin blieb, wie in der Sage um die ägyptisch-griechischen Titanenkämpfe, das Sinnbild für ihre verborgene Traumwelt. Für ihren Verehrer Heine war sie ein lebendiger Trost in seiner als frostig empfundenen Gegenwart. Er versichert uns sogar: »Als ich in Göttingen von allem weiblichen Umgange abgeschlossen war, schaffte ich mir wenigstens eine Katze an.«

Freyja fliegt im Katzenwagen

An den Namen der schönen nordischen Liebesgöttin Freyja erinnert noch der Frei-Tag. Nach der Schilderung in der mittelalterlichen Edda benützt sie einen fliegenden Wagen, den zwei Katzen ziehen. Sie kommt mit ihm zu dem Scheiterhaufen, auf dem die Leiche des lichten Balder verbrannt wird. Sein Tod bedeutet in den alten Sagen den Weltuntergang. Doch jedes Vergehen ist für die Weisheit der Alten ein Neuanfang. Wenn also Balder schließlich wiederkommt, dann naht für alle Götter, Menschen, Tiere und Pflanzen die Auferstehung des Glücks. Freyja selber erweist sich damit als ein Sinnbild des Lebens, das immer siegt.

Die beiden Katzen der Göttin hat man später ganz verschieden gedeutet. Man sah in ihnen ein männliches und ein weibliches Tier. Ohne die beiden Geschlechter kann es schließlich keine Liebe und kein Leben geben: Manchmal zeichnete man die beiden auch zweifarbig, hell und schwarz. Dann wären sie der Hinweis auf die zweierlei Nächte, die lichten und die dunklen. Denn auch im Wachsen und Schwinden des Mondes sah man ja das Bild der Natur. Demnach wäre Freyja auch die Herrin des Vergehens und Neuerstehens.

Vieles deutet darauf hin, daß es sich hier nicht um die Fantasien einzelner Dichter handeln kann. Nach der germanischen Vorstellung schenkt die Gottheit Odin der schönen Freyja eine fast unbeschränkte Macht über die »neun Welten«. Die Überzeugung, nach der eine Katze *neun* Leben besitzt, zeigt, daß diese Ursage im Volksglauben fortbesteht. Ägyptische Astrologen kannten *neun* von den Göttern erschaffene Sphären. Noch in den mittelalterlichen Wissenschaften kommen diese *neun* Sternebenen vor – zuunterst ist unsere Erdoberfläche. Dann folgen übereinander die Kristallbahnen der sieben Planeten, an die noch unsere Wochentage erinnern. Erst dann gelangt man ins strahlende Himmelreich der Engel und Heiligen. Freyja fliegt nach dem urtümlichen Sinnbild dank ihres Katzengespanns durch sämtliche Welten: In ihnen allen herrschen schließlich die Liebe und das Leben.

In einem der vorchristlichen Lieder ist Freyjas Gesicht von einem Schleier verborgen – sie ist eine Göttin voller Geheimnisse. Die Riesen, die die Welt verderben wollen, hassen sie maßlos. Sie ist die Macht, die zum Wohl von sämtlichen Wesen das Wetter bringt. Sie steuert Sonnenschein, Regen und Fruchtbarkeit. Hier liegt sicher der Grund, warum im mitteleuropäischen Volksglauben diese himmlischen Vorgänge noch immer mit Katze und Kater in Verbindung stehen. »Es regnet Katzen«, das kann man noch immer hören. Ganz dunkle Wolken heißen in deutschen Mundarten noch immer »Bullkater«. Der Sagenforscher Paul Herrmann hat diesen Ausdruck recht treffend gedeutet. »Bull« kommt nach ihm ganz sicher von »bullern« oder »bollern« – also vom rollenden Dröhnen des Donners. Der aus dunkler Wolkennacht aufzuckende Blitz erinnerte den naturnahen Menschen an das Katzenauge, wie es in der Dunkelheit aufleuchtet. Für das Volk der Urzeit war ihre gesamte Umgebung leben-

Freyja, die Liebesgöttin des Nordens, kommt in ihrem von einem Katzengespann gezogenen Wagen zu den Menschen, die sie verehren.

dig. Es verglich ihre Erscheinungen daher sehr gern mit denen im Tierreich, in dem es sich tagtäglich bewegte.

Sogar der Wolkenwagen der Freyja lebt in der Fantasie bis in unsere Gegenwart fort. In den wunderbaren Kindermärchen benützen Feen und Magier ihn noch immer. Aus dem 17. Jahrhundert besitzen wir aus Straßburg einen entsprechenden Bericht: Ein junger Zauberer soll dort auf einem von Katzen gezogenen Gefährt aus Gold durch die Lüfte gefahren sein. Was die Heiligkeit der Lieblinge Freyjas angeht, dafür gibt es eine Unzahl von guten Beispielen. Aus Tirol versichert etwa der Ritter von Alpenburg: »Wenige Menschen getrauen sich, das Tier zu töten.« Sie wissen die Katze von den Mächten beschützt, die in den Winden fliegen und die Unwetter brauen.

Die romantischen Gelehrten erwähnten immer wieder, wie die Liebesgöttin der neun Welten auf die Hochzeiten achtet. Auf dem Brocken beispielsweise befindet sich ein »Brautstein«, in dem eine Katze hausen soll. Am 1. Mai, »dem Hochzeitstag der Götter«, wurde er von frommem Volk mit Blumen bestreut und geschmückt. Erinnert dies nicht an die heiligen Steine der Inder, an denen man der Katzengöttin opferte?

An Hochzeitstagen wurde in Pommern und in anderen deutschsprachigen Gegenden die Katze möglichst gut gefüttert. Dies sollte bewirken, daß während der festlichen Stunden das Wetter möglichst gut bliebe. War dies nämlich der Fall, dann würde auch die ganze Ehezeit »gut und schön« sein. Selbstverständlich sah man das freundliche Wetter auch als gutes Vorzeichen für die künftige Fruchtbarkeit des Paares. Die Katze galt überhaupt als ein sehr schönes Geschenk für die Hochzeitsleute: Das Tier war sozusagen ein Vorläufer der kommenden »Himmelsgeschenke«, der Kinder. Die »erste Arbeit« der Jungverheirateten in ihrem neuen Haus war das Hinstellen eines Napfes mit frischer Milch. Trank die geschenkte Katze sofort daraus, so war die Wohnung schon von einem guten Geist erfüllt.

Das Mädchen, das seine Katze gut pflegt, bekommt überhaupt einen Mustermann. Der Jüngling, der Katzen liebt, hat echtes Glück bei den Frauen. So glaubt man noch immer. Es ist ganz, als wenn Freyja noch immer durch die Lüfte fährt.

WIE FRAU HOLLE DANKT

In den schönsten deutschen Märchen gleicht Frau Holle in mehr als einer Beziehung der Göttin Freyja. Sie hilft jenen Mädchen zum dauerhaften Lebensglück, die mit ihrer ganzen Umgebung »zu reden verstehen«. Die den reifen Apfel im richtigen Augenblick herunterholen genau wie das knusprige Brot aus dem glühenden Backofen! Sie schützt und fördert alle Frauen, für die ihre tägliche Hausarbeit ein heiliger Dienst ist.

Viele Teiche und Höhlen bringt das Volk noch immer mit der geheimnisvollen Frau in allerengste Beziehung. Der neuzeitliche Sagensammler Karl Paetow erzählt uns vom Felsloch »Kitzkammer«: Kitzen oder Katzen sind nach der Mundart wiederum die Lieblingstiere der gütigen Naturgöttin. In dieser Höhle hielt sie nach der Überlieferung ihre »heiligen Katzen«. Den Wanderern zeigte sie sich gern in Menschengestalt, als weise Frau mit Schlüsseln – und dann wieder im Fell ihres Lieblingstiers. Der Forstaufseher Runge aus Hausen will Frau Holle noch vor etlichen Jahren erblickt haben. Mit ihrer sichtbaren Erscheinung erreichte gleichzeitig Musik sein Ohr.

Mündlich vernahm der gleiche Sagensammler auch folgende schöne Geschichte: Eine sehr arme Frau ging in den winterlichen Wald, um für sich und ihre Kinder Ofenholz zu suchen. Auf einem Baumstumpf erblickte sie plötzlich ein kläglich wimmerndes Kätzchen. Es erhob flehend sein Pfötchen und maunzte dazu ganz herzerweichend. Trotz der eigenen Not war es der Mutter unmöglich, das hilflose Wesen im Winterschnee zu lassen. Sie wickelte es in ihre wärmende Schürze und trug es sorgsam heim.

Obwohl ihre eigenen Kinder vom Hunger gequält wurden, freuten sie sich über den kleinen Gast außerordentlich. Sie teilten mit ihm ihre kärgliche Nahrung genau wie die Wärme. Hinter dem Ofen bereiteten sie ihm ein bequemes Nest. Das Kätzchen erholte sich auch nach und nach. Für die notleidenden Menschen war bald das verspielte Geschöpf der allerbeste Trost. Darum waren Mutter und Kinder sehr traurig, als es auf einmal spurlos verschwand. Doch am Morgen nach dem vielbetrauerten Verlust ging die arme Frau wieder in den Wald. An der Stelle, da sie die Katze gefunden hatte, erblickte sie nun eine vornehme weiße Frau. Die Dame warf der Mutter einen weißen Wollknäuel in die Schürze. Dazu rief sie die bedeutsamen Worte: »Das ist für die Katze!« Die arme Frau vermochte gar nicht zu danken – schon war die weiße Gestalt verschwunden. So ging die Frau nachdenklich heim, das Geschenk legte sie auf den gescheuerten Küchentisch.

Groß war ihr Staunen am nächsten Morgen. In dem weißen Garn steckten Stricknadeln, die die ganze Nacht selber gearbeitet hatten. Neben dem Knäuel lag nun, weiß und mollig, ein völlig fertiges Strumpfpaar. Jede Nacht wiederholte sich nun das gleiche Wunder, ohne daß der Knäuel kleiner wurde. Bald hatte die ganze Familie warme Füße. Nun konnte sie sogar die gestrickten Kunstwerke weiterverkaufen und kam zu einem bescheidenen Wohlstand. So dankte Frau Holle die Freundlichkeit, die die arme Frau dem halberfrorenen und hungrigen Kätzchen erwiesen hatte.

In einem anderen deutschen Frau-Holle-Märchen stammte eine von drei Töchtern aus einer früheren Ehe des Mannes. Die Stiefmutter haßte sie darum teuflisch und ließ sie übermenschlich arbeiten. Sie ernährte sie erbärmlich schlecht und prügelte sie ohne jeden Grund. Schließlich schickte sie das arme Mädchen als weitere Quälerei in die verzauberte »Katzenmühle«. Dort hausten fünfzig Frauen mit Katzenköpfen. In diesem rätselvollen Bauwerk mußte nun die dritte Tochter Feuer holen.

Die Katzenfrauen führten sie nun zu ihrer Obersten, die ein besonders mächtiges Tierhaupt besaß. Das Märchenwesen bat das Mädchen, ihr aus dem Fell das Ungeziefer herauszuklauben. Mit viel Aufmerksamkeit und Liebe tat das Mädchen, worum es gebeten wurde. Dafür bekam es nicht nur das von den Katzenfrauen gehütete Feuer: Aus einem geräumigen Schatzkasten erhielt es zusätzlich einen ganzen Sack voll Silber und Gold.

Die Stiefmutter war verständlicherweise auf das Glück ihrer

früheren Sklavin erbärmlich neidisch. Sie schickte nun zuerst die eine und dann die andere ihrer boshaften Töchter in die magische Mühle der Katzenfrauen. Statt aber mit den Tierdamen höflich zu sein, beschimpften sie diese als »verfluchte Katzen«. Statt das weise Haupt der Alten zu pflegen, überschütteten sie diese mit Beleidigungen. Also wurden die fünfzig Frauen zu wilden Tieren. Sie zerrissen die Menschen, die ihnen gegenüber Verachtung zeigten.

Hier hat die deutsche Frau Holle den gleichen Katzenkopf wie die Göttin Bast der Nilkultur. Ein wesensverwandtes Weltbild bringt ganz offensichtlich in verschiedenen Erdteilen die gleichen Sinnbilder hervor. In Mitteleuropa erzählen offenbar die Mütter die gleichen Märchen wie einst ihre Schwestern im Schatten der Pyramiden.

DAS TIER DER WEISEN FRAUEN

Wenn wir den Andeutungen der mittelalterlichen nordischen Chronisten folgen, war Frau Freyja eine Fürstin des magiekundigen Wanen-Volkes. Dessen ursprüngliche Wohnsitze vermutete man im Norden des Schwarzen Meeres, etwa an der Mündung des Flusses Don (Tanais). Von dort sei auch dieser Stamm während des Endes des Römischen Reiches nach dem europäischen Norden gezogen. Im vielschichtigen Werk des Saxo Grammaticus finden wir sogar einen wertvollen Hinweis: Bei den ursprünglichen Machtkämpfen während der Völkerwanderung ging es demnach weniger um physische Machtkämpfe. Wenn man siegen wollte, mußte man die »pythische Kunst«, also seherisches Können und die Fähigkeit seiner Anwendung, beherrschen.

In den Geschichten um die schöne Königin und Magierin Freyja finden wir sehr viele Merkmale des späteren Hexenwesens wieder. Auch von den Weisen Frauen des Mittelalters wird schließlich berichtet, daß sie das Wetter fast nach Gutdünken zu »kochen« verstanden. Auch sie sollen das »Fliegen« verstanden haben. Wie ihr verehrtes Vorbild konnten sie angeblich dank ih-

In der Zeit der Ketzerverfolgungen verbrannte man Frauen, die in die Naturkräfte eingeweiht waren, als Hexen.

rer »pythischen Künste« andere Welten besuchen. Mit Freyja und Frau Holle verband sie auch zu allen Zeiten eine sehr ausgesprochene Verehrung der Katzen. Sie liebten sie, als wären sie ihre Lehrmeister. Sie bedienten sich ihrer nach dem Zeugnis der Sagen beim Erforschen aller Geheimnisse der Mondnächte als Freunde. Bei vielen der leider vergessenen Dichter und Gelehrten des 16. bis 18. Jahrhunderts wimmelt es von entsprechenden Andeutungen: Wer die »Hexen« verstehen will, muß zuerst deren Vorliebe für bestimmte »Hexentiere« begreifen.

Man war gründlich überzeugt, Katzen seien »ein Vehikel bei zauberischen Zeremonien«. Die Weisen Frauen glaubten, daß dank ihrer Hilfe eine Verbindung mit den Reichen von unsichtbaren Wesen möglich sei. Der romantische Forscher F. Nork versichert: »Darum spielen die Katzen in den Hexensagen eine gar wichtige Rolle. Entweder sie bilden das Gespann der Hexen, oder die Hexen nehmen die Gestalt der Tiere an.« Für die ostdeutschen Gebiete ergänzt er: »Das eigentliche Reitpferd der Hexen und der Frau Holle ist dagegen die Katze...« Auch in Shakespeares »Macbeth« wird ein Katzenkobold »Grimalkin« erwähnt, übrigens in deutlicher Beziehung zur Mond-Verehrung.

Hexen und Hexenmeister können aber nach den alten Quellen nicht nur auf dem Tier der Frau Holle reiten oder äußerlich in dessen Gestalt schlüpfen! Der hilfreiche Kobold, den die Göttin ihren Verehrern schenkt, hat ebenfalls die Gestalt einer Katze. Hinter den verwirrenden Nebeln des späteren Aberglaubens erkennen wir schon jetzt einfache Wahrheiten: Liebevoll behandelte Katzen verkehren nun einmal ganz anders mit ihren Besitzern als vernachlässigte. Die von den Weisen Frauen mit viel Verständnis behandelten Tiere entwickelten Zuneigung und Verständnis für »ihre« Menschen. Der Pöbel begriff solche Freundschaften nun einmal nicht. Was blieb ihm da schon übrig, als die wunderbar »klugen« Katzen als sichtbare Erscheinungen der hilfreichen »Elementargeister« anzusehen? Als volkstümliche Heilerinnen, Hebammen, Baderinnen und Beraterinnen erwarben die sogenannten Hexen sehr häufig einen gewissen irdischen Wohlstand. Was lag da schon näher, als neidisch anzunehmen, die Katzenkobolde seien die Erfüller ihrer Wünsche?

Wir besitzen eine hübsche Federzeichnung von Hans Baldung Grien aus dem Jahre 1514. Die Hexen sind darauf gerade dabei »wegzufliegen«. Seitwärts von ihnen sehen wir ein aufgeschlagenes Buch mit magischen Lehren. Eine Katze sitzt davor und scheint darin zu studieren! Für den Kenner der Volksüberlieferung ist dies einigermaßen verständlich. »Niemals wären durch Jahrhunderte seltene Bücher in den Hütten bewahrt worden, wenn wir nicht die Katzen besessen hätten«, sagte mir 1968 ein kluger Bauer aus dem bernischen Heimiswil. »Sie vertrieben folgerichtig die Mäuse und Ratten, die so gern ihre Zähne am Papier erproben, aus den Wohnstuben.« Auch im fernen Japan gelten die Tempelkatzen als von den Göttern geschenkte Retter und Hüter von seltenen Handschriften.

In der Stadt Bern, in der ich aufwuchs, erzählte man gern von der »Katzen-Anbetung« der Hexen. Gelehrte Sagensammler erklärten diesen Brauch aus der Freyja-Verehrung. Nach dem erwähnten Chronisten des 15. Jahrhunderts, Aventin, könnte hier aber sogar südlicher Einfluß vorliegen: Stand doch Bern vom 6. bis 11. Jahrhundert unter dem Einfluß Burgunds, dessen Fürstengeschlecht durch seinen Ahn alle ägyptischen Weisheiten gekannt habe... Von fast allen Ketzern des Mittelalters, den Gnostikern, Sabiern, Albigensern, Katharern, Waldensern, Templern, Stedingern wurde ebenfalls behauptet – sie hätten die Katzen verehrt.

WER HILFT DEN MÄRCHENHELDEN?

Die Katze als vielverehrtes Hexentier und gleichzeitig als treuer Hüter von »Haus und Herd« erscheint in einem der beliebtesten Volksmärchen. Man lese doch nochmals in der Sammlung der Brüder Grimm die »Bremer Stadtmusikanten«. Ein böser Räuber will in das Waldhaus eindringen. In diesem hat aber die kluge Katze »auf dem Herd bei der warmen Asche« ihre bequeme Schlafstätte gefunden. Der Einbrecher findet zuerst alles still. Er geht in die Küche, um sich ein Licht anzuzünden. Er hält »die glühenden, feurigen Augen der Katze für lebendige Kohlen«. Er nähert ihnen darum seine Schwefelhölzchen, damit sie Feuer fangen. Doch das wachsame Tier versteht nun einmal keinen Spaß. Es springt dem entsetzten Räuber ins Gesicht, speit und kratzt. Er flieht feige und erzählt nachträglich über sein Abenteuer: »Ach, in dem Haus sitzt eine greuliche Hexe.«

Die seit dem ausgehenden Mittelalter so verbreiteten Verleumdungen des Hexenwesens werden in solchen Märchen ganz deutlich verulkt. Vor klugen Frauen und ihren Lieblingstieren haben nach der mündlichen Tradition nur jene Menschen Angst, die sich auf Kosten der unterdrückten Mitmenschen zu bereichern versuchen. Noch heute sagt man schließlich im Orient von den Katzenhassern, sie seien in einem früheren Leben räuberische Ratten gewesen! Unsere schönsten Märchen beweisen, daß zumindest die Volksdichter den Giftbüchern der Hexenverfolger des 15. bis 18. Jahrhunderts ein geistiges Bollwerk entgegensetzten. Die Weisen Frauen in ihren Zauberhütten sind für sie noch immer gute Ratgeberinnen, die Gesunden und Kranken zu helfen wissen. Ihre Katzen sind treue Verbündete und freundliche Hauskobolde. Für etwas Milch und Freundlichkeit bringen sie auf leisen Samtpfoten den Segen der göttlichen Mächte.

Wenn wir die verschiedenen Fassungen der bekanntesten Märchen vergleichen, erkennen wir immer mehr eine ursprüngliche Katzenliebe. Ich erwähne hier das wunderschöne Märchen »Aschenbrödel«. Schon ihr Name scheint uns auf eine Lieblingsstelle des wärmeliebenden Haustiers hinzuweisen. In einer alten italienischen Dichtung, die uns Basile in seinem »Pantamerone« erhalten hat, heißt sie sogar ausdrücklich »Katze« (la Gatta Cenerentola). Katzen als Helferinnen der Heldin werden eindeutig erwähnt. Sie beschützen Aschenbrödel vor den Gemeinheiten der bösen Stiefmutter. Manchmal dienen solche befreundeten Kobolde einer Fee, einer mächtigen Frau. Hier erhielt sich die Erinnerung an freundliche Naturkräfte, die nächtlich ihren menschlichen Freunden zum Liebesglück verhelfen: Es ist schließlich gleichgültig, ob man sie je nach Familienüberlieferungen mit Freyja, Holle, Diana, Artemis, Bast oder anderen Göttinnen in Verbindung brachte. Die Ahnungen von einer gütigen Großen Mutter überdauerten sämtliche Völkerwanderungen.

In vielen Märchen kommt eine Heldin in eine verwunschene Burg. Sie trifft dort ein halbmenschliches Ungetüm, das sie aber nach einiger Zeit lieben lernt. Nach schweren Prüfungen verwandelt es sich dann in einen sehr schönen Prinzen, und beide finden ihr gemeinsames Glück. Gelegentlich werden darauf auch die Tiere in der Umgebung Menschen – sie sind das zusammen mit seinem Herrscher verzauberte Volk. Das zuerst drohende Ungetüm wird in den Märchen ganz verschieden geschildert, es wird Ungetüm, Kobold, Riese, Zwerg, Unsichtbarer, schwarzes Tier genannt. Für unser Buch ist es aber besonders wichtig, daß gerade das deutsche Märchen den »Löwenmenschen« kennt. In der großartigen Verfilmung der Geschichte »Die Schöne und das Tier« durch den französischen Künstler Jean Cocteau hat der Tierprinz zunächst das Haupt eines Wildkaters.

Fast noch deutlicher werden die Zusammenhänge in den oft so tiefsinnigen Erzählungen um die »Tierbraut«, in denen ein alter König sein Reich nur einem von drei Söhnen übergeben kann. Er stellt schwere Aufgaben, für deren beste Lösungen seine goldene Krone winkt. Wider allen Erwartens ist nun der Jüngste der Erfolgreichste. Zuerst gilt er als der Dümmste – doch das Märchen stellt die Tugenden des Herzens hoch über jeden Verstand. Der etwas kindliche Prinz hat ein Gefühl für die Tiere und versteht offensichtlich, mit ihnen zu »reden«. Mit ihrer Hilfe löst er darum die übermenschlichen Aufgaben. Endlich sagte der Vater: Derjenige von euch soll das Land und dessen Reichtümer verwalten, der die schönste Braut gewinnt. Das mit dem Jüngsten befreundete Tier wird nun zur schönsten aller Königstöchter!

Im übrigen kann der Vater der drei Söhne in unseren Märchen auch ein wohlhabender Bauer oder Müller sein. Das Weitergeben einer Mühle oder eines Hofes war einst eine ebenso wichtige Angelegenheit – wie das Vererben eines Kaiserreiches.

Selbstverständlich werden die helfenden Tiere in der Unzahl der vorliegenden Volksdichtungen immer ganz unterschiedlich benannt. Daß es eine schöne Katzen-Jungfrau ist, kommt aber in den deutschen Märchen am häufigsten vor. Auch scheint die entsprechende Dichtung der Gräfin d'Aulnoy schon im 18. Jahrhundert am bekanntesten geworden zu sein. Sie regte in ganz Europa entscheidend die neue Liebe zum Feenglauben an. – Wir werden uns noch mit ihr zu beschäftigen haben.

Der Kater am Weltenbaum

Auch bei der Entstehung der osteuropäischen Völker müssen Stämme mit einer ausgesprochenen Katzenverehrung eine Bedeutung besessen haben. Wenn meine Großmutter von vergangenen Zeiten erzählte, kennzeichnete sie stets die damaligen Menschen mit einem hübschen Spruch: »Sie prügelten sich mit Keulen herum und beteten zum Kater.« Oder noch ein wenig kürzer: »Sie lebten im Walde – und beteten zum Kater.«

Im Jahr 1986 war ich im altehrwürdigen »Haus der Schriftsteller« in der Kaiserstadt Moskau. Es ist das gleiche Bauwerk, das in dem köstlichen fantastischen Roman des Dichters Bulgakow vorkommt. Unter den Künstlern dort war auch ein Schriftsteller aus dem Volk der Tschuwaschen – schon seine Großmutter galt als eine Bewahrerin der Überlieferungen. Seit dem 16. Jahrhundert gehörte diese Kultur zwangsweise zum russischen Reich. Im 18. Jahrhundert wurden ihre Menschen zum griechisch-orthodoxen Christentum bekehrt. Im geheimen erhielten sich aber unter ihnen viele Elemente einer ursprünglichen Sagenwelt.

Der tschuwaschische Dichter erzählte mir viel von der herrlichen Tochter des höchsten Tschuwaschen-Gottes Tengr. Ihr Haupt war das einer Löwin, der Leib der einer schönen Frau. Wenn die Irdischen in Sünde versanken, ihre heiligen Bräuche vergaßen, stieg sie auf des Himmels Geheiß auf die Erde nieder. Sie zerfetzte die Übeltäter, mochten sich diese auch für allmächtig halten. Vorher mußte sie freilich einen Rauschtrank von Gerste zu sich nehmen: »Sonst ist sie nun einmal viel zu lieb.«

Die göttliche Vernichterin der Verbrechervölker soll sogar den »ägyptischen« Namen Sechmet getragen haben. Mein Tschuwasche versicherte mir dazu, daß seine Ahnen früher in enger Beziehung zu den südlichen Ländern standen. Übrigens sollen nach den alten Sagenforschern die noch heidnischen Slawen ebenfalls göttliche »Löwenmenschen« gekannt haben: Im 18. Jahrhundert hat man bei ihnen die Darstellungen eines Helden mit Löwenhaupt gefunden – verschiedene Gelehrte vermuteten hier die Einflüsse indischer Religionen. Ein Löwenkopf war angeblich auch ein Abzeichen des russischen Silny-Bog, also des Gottes der Kraft (sila). Mit urtümlichen Vorstellungen der vorchristlichen Zeit verband schon der Dichter Clemens Brentano die Gestalt eines urtümlichen Katzenkobolds: Man bezog ihn etwa als Träger von Wappen ostdeutscher und wendischer Geschlechter in künstlerische Darstellungen ein.

Anschließend, nach dem spannenden Gespräch mit dem tschuwaschischen Dichter, besuchte ich die einstige Fürstenstadt Kiew. Auch hier war es mir dank sachkundiger Führung möglich, wohl einzigartige Urkunden der Volkskunst zu besichtigen. Ich staunte über die Unzahl der Sphinxen aus Fayence, wie sie im 17. bis 18. Jahrhundert die ukrainischen Herrenhäu-

Der weise Kater am Weltenbaum war für viele Künstler ein Symbol der Poesie und Erinnerung an alte Traditionen.

ser schmückten. Sie standen, wie man mir erzählte, sehr häufig in den Schlafzimmern. Sie galten hier vielfach als Sinnbilder der wunderbaren Träume. Man vermutet, daß die Vorliebe für das Märchentier im Lande am Schwarzen Meer »nicht nur der Ausdruck einer fremden Mode war«. Wissenschaftler mit Mut zu neuen Ideen vermuten hier bildliche Gestaltungen einer der im Volk weiterlebenden Erinnerungen aus der Urzeit.

Zu den ägyptisch-griechischen Menschenkatzen, den Wächtern ukrainischer Schlafzimmer als die »Eingänge zu Traumreichen«, gehören offensichtlich auch Löwen aus Keramik. Sie wurden von den Forschern gelegentlich als Sinnbilder der Urkräfte angesehen, die die Wesen eines bestimmten Orts hüten. Wie mir eine Dame in Kiew, die die Denkmäler einer gewaltigen Volkskunst zeigte, zu erklären suchte: »Die Katze fing Mäuse und Ratten und galt darum als die gute Freundin oder sogar als die sichtbare Verkörperung des Hausgeists (domowoi). War es da nicht einleuchtend, für den Schutz des Hauses Bilder aufzustellen, die die mächtigste der Katzen zeigten, den Löwen?«

Die Ukraine war bekanntlich bis in die Gegenwart ein Schauplatz fast endloser Völkerwanderungen und Umwälzungen. Daß sie sich trotz des dauernden Wechsels der Herrscher und Religionen viele ihrer ursprünglichen Eigenarten erhalten konnte, verdankt sie der Treue zur Familienreligion. Wie ich es noch von meiner Mutter weiß: »Kam ein Mensch heim, so sah er als erstes das Lämpchen vor den Heiligenbildern in der Ecke. Dann hörte er vom Ofen gegenüber die treue Hauskatze schnurren und vergaß den Zeitgeist und allen Ärger des Tages.« Er war auf einer Insel der Seele, in deren Umkreis ewige Träume weiterleben.

FREUND DER RUSSISCHEN KINDERFRAUEN

Der große russische Dichter Alexander S. Puschkin pries seine Kinderfrau als die eigentliche Lehrerin seines Geistes. Dank ihr habe er echte Bildung erhalten, von ihr bekam er die Grundlage zur Entfaltung seiner Künstlergaben: Auf dem Herrenhof, auf dem er aufwuchs, erzählte sie ihm die Überlieferungen der Urzeit. Tausendfach hörte auch ich von diesen Weisen Frauen mit ihrem erstaunlichen Gedächtnis: Sie saßen, wenn die Kinder einschliefen, an deren Bettchen. In der Ecke leuchtete bei den Heiligenbildern das schützende Öllämpchen. Auf dem Schoß der Erzählerin schnurrte in der Regel die bejahrte Hauskatze. Sie liebte nun einmal die Märchen. Sie freute sich, wenn die Geschichten ruhig und freundlich dahinrieselten. Nur in gewissen Fällen soll sie, den Russen zufolge, Unruhe und Unzufriedenheit gezeigt haben... Dies geschah nur, wenn die Kinderfrau »wagte«, die Handlung in den Erzählungen willkürlich abzuändern.

Gleichmäßig schnurrte das Tier und gleichmäßig floß die Rede der Märchenfee. Die Augen von beiden blickten in die Fernen, in die sonst verborgenen Welten zwischen Himmel und Erde. In den Träumen der glücklich einschlafenden Kinder verschmolzen nun die Geschichten der Kinderfrauen gründlich mit den freundlich zustimmenden Lauten ihrer Katzen: Wen verwundert es nun, daß diese Tiere im russischen Volksglauben als die eigentlichen Bewahrer der urtümlichen Volksdichtung erscheinen? Sie seien es überhaupt gewesen, die den Kinderfrauen all die Wunderbilder im Schlaf »einschnurrten«. Schließlich war das Füttern und Streicheln der Hauskatze eine Hauptpflicht dieser auf ihre Art so gebildeten Damen.

Während des Übergangs von der Antike zum Christentum glaubte man anscheinend in gnostischen Gemeinschaften, daß eine Katze den Baum des Lebens im Paradies hütet. Hat sich dieses Urbild auch in die Feenmärchen hinübergerettet? In seiner Meisterdichtung »Russlan und Ljudmila« besingt Puschkin die Heldenzeit um den Fürsten Wladimir. Sie beginnt bei ihm mit den mystischen Worten: »An der Meerbucht, da grünt die Eiche. Aus Gold ist an ihr eine Kette. Tag und Nacht wandert an ihr der weise Kater im Kreise herum. Wenn er nach rechts geht, so singt er Lieder. Bewegt er sich nach links, spricht er Märchen.« Der Dichter, der an diesem Werk 1817 bis 1820 arbeitete, stellt sogar anschließend fest: »Ich war selber dort und trank Meth. Ich sah am Meer die grüne Eiche. Ich saß an ihrem Fuß. Der gelehrte Kater erzählte mir seine Märchen. Ich erinnere mich noch an eins von ihnen. Ich will es jetzt der ganzen Welt mitteilen...«

Die Vorrede Puschkins zu seiner Sagendichtung ist ziemlich genau im Sinn und Geist seiner Vorgänger, der großen Volkserzähler. In den echten Märchen kommt tatsächlich der geheimnisvolle »Kot-Bajun« vor, der magische Kater. Er haust hinter »dreimal neun Ländern, im dreißigsten Kaiserreich«. Er sitzt auf einer Säule, die genau »zwölf Saschen« (ein altrussisches Maß) hoch ist. Er erzählt seine wunderbaren Märchen, die jeden, der sie vernimmt, in einen tiefen Schlaf versenken. Das Wundertier zu gewinnen und dem König zu bringen, erscheint im Märchen als eine Hauptaufgabe des Helden. Sein Besitz bedeutet ganz offensichtlich eine Steigerung der eigenen Lebensfreude. Wenn man es am Hof hat, herrscht im Umkreis die allgemeine Zufriedenheit.

Das Märchen vom Sängerkater, der mit seinen Liedern den Schlaf erzeugt, endet mit den bedeutungsvollen Worten: »Sie lebten lange und unterhaltend. Das ist das ganze Märchen. Es ist nicht möglich, mehr zu sagen.« In einer anderen Volkserzählung sagt übrigens die schöne Königstochter: Dem Prinzen, der sie zur Ehe nehmen werde, wolle sie als Geschenk ihren märchenerzählenden Kater (Kot-Bajun) mitbringen. »Wenn er seine Geschichten berichtet, so vernimmt man ihn drei Meilen (Wersten) weit.«

Die Märchen und Lieder des Zauberkaters hört man offensichtlich nicht nur mit seinen leiblichen Ohren. Sie sind voll der magischen Kraft, genau wie in der Dichtung von Puschkin. Sie versetzen den Hörer in andere Zeiten und Räume, zu denen die Feenkatzen die Traumschlüssel hüten. Die Geschichten des Wundertieres sind also nicht nur unterhaltend, sie sind, den Kinderfrauen zufolge, gleichzeitig mächtige Sprüche. Ihre Worte sind klangvoll und »stark«. Sie erzeugen Verwandlungen in jedem, der auf sie hört. Der Kater am Weltenbaum erzählt Geschichten, die Musik und Zauberei in einem sind. Wie uns das Märchen versichert: Mit seinem Gesang läßt er den Traum auf uns los.

BEI BABA-JAGA IM WALDHAUS

Im russischen Märchen entspricht das Waldweib, die Baba-Jaga, ziemlich genau der deutschen Frau Holle. Zu ihr, in ihre geheimnisvolle Hütte, kommt etwa das unglückliche, von seiner bösen Stiefmutter gequälte Mädchen: Es wird gerettet, weil es sich mit Baba-Jagas klugem Kater befreundet, zu ihm gütig ist. Es gewinnt seine Dankbarkeit, weil es ihm schmackhaften Schinken zum Fressen schenkt.

Der Märchenkater ist hier wie gewöhnlich ein mächtiger Magier. Von ihm bekommt die Heldin ihre Macht, zwischen sich und ihre Verfolger gewaltige Hindernisse zu legen. Wenn sie das Handtuch der Baba-Jaga auf den Erdboden wirft, entsteht dadurch ein reißender Strom. Schmeißt sie aber auf dem Fluchtweg einen Kamm hinter sich, dann entsteht dort ein düsterer, schier undurchdringlicher Urwald.

Dichterisch gesteigert erscheinen damit im Märchen die Bilder aus dem Volksglauben an die Verbindung der Katzen mit den Naturelementen. »Wenn das richtig wetterempfindliche Tier besonders stark unruhig wurde«, erzählte mir meine Großmutter, »ging am Rand der Wälder und Steppen niemand mehr aus der Holzhütte. Die ganze Natur, die man doch auf Schritt und Tritt zu kennen glaubte, verwandelte sich durch einen raschen Wolkenbruch. Harmlose Flüsse schwollen zu reißenden Strömen an. Das regengepeitschte Dickicht war plötzlich finster und verworren. Dort, wo gestern die Kinder harmlos nach Beeren suchten, waren die Pfade gefährlicher Sumpf.« Die Tücken des osteuropäischen Kontinentalklimas scheinen also nicht weniger als das Steigen und Sinken des heiligen Nil die Lehrmeister im Fach der Wetterkunde gewesen zu sein: Nur jene Stämme konnten in den Völkerwanderungen bestehen, die dank Natur- und Tierbeobachtung die Zeichen ihrer Umwelt zu deuten verstanden.

Fast noch mehr als die deutsche Frau Holle erscheint uns die Baba-Jaga als die Macht des Wetters, die zerstört und dann wieder Reichtum schenkt. Der Wind erhebt sich, nach unzähligen Märchen, wenn sie in ihrem Mörser durch die Lüfte dahinfliegt. Naht sie, dann tobt und rast ein wilder Sturm. Der wachsame und wetterkundige Kater spürt schon von weitem, wenn seine Herrin flammend und dröhnend heimkommt. Er erwacht aus seinem gemütlichen Schlaf, seine Augen beginnen zu glühen und sein gesträubtes Fell Funken zu versprühen.

Die Katze als Kenner und Freund der alles belebenden und bewegenden Himmelskräfte erscheint in einem russischen Märchen, das ziemlich genau dem deutschen »Gestiefelten Kater« entspricht. Auch hier ist das weise Tier die einzige Erbschaft, die der arme Sohn von seinem sterbenden Vater erhält. Es vermag aber für seinen Herrn einen schrecklichen Drachen zu verjagen, indem es ihn mit listigen Worten bedroht: »Versteck dich schnell irgendwo, denn Grom und Perun kommen geflogen; sie werden dich erschlagen und zu Staub zermalmen.« Grom heißt nun bekanntlich in der russischen Sprache Donner. Perun ist dazu in den alten Sagen der Name des Geistes von Blitz und Gewitter. Ihm und seinen aufflammenden Energien waren nach dem alten Schriftsteller Rakowiecki das gesamte Holz der heiligen Haine geweiht, »für ihn brannte das ewige Feuer«.

Der dämonische Drachenherrscher verzieht sich ob der Warnung des listigen Katers. Aufs Wort glaubt er diesem, daß er mit den Mächten des Gewitters verbündet ist. Wie eine feige Ratte verkriecht er sich in einer hohlen Linde. Die schlaue Katze weiß darauf die Öffnung mit Lehm und Holzscheiten zu verschließen, so daß das böse Ungetüm gefangen ist. Die Knechte des Drachen werden nun ebenfalls vom Kater zu Furcht und Gehorsam gezwungen. Er befiehlt ihnen, jedermann zu sagen, daß der ganze Besitz des Dämons nun seinem jungen Herrn gehöre. Sonst kämen »Grom und Perun« und würden sie alle zerschlagen, zerstampfen und zertreten wie saure Äpfel. Die Sklaven gehorchen zitternd, so daß dem armen Märchenhelden nun ein gewaltiges Gut gehört. Er kann jetzt ein schönes und reiches Mädchen heiraten. Beide leben von da an in fürstlichem Überfluß.

So sind Katze und Kater auch im osteuropäischen Märchen geradezu die Freunde der »feurigen Kraft« des Himmels und in der ganzen uns umgebenden Natur. Wer mit diesen »Tieren des

Wetters« in bestem Einvernehmen lebt, sie füttert und liebevoll beobachtet, der kann darum »ruhig schlafen«. Er zieht dank ihnen die für ihn günstigen, wenn auch meistens unsichtbaren Kräfte geradezu an. Das Glück ist darum sein zuverlässiger Verbündeter.

LERNEN IN DER KATZENSCHULE

Als Kind fand ich viel Trost in den klangvollen Reimen des russischen Dichters Nikolaj Gumilew (1886–1921), namentlich in seinem vielgenannten Katzengedicht. In einem abenteuerlichen Leben erschuf dieser Magier des Wortes eine Traumwelt für schöpferische Menschen, die sich während Weltkriegen und Revolutionen einsam fühlten. Meine Mutter kannte am russischen Gymnasium in der Tschechoslowakei viele Leute, die ihn noch selbst erlebt hatten. So hörte ich als Kind immer wieder von ihm: Ich habe ihn mir so gut vorgestellt, als wäre er einer meiner besten Freunde und Lehrer gewesen.

Gumilew hatte Ägypten, Nubien und Äthiopien durchreist. Er war von Stolz erfüllt, daß er bei seinen nächtlichen Wanderungen vollständig die Furcht vor dem Königstier, dem Löwen, überwunden hatte. Im schimmernden Mond über dem Nilstrom erkannte er das unsterbliche Auge der Muttergöttin Isis. Voll Glück besang er solche Erlebnisse, in denen sich für ihn die Grenzen zwischen Traum und Gegenwart aufhoben: »Ich bin nicht an dieses Jahrhundert gekettet, wenn ich durch die Tiefe aller Zeitalter blicken kann.«

Im Jahre 1921 wurde er während der russischen Revolutionskriege ermordet. Offenbar ziemlich grundlos, aber er hatte schließlich Jahre vorher Gott um einen wilden Jägertod gebeten. Er wollte nicht im Umkreis der Zivilisation in seinem Bett sterben, »in Gegenwart des Notars und des Arztes«. Doch sein Werk wurde unter den bettelarmen Flüchtlingen im Westen ebenso gelesen und auswendig gelernt, wie unter der sadistischen Diktatur des Josef Stalin in der Sowjetunion.

Mehrfach vernahm ich im Westen und Osten verschiedene Varianten jenes Katzengedichtes, das der große Lyriker in seiner Sammlung »Rosarote Perle« (Schemtschug rozowyj) veröffentlicht hatte. In fast jedem Fall hörte ich die gleichen Gedanken, nur in einem neuen Zusammenhang geäußert, wie sie mir dank meiner Eltern bereits als Kind vertraut waren: Der liebenswürdige Kater ist hier der allerbeste Freund, der magische Begleiter und Lehrer eines einsamen Knaben. Er tröstet ihn, der sich in seiner Zeit verloren und unverstanden fühlt. Er zeigt ihm, wie man im eigenen Geist seine Märchenwelt und damit eine innere Heimat findet. Das Gedicht heißt im übrigen ausdrücklich »Marquis von Karabas« – ein Name, den auch der Held in der alten französischen Dichtung vom »Gestiefelten Kater« trägt. Gumilew erinnert sich also an die Geschichten um den Katzenkobold, wie er in der Volksfantasie dem Menschen zum Wohlstand und zur wunderschönen Prinzessin verhilft.

In Gumilews Gedicht herrscht die Zauberstimmung von Herbst, Abend und fernem Wetterleuchten. Das einsame Kind sieht, wie sein kluger Kater wachsam durch die Landschaft schleicht – jeder Zoll des geschmeidigen Leibes ein vollkommener Jäger. Der Knabe folgt seinem Freund im Geiste: In jedem Grashalm, jedem Zweig begegnet er mit ihm dabei seinem freien, ursprünglichen Land. Im Wachtraum gelangt er zu einem ihm durch seine Vorfahren zustehenden Rittergut. Hier kann er ganz nach Lust und Laune fröhlich schalten und walten.

In den Versen von Gumilew sinkt der Knabe in der einbrechenden Dämmerung in seligen Halbschlaf. Tautropfen aus dem steigenden Nebel netzen sein Antlitz. Der Kater drückt die feuchte Katzennase an seine Hand. Das Schnurren des Tieres verwandelt sich nun in verständliche Worte: Sie preisen alle Reichtümer der Erde, die dem Kühnen heute ebenso gehören können, wie den Prinzen und Prinzessinnen in den uralten Märchen. Noch immer gibt es ja Berge und Wälder. Noch immer locken die Edelmetalle, Gold und Silber aus den Tiefen des Bodens. Die Weiten glänzen lockend. Sie alle versprechen wunderbare Abenteuer ohne Ende.

Der Kater schnurrt: Du bist schließlich der gesetzmäßige Erbe deiner ebenso schönen wie geheimnisvollen Umwelt. Wenn

Im ukrainischen Volksmärchen ist der Kater Sinnbild des geborenen Musikers, Sängers und Märchenerzählers.

du es mir glaubst, bist du wie jeder Märchenheld »der Nachkomme der ältesten Geschlechter«. Handle nach der zeitlosen Katzenweisheit, lerne die Natur immer besser zu verstehen und nimm dann die Herausforderung deines Zeitalters an. Erobere alles das, was dir durch dein Geburtsrecht, deine Erinnerungen und tiefen Neigungen zusteht. Genieße dann siegreich, was also dein ist und du auch durch deine wachsenden Erfahrungen neu zu gewinnen vermagst.

Das Gedicht von Gumilew kannte ich schon als Zwölfjähriger fast auswendig. Es wurde mir zu einem der allerbesten Schlüssel zu den zahllosen weisen Märchen und zu dem Volksglauben um den hilfreichen »Katzenkobold«. In ihm fand ich die Aufforderung zu einer immer bewußteren Meditation auf jede mir mögliche Erfahrung mit Tieren und Pflanzen. Obwohl ich in ärmlichen Hinterhöfen der Stadt aufwuchs, kam ich dadurch zu einer Fülle von schöpferischen Naturerlebnissen. Am verschmutzten Bach oder im verwilderten Garten der Nachbarschaft begegnete ich meinen Abenteuern. »Jedes Gräschen, jeder Ast«, sie wurden mir wie im Gedicht zu den genauesten Wegweisern zum verlorenen Wissen um die Lebendigkeit der Umwelt.

Dank Gumilews Gedicht erkannte ich gründlich: Die Katze bewahrt auch in der Zivilisation in sich das ursprüngliche Geschöpf. Sie lebt noch immer zwischen den Häuserschluchten wie in den jungfräulichen Waldbergen der Vorzeit. Die Tierbeobachtung zeigt uns, wie auch wir unser Wesen zu bewahren vermögen.

Keltische Wiedergeburt

Unmittelbar nach dem Zweiten Weltkrieg, schon 1946, kam ich nach Paris. Es war die erste richtige Großstadt, die ich erlebte. Politische und wirtschaftliche Krisen, durchziehende Armeen, Flüchtlingselend hatten ihre düsteren Spuren hinterlassen. Die Anhäufung der zusammengedrängten Menschenmassen stellte Anforderungen, von denen ich bisher keine Ahnung gehabt hatte. Was Jahrzehnte später zu allgemeinen Lebensfragen werden sollte, erfüllte bereits hier vorausschauende Leute mit wachsenden Sorgen: Sie erkannten, daß zumindest an übervölkerten Orten frische Luft oder sauberes Wasser knapp werden könnten!

Um im Häusermeer nicht »verloren« zu gehen, fanden viele Menschen einen für sie entscheidenden Ausweg: Sie beschlossen freiwillig, in einem engeren Bezugsfeld zu leben, vergaßen bewußt die fast grenzenlose Hauptstadt und wählten sich ihre nähere Umgebung zum »Dorf«. »Der Mensch kann nicht mit Millionenmassen mitfühlen«, sagte mir ein kluger Mann in einem esoterischen Antiquariat, »er kann auch nicht von so vielen Geschöpfen Verständnis und Liebe entgegennehmen – oder es ihnen schenken. Die alten Kelten, die Vorfahren der Pariser, waren in übersichtlichen Stämmen glücklich – das ist noch heute ein Vorbild.«

Gefühlsmäßig oder sogar bewußt versuchten viele, nach dieser überlieferten Art und Weise »weiterzufahren«. Sie machten ihre Einkäufe in den kleinen Läden um die Ecke. Sie tranken ihren Kaffee oder ihren Wein in der Gaststube, die im gleichen Häuserblock lag. Sie kümmerten sich nicht übertrieben um die laute Weltgeschichte! Dafür wußten sie die kleinen Geschichten um alle ihre Nachbarn. Sie verließen ihr Quartier herzlich selten, waren aber doch erstaunlich naturverbunden: Die Pilze oder

Heilkräuter, von denen sie durch ihre noch ländlichen Großmütter wußten, konnten sie in Hinterhöfen oder an Gartenrändern sammeln. Sie hatten die Entscheidungsschlachten in den Schulbüchern vergessen, kannten aber jeden Stein ihrer nahen Kirche oder des kleinen Friedhofes in deren Nähe. Mit jeder Katze, der sie auf ihrem Heimweg begegneten, führten sie ein höfliches Gespräch. Diese reckte ihnen ihrerseits ihr kühles Näschen entgegen, als erkenne sie in ihnen einen Seelenverwandten, eine »menschliche Quartierkatze«.

Der Buchhändler und Antiquar aus der Gegend des Boulevard Saint-Germain erklärte mir den ganzen Lebensstil: »Fremde Touristen nennen Leute, die fast kein berühmtes Denkmal außerhalb ihres Stadtviertels kennen, Spießbürger. Aber die Pariser sind nun einmal das Volk der großen Göttin Isis, wie es schon der Sprachforscher und Esoteriker Fabre d'Olivet wußte! Der Name des keltischen Stammes der Parisi und der heutigen Stadt kommt von Bar-Isis – was Gefährt, Schiff, Gefäß der großen Göttin bedeutet. Wurde die Isis nicht schon von den ägyptischen Eingeweihten und dann von ihren Gesinnungsgenossen, den gallischen Druiden und Druidinnen, als die Große Katze verehrt? Gibt es außer Paris eine andere Großstadt, in der man mit der gleichen Leidenschaft diese Tiere liebt wie bei uns? Die Menschen hier ziehen es genau wie ihre Lieblinge vor, alles über ihre unmittelbare Umgebung zu wissen. Die Katze kennt jeden Stein, jedes Gräschen und Mauseloch in ihrem Hinterhof – ganz ähnlich genießt der Katzenfreund seine eigenste Welt. Mag sie noch so winzig sein, dafür hat er sie ganz und gar...«

Unter den Pariser Katzenfreunden fand ich damals eine verbreitete Lehre, die ebenso aus dem Volksglauben wie aus den neueren Grenzwissenschaften stammen mag: Gesunde Katzen spüren, genauso wie das Wetter, vor allem »die Kraftfelder der Erde«. An den Plätzen des Bodens, »wo diese besonders stark sind«, treffen sie sich in bestimmten Nächten zu wunderbaren Versammlungen. Wohlverstanden, dies geschieht in Zeiten, in denen es ihnen ganz sicher nicht um ihren Geschlechtstrieb geht! Sie spüren sich dann in die Energien der Dinge hinein, lassen

Die »Nachtkatzen« aus den Sagen sind meist Hüter von Geheimnissen. Sie sind voller Energie, wovon ihre »Feueraugen, ihre wie Flammen aufsteigenden Haare und ihre Feuerkrallen« zeugen.

sich von der »Elektrizität des Lebens« durchströmen und sind darum glücklich, gesund, fruchtbar und schön. Gerade die keltischen Stämme haben viel von den »wilden Katzen der Isis« gelernt und darum gern ihre Lagerstellen und Heiligtümer in der Nähe solcher bevorzugten Katzen-Versammlungsorte errichtet. Wer noch heute auf den Spuren der alten Ahnungen die »Heiligkeit« seiner nächsten Umgebung zu erforschen und zu erfühlen vermag, der ist zu jeder Stunde mit Lebenskraft erfüllt.

Nachträglich fand ich in zahllosen französischen Büchern die mittelalterlichen Spuren des Isiskults von Paris ausführlich beschrieben. Das Aufflackern eines einheimischen »keltischen« Isiskults wird häufig erwähnt – zumindest seit dem 19. Jahrhundert in den Schilderungen des geheimen Gesellschaftstreibens der Stadt! Stammt er aus den Traditionen von Eigenbrödlern, die, wie seit jeher, hier noch immer wie in übersichtlichen Keltendörfern hausen?

Stammt er aus den Träumen der katzenliebenden Philosophen, Dichter und Kunstmaler der Hinterhöfe? Recht hat zweifellos Jean-Louis Brau: »Wenn wir auf diesen verspielten Volksglauben völlig verzichten würden, hätten wir den Schlüssel zur Seele von Paris verloren.«

BEI DER MUTTER ALLER VERWANDLUNGEN

Die Auffassung, nach der die Urweisheit auch in den keltischen Urwäldern überlebte, scheint schon im Jahrhundert des Rokoko volkstümlich gewesen zu sein: Hinweise darauf fand ich in den so seltenen Schriften von Etteilla, dem bekannten Pariser Wahrsager des 18. Jahrhunderts.

Englische, französische und deutsche Sagensammler entdeckten schon bald, daß die wiedergefundenen keltischen Sagen voll der weisesten Symbole waren. Großer Begeisterung erfreute sich unter ihnen die Überlieferung von den Taten des Barden Taliesin, der in den Zeiten von König Arthus und seiner Tafelrunde gelebt haben soll.

Die Göttin, Fee oder Hexe Ceridwen kocht ein ganzes Jahr in ihrem Wunderkessel einen Trank, der dem, der ihn trinkt, alles Wissen um die Geheimnisse der Erde schenken soll. Gwion gewinnt drei Tropfen der Wundermischung und erreicht dadurch hohe Zauberkraft. Die Göttin findet, daß der Held ein Räuber ist und verfolgt ihn wild durch die Welt. Beide versuchen einander zu überlisten, indem sie die unterschiedlichsten Tiergestalten annehmen. Zuletzt ist Gwion ein Korn, und die Weise Frau eine Henne, die ihn aufpickt. Sie wird dadurch schwanger und gebiert ihren Gegner als einen Knaben von großer Schönheit wieder. Dieser wird, nach mancherlei Abenteuern, als Sänger und Dichter mit dem Namen Taliesin, was »Strahlenstirne« heißt, berühmt.

Die Gelehrten der Romantik, die zuerst diese keltische Dichtung untersuchten, glauben hier einen Schlüssel zu den Einweihungen der Druiden gefunden zu haben. Taliesin steht demnach nicht nur stellvertretend als einer der berühmten Künstler der Urzeit, sondern für einen Menschen, der auf gefährlichem Weg die tiefe Weisheit zu finden versucht. Dies vor allem wollten die keltischen Priester mit den gewaltigen Bildern der Sage ausdrükken! Deutlich wird dieser Umstand durch das berühmte Lied des Taliesin, das uns ebenfalls überliefert ist. Nur einige der vieldeutigen Sätze daraus seien hier zitiert:

»Mein Land des Ursprungs ist der Raum der Sommersterne. Ich war mit meinem Herrn in der höchsten Sphäre. Mit Luzifer stürzte ich in die Tiefen der Hölle. Ich trug Alexander dem Großen das Banner voran. Ich kenne die Namen der Gestirne vom Norden bis in den Süden. Ich war in Kanaan als Absalom erschlagen wurde. Ich war am Platz der Kreuzigung des gnadenvollen Gottessohnes. Ich bin in Asien gewesen, mit Noah in der Arche. Ich habe die Zerstörung von Sodom und Gomorrah gesehen. Ich war in Indien, als Rom erbaut wurde. Ich gab Moses die Kraft durch die Wasser des Jordan. Ich war am Himmelszelt, zusammen mit Maria Magdalena..«

Man kann diese wohlklingenden Fantasien gar nicht anders verstehen: Der Eingeweihte der druidischen Weisheit erlebt hier voll überschäumender Freude seine Unsterblichkeit. Er ist vol-

Nach dem Volksglauben »strahlen« Kräuter im Mondschein. Nur Fledermäuse, Katzen und Katzenfreunde können diese »Strahlen« sehen.

ler Glück und Überzeugung, daß sein Bewußtsein bei allen wichtigen Ereignissen der Menschheitsgeschichte mitwirkte. Ob es biblische oder keltische Berichte sind, die die Vergangenheit bezeugen, sie ist des Druiden eigenste Vergangenheit. Seine Seele wanderte schon durch seine fernsten Ahnen. Sie ging durch glänzende Zeitalter und durch erschreckende Niedergänge. Sie war Beobachter von allem Guten und Bösen. Der Sänger fühlt sich in seinem heiligen Rausch als ein Teil der göttlichen Urkraft, die durch die endlose Kette der Jahrtausende sämtliche Wunder der Welten erschuf.

Es ist nun für uns bedeutsam, wie für den weisen Taliesin der Weg zu seiner Erleuchtung beginnt: Es geschieht dies durch seine Begegnung mit der Hexe Ceridwen und die Wiedergeburt »nach neun Monaten in ihrem Mutterbauch«. Handelt es sich hier um die Erwähnung einer *echten* Schwangerschaft der Kräuterhexe? Oder hatten die erwähnten Wissenschaftler der Romantik recht, wenn sie vermuteten, daß es sich bei diesen »Monaten« um die Vorbereitung des »Schülers« handelte? Denn derjenige, der die Welt verstehen wollte, mußte zuvor eine bestimmte Zeit an heiligen Naturplätzen verbringen.

Neuere Wahrheitssucher in keltischen Sagen sehen der Ceridwen besonders die Katze zugeordnet. Wilde Katzen scheinen auch nach irischen Überlieferungen des Mittelalters in besonderer Beziehung zu den geheimen Naturkräften gestanden zu haben. Von Ceridwens Tierverwandlungen kommt nach Eckermann, Nork und andern alten Sagenforschern die Vorstellung, daß alle Hexen ähnlich handeln könnten und »namentlich die Katzengestalt« gerne gewählt hätten.

Über die erhaltenen Reste der Wissenschaften der keltischen Druidinnen und Druiden kann man endlos streiten, genauso wie über deren genaue Deutung. Eins scheint mir aber kaum mehr bestreitbar: Diese Weisen waren überzeugt, daß der Mensch *zuerst* die Rätsel der Natur seiner Umgebung zu lösen hat. Erst wenn er in sich die Fähigkeit findet, die Tiere seines Kreises zu begreifen, dann erkennt er auch sich selber als ewige, unsterbliche, göttliche Schöpfung.

Solche Weisheiten lehrten nach den antiken Schriftstellern wie Jamblichos und Apulejos auch die griechisch-ägyptischen Einweihungen der Isis. Die Sagen um Ceridwen scheinen zu beweisen, daß in den keltischen Wäldern des europäischen Westens ähnliche Gedanken ihre Dichter fanden. Mit den keltischen Überlieferungen im südlichen Deutschland verbanden die Gelehrten der Romantik die Verehrung von rätselhaften »Säulen«. Sie befanden sich anscheinend »an jedem Versammlungsort, in jeder Schule«, an dem geheimnisvolles Volk zusammenkam. An solchen Orten der Kraft versuchten die eigenwilligen Menschen, in für sie günstige Beziehung mit den Energien der Natur zu kommen.

FEUER IM FELL

Als Sinnbild der magischen Eigenschaften der »Säulen« erscheint nun in den sagenhaften Nachrichten regelmäßig eine wunderbare Katze. Übereinstimmend wird etwa behauptet, ein ›Kater‹ sei oben auf dem wunderbaren Gegenstand gesessen. Gelegentlich heißt es, er sei während der feierlichen Versammlung seiner Verehrer *durch* die Säule gestiegen. Im übrigen scheint in gewissen widersprüchlichen Zeugnissen das Märchentier mit seltsamen Lichterscheinungen verbunden! Im Bericht über die westdeutschen Stedinger erscheint der Kater »aus einer Statue, die an solchen Versammlungsräumen zu sein pflegt«. Ausdrücklich wird uns geradezu von diesem Tier versichert, daß sein Glanz »den ganzen Raum erleuchtet...«

Für die Sagenforscher war es ohne weiteres einleuchtend, daß es sich bei diesen sagenhaften »Säulen« und »Statuen« – um nichts anderes als um »Menhire« handeln konnte. Menhire sind bekanntlich von Menschenhand aufgerichtete Steine. Viele von ihnen sind der Wut der Ketzerverfolger, mehr noch einer rücksichtslosen Straßenbauwut unseres Jahrhunderts zum Opfer gefallen. Wo sie aber in Westeuropa noch zu sehen sind, werden sie vom Volk noch immer als Denkmale der keltischen Kultur geehrt.

Es ist mir aufgefallen, daß über diese »Druidensteine« sehr häufig gesagt wird, sie seien, »zumindest in früheren Zeiten und in bestimmten Nächten«, von einem rätselhaften Leuchten umgeben. Der Keltenfreund Jeremias Gotthelf hat es offensichtlich meisterhaft verstanden, solche Beobachtungen in seiner Dichtung zu verwenden. Er schildert, wie ein Stamm der Urzeit um seinen »Opferstein« zusammenkommt. Es ist Nacht und Vollmond. »Um den Stein beginnt ein seltsam Leben... und die Feuerwellen gestalten sich zu einem goldenen Thron...« Auf diesem glauben die versammelten Kelten die mütterliche Göttin ihrer geliebten Heimat zu erblicken. Vom Boden hebt sich Licht dem Himmel zu, »einem feuerigen Manne vergleichbar«.

Von dieser Verbindung zwischen Erde und Sternenzelt fließt Glanz zu jedem der Anwesenden – und bildet eine Art Krone um jedes Haupt. So erlebte das keltische Volk, daß es durch eine ewige Kette mit Boden und Himmel verbunden war. Wer sie zerreißt, auf den wartet zu allen Zeiten Unglück und Tod. Noch immer kann man, dem traditionsbewußten Dichter zufolge, dieses Phänomen erleben, wenn man »gläubigen Herzens ist und ein gläubig Auge hat«.

Bei dem bekannten Volkserzähler, Hans Rudolf Grimm (1665–1749), den auch Gotthelf schätzte, fand ich es: Was man als feurige oder brennende Mannen sah, waren in Wahrheit Irrlichter. Auf der Grundlage der Naturwissenschaft seiner Zeit erklärte Grimm sie als »Erd-Dünste«. Am Tage würden sie »von der großen Sonnen-Hitze in die Höhe gezogen«. In der Nacht senken sie sich dann »auf die Erde«, die ihr Ursprung ist. Dabei verwandeln sie sich »in Flammen«.

Grimm erzählt ausführlich, daß sie häufig »brennenden Lichtern und Fackeln« gleichen. Als kleine Sternchen hängen sie sich dann gelegentlich an die Kleider von Menschen – »vielen Leuten« sei schon solches widerfahren. Wie wir aus den zahllosen ähnlichen Schilderungen entnehmen können, handelt es sich bei diesen so wirksamen und kühlen Flammen um heute selten gewordene Naturerscheinungen. Sie kommen nur in der Nähe von feuchten, moosigen Matten und Feldern vor. Jedoch die Sümpfe, in deren Umfeld sich »verzauberte« Plätze in der

Regel befanden, sind in Westeuropa meistens den Entwässerungen durch die Zivilisation zum Opfer gefallen.

Nun wird verständlich, warum seit Jahrhunderten verehrte »heilige« Steine und Katzen oft in einem Atemzuge genannt werden. An diesen Geschöpfen konnten von unseren Vorfahren eben wunderbare Lichterscheinungen am besten und häufigsten, sozusagen experimentell beobachtet werden. Es ist also wenig verwunderlich, wenn im 18. Jahrhundert Wiegleb in seinem »Zauberlexikon« von den Katzen sagt: »Welcher Haare, wenn sie stark ausdünsten, und gestrichen werden, Feuer im Dunkeln von sich werfen. Dadurch manche... ohne Not erschreckt werden.«

Wegen der elektrischen Funken in ihrem Fell galt die Katze als eine Verkörperung der durch die Natur strömenden Lebenskräfte. Wer liebevoll ihr Geheimnis erkennt, der soll nach einem uralten Glauben den Schlüssel zu den Wundern seiner Umwelt besitzen.

KELTENSCHÄTZE ODER ORTE DER KRAFT?

In einem schönen Märchen der keltischen Bretagne entpuppt sich eine Feenkatze am Schluß als schöner Prinz. Er hat Heldin und Held entscheidend zu ihrem Glück verholfen und erweist sich als Herr der Elemente. Er sagt von sich: »Ich bin der größte Magier, den je die Erde getragen hat.«

In der Bretagne, so geht die Kunde, werden die Schätze nachts von Zauberkatzen gehütet. Diese Geschöpfe können sich spielend unsichtbar machen. Jedenfalls wird behauptet, sie seien schwarz, so daß man sie im Mondlicht höchstens als eine »schattenhafte Bewegung« wahrnehmen kann. Der Bauer aus der Nähe des keltischen Heiligtums von Carnac belegte mir dies noch in den vierziger Jahren aus verstaubten Sagenbüchern. »Ob es aber aufgeschrieben wird oder nicht, ist gleichgültig«, sagte er dazu. »Es ist einfach so, noch um die Jahrhundertwende haben dies viele gesehen. Eine schwer erfaßbare Bewegung wird einfach an bestimmten Orten wahrgenommen, dazu ein leichtes Aufflakkern wie von Katzenaugen.«

Diese magischen »Schatzkatzen« sind in den mitteleuropäischen Sagen sehr verbreitet. Der Tierfreund Michel sagt dazu: »Die ›unterirdischen Mächte‹, die die Schätze hüten, die Erdleutchen, nehmen besonders gern Katzengestalt an! Nach einer Waadtländersage muß ein Bursche, der die Reichtümer des Herzogs von Burgund heben will, sich mit einer schwarzen Katze auseinandersetzen.«

In einem volkstümlichen Zauberbuch mit dem Titel »Geheimnis der Schatzgräber« – das angeblich noch Doktor Faust gehört haben soll – haben wir die Erklärung dieses Sagenkreises: An Orten, an denen alte Reichtümer im Boden liegen, lassen sich »Wunderbare Dinge und Gegenstände« sehen. Für die Kenner ist das »ein Zeichen dafür, daß der Schatz von Sylphen und Pigmäen gehütet und bewacht wird, welche dem Menschen den Schatz nicht gönnen«. »Sylphen« ist bei dem Alpenarzt Paracelsus die Bezeichnung für die »Luftgeister«, die man gerade in den keltischen Ländern auch als Elfen kennt. »Pigmäen« entsprechen dagegen in den Büchern des Barock den Zwergen, Gnomen oder »Erdleutchen« der Märchen.

In den Schatzbüchern stößt man auf recht sachliche Vorstellungen von diesen magischen »Schatzhütern«: »Man enthalte sich aller Vorstellungen von Geistern, denn es sind bloß Schatten, welche man zu sehen wähnt; aber man vermeide (beim Schatzsuchen) alle Zoten, Fluchen und gotteslästerliche Reden, sonst geht alles verloren.«

An den Stellen, wo die Schätze von den Erdmächten bewacht wurden, ereigneten sich seltsame Erscheinungen: »Wo die Leute, die zu Nacht darüber (über die den Schatz bedeckende Erde) gehen, sehr erschreckt werden, oder ihnen sonst eine Furcht ankommt, so daß bei ihnen oft ein kalter Schweiß ausbricht, ihnen die Haare zu Berge stehen...« Unsere Vorfahren waren offenbar fest davon überzeugt, daß unser Nervensystem das genaueste Instrument ist, was die Wahrnehmung der Bodenstrahlungen angeht.

Schon in vorchristlicher Zeit sollen die Weisen der keltischen Völker die entsprechenden Stellen mit »Wünschelruten« gesucht haben. Dieses heute wieder sehr verbreitete Verfahren soll nach einem von Davies veröffentlichten Lied gerade den Eingeweihten der Göttin Ceridwen bekannt gewesen sein. Doch die Ahnen scheinen nach den Volksbüchern häufig gar nicht Wünschelruten, die bei Bodenstrahlungen ausschlugen, verwendet zu haben. In stillen Nächten fühlten sie die »Naturgeister« oder die »Kraft« im Boden mit ihrem ganzen Körper.

Sie suchten also in sich die gleiche Empfindlichkeit für unsichtbare Einflüsse, wie sie sie häufig in ihren Katzen zu finden glaubten. Was die Berichte in dieser Richtung angeht, so übertreffen die entsprechenden modernen Zeugnisse alle Sagen der Alten noch bei weitem: Die Forscher Dr. Rhine und Dr. Feather finden »zweifelsfrei«, daß sich Katzen in einer für sie fremden Landschaft fast über jede Strecke hinweg »heim-fühlen« können. »Wanderungen bis zu 5000 (!) Kilometern« können nach Auffassung der beiden Forscher als wissenschaftlich gesichert angesehen werden.

Nicht weniger bekannt ist der Umstand, daß Katzen durch ihre Feinfühligkeit Naturkatastrophen verkünden können. Schon vom schrecklichen Erdbeben von Messina (1783) wurde dies bezeugt. Unter den modernen Berichten ist die Geschichte der Katze von Nordengland besonders hübsch, die das laufende Fernsehgerät als warme Schlafstätte liebte. Als sie einmal von ihrem Lieblingsplatz wegrannte, flatterte bald darauf der Schirm und eine Röhre zerplatzte...

Diese Entdeckung der Überempfindlichkeit von Tier und Mensch findet heute gerade in den Landstrichen ihre Anhänger, wo man auf seine keltischen Traditionen stolz ist. Die erhaltenen Sagen und Bräuche werden zu Wegweisern für neue Forschungen.

2. Teil

AUF WEICHEN PFOTEN DURCH DIE KULTURGESCHICHTE

Bei der Gottesmutter in Bethlehem

Man hat den Volksglauben von altersher oft »Katzen-Glauben« genannt. Wenn wir ihn untersuchen, stoßen wir auf eine Unzahl urtümlicher Vorstellungen. Sie stammen aus seelischen Tiefen, die wohl kein Sterblicher ganz auszuloten vermag. In verschiedenen Kulturen steigen sie empor – und schenken ihnen die bunten schmückenden Farben. Wir können Bräuche und Legenden untersuchen, die scheinbar durch ganze Erdteile oder lange Zeitalter völlig getrennt sind: Überrascht stoßen wir in ihnen auf übereinstimmende Gedankengänge und Fantasiebilder.

In Mitteleuropa finden wir als Katzenbezeichnung Mietze, im russischen Osten heißt sie wohl am häufigsten Mascha. Wenn man nach der Herkunft von beiden Worten fragt, führt das Volk meistens beide Namen auf die Gottesmutter Maria zurück. Nach einer urchristlichen Legende wurde das Jesuskind in einem Stall oder sogar in einer Höhle geboren, damit auch seine liebevolle Beziehung zur Tierwelt offenbart werde. Eine wunderschöne Sage versichert sogar, daß gleichzeitig mit der Geburt des Erlösers auch eine Katze ihre Jungen hatte. Dies geschah unmittelbar neben oder unter der Krippe, in der der strahlende Christus lag. Dieses Bild der Beziehung zwischen dem Menschen und dem Tier ist für die fromme Überlieferung ein Bestandteil des Weihnachtswunders.

Ein ostkirchlicher Theologe versicherte mir in einem langen Abendgespräch, daß hier etwas Ursprüngliches vorliegen müsse, denn er habe fast übereinstimmende Geschichten in ukrainischen, ägyptisch-koptischen und äthiopischen Gemeinschaften vernommen. Meine sehr volkstümlich fromme Großmutter pflegte gelegentlich diese schöne Geschichte am Christabend unserer zufrieden schnurrenden Hauskatze zu erzählen. Sie war eben fest überzeugt, daß der Erlöser auch für die Tiere auf die Erde gekommen sei! Sogar als man die armen Katzen in bestimmten düsteren Jahrhunderten als »Hexentiere« grausam verfolgte, wurden bestimmte Rassen von den abergläubischen Ketzerrichtern verschont: Es waren diejenigen, deren Fellzeichnung auf der Stirn mehr oder weniger deutlich den Buchstaben »M« bildete. Diese galten, wie hie und da noch immer, als die »echten« Nachkommen der Katzen der Gottesmutter. Da ich als Kind diese Geschichte von osteuropäischen Verwandten wie auch im Alpenraum vernahm, glaubte ich sie wörtlich. Wieso wäre sie sonst schließlich »auf der ganzen weiten Welt« so verbreitet?

Vielleicht gehört das Bild der Katze im Zusammenhang mit Maria und ihrem Sohn tatsächlich schon zum geistigen Schatz der Urchristen. Christus war für sie schließlich der Königssohn, wie sein Vater Nachkomme des weisen Herrschers David aus dem Geschlecht Juda. Ausdrücklich versichert uns die Bibel, daß das Sinnbild des Königsgeschlechts Juda die Großkatze Löwe war. Die Familie des Heilands wurde aber von den Urchristen besonders dafür gerühmt, daß sie die uralte Tradition ihres Stammes hochhielt. Julius Africanus bezeugt uns sogar, daß sie sich viel Mühe gab, ihre Stammbäume zu sammeln und zu bewahren. Dies sei damals eine große Leistung gewesen, weil diese Urkunden der heiligen Geschichte vom größenwahnsinnigen Machtmenschen Herodes überall vernichtet wurden...

Sehr wichtig sind in diesem Zusammenhang die Legenden, die in einem einst sehr verbreiteten Matthäus-Evangelium zu lesen sind – die Kirchenhistoriker kennen es noch heute unter dem Namen »Pseudo-Matthäus«. Lange hielt man dieses Werk für urchristlich: Heute ist man überzeugt, es sei erst im 8. oder 9. Jahrhundert nach älteren schriftlichen und mündlichen Quellen niedergeschrieben worden. Unbestritten hat aber der Inhalt dieser christlichen Legendensammlung einen ungeheuren Einfluß auf Literatur und Kunst des Mittelalters ausgeübt.

In ihr wird behauptet, daß sogar die Tiere gebetet haben, als Christus geboren wurde. Auf der Flucht der heiligen Familie

Nach Hieronymus Bosch hütete die Katze schon das Paradies vor lästigem Ungeziefer.

nach Ägypten seien gerade die wilden »Löwen und Panther« ihre treuen Begleiter und Reiseführer gewesen. Sie beteten, ganz als wären sie weise Menschen, das göttliche Kind an. Dem Paar Joseph und Maria schritten sie durch die gefährliche Wüste voran. Sie wußten also offensichtlich mit ihrem inneren Gefühl, in welche Richtung ihre Schützlinge wandern würden. Voller Ehrfurcht senkten sie ihre mächtigen Häupter.

Ob dieser unerwarteten Freunde sei das himmlische Paar zuerst erschrocken gewesen. Doch das stets fröhliche Gesicht ihres Kindes habe sie beruhigt. Die großen Katzen wiesen darauf den beiden Ochsen, die die Habe der Flüchtlinge zogen, den sicheren Weg. So kam die heilige Familie dank ihrer Freunde aus dem Katzengeschlecht durch die Wüste.

Die Katze von Bethlehem soll nach der ukrainischen Volkslegende Maria in das rettende Land Ägypten mitgenommen haben. Ob sie wohl dort an den Tempelkatern des Sonnengottes Freude gehabt hat?

URCHRISTLICHE KATZENLEGENDEN?

Die islamische Legende versichert sogar, Jesus selber habe seine Jünger mit einer wichtigen Ursage erfreut: Als in fernster Vergangenheit eine gottlose Zivilisation unterging, habe der Ahn Noah auserwählte Menschen und Tiere in seine Arche gerettet. Doch die Verschmutzung des rettenden Riesenschiffes sei eine große Gefahr gewesen. Aus dem Unrat der zusammengepferchten Geschöpfe sei ein scheußliches Nagetier entstanden – der Vorfahr der heutigen Mäuse und Ratten. Bald waren die Holzwände der Arche durch die scharfen Gebisse der räuberischen Sippe gefährdet. Die bösen Mächte waren bereits voll der maßlosen Schadenfreude: Sie glaubten, daß schon bald die Sintflut in das Schiff eindringen könnte. Auch die wenigen gerechten Menschen und Tiere würden dann von den Wassermassen verschlungen. Dies würde das traurige Ende der ganzen Schöpfung Gottes bedeuten.

Der stolze und mutige Löwe wäre ganz und gar bereit gewesen, den Kampf mit dem kleinen Ungetüm aufzunehmen – doch er war nun einmal viel zu groß. Die Urratte vermochte sich mit teuflischer List in jede Ritze zu verkriechen um dort ruhig mit ihrem Zerstörungswerk fortzufahren. Da sei durch Gottes Beschluß aus dem Leib des Königs der Tiere unsere Katze entstanden. Unermüdlich erwies sie sich im Krieg gegen die gierigen Zerstörer. Die Arche wurde nun gründlich gesäubert und rettete ihre Bewohner in die glückliche Zukunft.

Ob Christus selber wirklich diese Legende gekannt hat? Sie erfreut auf alle Fälle seit dem Mittelalter die orientalischen Christen wie auch die Anhänger des islamischen Propheten, der ein großer Katzenfreund war. In ihr lebten zweifellos die weisen Erfahrungen der Völkerwanderungen. Wie in der Ursage um die vorgeschichtliche Sintflut-Katastrophe brach damals fast die gesamte Zivilisation zusammen. In den maßlos gewachsenen Städten herrschte Weltuntergangsstimmung. Rom wurde von allen denkbaren Plagen heimgesucht. Schon Viktor Hehn nahm für das 5. Jahrhundert nach Christi Geburt eine entscheidende Ausbreitung der Katzen an. Sogar ihr Name scheint gerade in dieser

Zeit entstanden zu sein. Sie waren für die keltischen, germanischen und slawischen Völker nicht nur liebenswürdige Hausgenossen: Die Katzen beschützten ihre kärglichen Vorräte wie auch die Überreste der alten ägyptischen, griechischen und lateinischen Bibliotheken. Sie bewachten die Inseln der Kultur vor der Gier des Ungeziefers.

Als der heilige Gregor im 6. Jahrhundert gegen den Luxus predigte, rissen seine Worte auch einen Einsiedler mit. Dieser beschloß in seinem Herzen, auf den einzig verbliebenen Schmuck seines Daseins, seine Katze, zu verzichten! Doch der weise Gregor erläuterte ihm, daß der Besitz eines solchen Tieres gar nichts mit Überfluß zu tun haben könne.

Auch eine schöne, sicher weit zurückreichende russische Legende erzählt von Hund und Katze, die im Auftrag Gottes die Pforten des Paradieses zu hüten hatten. Satan, die Ursache all unserer Übel, verwandelte sich in eine Ratte. In dieser Gestalt hoffte er in den Garten des Glücks einzudringen, um ihn zu verunreinigen und zu schädigen. Nur die Katze sei fähig gewesen, ihn unter dieser Maske zu erkennen und zu erwischen.

In einer italienischen Legende hat der Schöpfer ebenfalls eine Katze hervorgebracht, damit sie einen Heiligen vor der Bosheit der allgegenwärtigen Nagetiere beschütze. Als den Namen dieses frommen Mannes nennt man sogar den heiligen Franziskus. Er war, wie jeder wohl weiß, ein wirklich großer Tierfreund.

Ich glaube, die zahlreichen Legenden dieser Art sind in ihrem Kern tatsächlich urchristlich. In der Verfallszeit des Römischen Weltreiches, die dem Anfang der mittelalterlichen Kultur voranging, war nicht nur der Bedarf an sittlichen Lehren groß. Wie aus den Alpensagen um den heiligen Beatus ersichtlich wird, waren die Christen der ersten Jahrhunderte auch große Praktiker. Sie zeigten den Überlebenden der von Aufruhr und Seuchen gepeinigten Städte »heilende Quellen und rettende Kräuter«. In dichterisch schönen Legenden wiesen sie das Volk auf gute Helfer aus der Tier- und Pflanzenwelt hin. Zu diesem Legendenkomplex gehören nach meiner Auffassung auch die christlichen Katzengeschichten, von denen wir einige Überreste besitzen.

An mittelalterlichen Kirchen sind mitunter Bilder von Katern mit »erschreckenden« Zügen zu sehen. Sicherlich ist die Vermutung falsch, daß diese Bilder die Angst des Menschen vor den Katzen darstellen sollen. Viel wahrscheinlicher scheint es mir, daß man sie als wilde Kämpfer darstellen wollte, die im Sinne der Legenden die heiligen Orte vor bösen Mächten bewahren.

IN DER KIRCHE DER KATZENHEILIGEN

Bei den echten Urchristen, den keltisch-irischen wie den ägyptischen Einsiedlern, den frommen Mönchen und Nonnen war das Zusammenleben mit den Wesen der Schöpfung gelebte Religion. Sie bewunderten unsere Welt als ein Kunstwerk der gütigen Gottheit. In ihrer engen Beziehung zu allen Wesen fanden sie das Paradies wieder, den seligen Zustand, in dem für ihre Ahnen alle Geschöpfe ein einziger Freundeskreis waren.

Der fromme russische Kirchenschriftsteller Epifanij erklärte um 1400 in seiner Lebensgeschichte des heiligen Sergius von Radonesch: Niemand brauche sich darüber zu verwundern, wie glaubensstarke Menschen in der Wildnis überleben können, denn die Raubtiere gefährden sie nicht, sondern lassen sich von ihnen füttern. Das Daseinsrecht des Einsiedlers in der freien Natur wird von allen Tieren anerkannt. Er ist für sie wie der erstgeschaffene Urmensch Adam, bevor er in Sünde versank. Das eigentliche Merkmal des verlorenen paradiesischen Zustandes war damit das Verständnis der Vorfahren gegenüber den Tieren. Erst nach dem Sündenfall begann die traurige Trübung dieser engen Beziehungen.

Viele der wichtigsten Heiligen der christlichen Kirchen hatten nach der Überlieferung gerade zu den Katzen eine sehr enge Beziehung. Gern wird etwa die heilige Gertrud von Nivelles mit einem solchen Tier abgebildet. Sie lebte 626–659 und war die Tochter Pippins des Älteren, des Stammvaters der mächtigen Karolinger. Sie wird als eine große Vertreiberin der Mäuse dargestellt, die als unrein galten und aus diesem Grund häufig für

Sinnbilder des Teufels gehalten wurden. In ihrer Gestalt soll der Böse diese arme Heilige versucht haben – er versuchte, sie zu Ungeduld und Zorn zu verleiten. Die Katze der heiligen Gertrud wäre demnach ein Zeichen des Sieges der Reinheit, der inneren und äußeren Sauberkeit, der guten Ordnung über den krankmachenden Schmutz.

Meine Großmutter versicherte mir, daß man am Tag der heiligen Anna die Katze besonders gut füttern müsse, »fast so wie vor der heiligen Weihnacht« – dies wäre ein Beispiel für die Ukraine. Eine ähnliche Geschichte hörte ich aus dem Gebiet des Thunersees. Die dem Volk heilige burgundische Königin Bertha reite noch Jahrhunderte nach ihrem Tode durch die Dörfer. Finde sie den Haushalt vernachlässigt, »zum Beispiel ein Kätzchen hungrig«, dann gehe den dieses Vergehens schuldigen Menschen das Glück verloren.

In England soll die heilige Katharina aus Ägypten ein gutes Herz für Katzen besessen haben. Gelegentlich verstand man ihren Namen, abgekürzt Cat gesprochen, als Katze! Nicht anders ging es im südlichen Frankreich der heiligen Agathe. Man sprach von ihr gern als der »Santa Gata«, was heilige Katze bedeuten würde. Zu einer Katzenheiligen wurde auch die heilige Martha. Dieses Vorbild der häuslichen Tugenden verband man, ebenfalls wegen des ähnlichen Klangs, mit dem Tier Marder, einem katzenähnlichen, geschickten Tier, welches man als Töter von Ratten und Mäusen schätzte.

Wir sind hier nach und nach völlig in den Nebel der mündlich überlieferten, malerischen Legenden und Märchen hineingeraten. Ich glaube aber, daß hinter all den Spielereien und mundartlichen Mißverständnissen viele der *echten* Volksüberlieferungen stecken. Etliche ihrer zuverlässigen Zeugnisse werden wohl leider durch die Wut der Hexenverfolgung des 15. bis 18. Jahrhunderts unwiederbringlich zerstört oder zumindest bis zur Unkenntlichkeit entstellt worden sein.

Über den Verfall der ursprünglichen Einstellung unterrichten uns einige der zuverlässigsten Berichte über die neueren religiösen Verfolgungen. Wir werden auf diese Seite der europäischen

Durch Jahrhunderte hindurch schätzten Mönche, Nonnen, Einsiedler und volksverbundene Priester die Katze als treue Trösterin und Freundin.

Geschichte noch mehrmals zurückkommen müssen, hier nur ein sehr bezeichnendes Beispiel: Die unglückliche Renata, eine Nonne adeliger Herkunft, wurde schon darum als eine gefährliche Zauberin angeklagt – weil sie »Umgang mit einer ziemlichen Menge Katzen hatte«. Im Kloster Unterzell in der Nähe von Würzburg wurde 1738 als selbstverständlich angenommen, daß schon die »Unterhaltung« mit solchen Tieren ein Verbrechen sei. Man sah darin einen gefährlichen Umgang mit teuflischen Kobolden, die in das Fell der Lieblinge der Nonnen geschlüpft seien.

Viele der Tierlegenden besitzen wir nur durch die Vermittlung von Hexenverfolgern und Inquisitionsprotokollen. Viele der liebenswürdigsten Seiten unseres Glaubens gingen zweifellos verloren, denn sogar die volkstümlichen Erzähler hüteten sich nach und nach immer mehr davor, von Dingen zu reden, die willkürlich als »ketzerisch« erklärt werden konnten.

DIE RELIGION DER TIERLIEBE

Meine Großmutter und auch meine Mutter teilten von ganzem Herzen eine Grundauffassung nicht nur der ukrainischen, sondern auch anderer ostslawischer Völker: Es gibt ein »fünftes Evangelium«, das der frommen mündlichen Überlieferung. Viele der wichtigsten Worte des Urchristentums, die man in den blutigen Religionskriegen vergaß, wurden »in den Seelen bewahrt«. Dazu gehörten nicht zuletzt die Gebote der verständnisvollen Liebe zu den Wesen, die mit uns die Erde bewohnen. Sie sollen noch auf das gelebte Beispiel des Erlösers und seiner Mutter zurückgehen.

Der große Naturfreund Rudolf Müller (1899–1986) hat eine ähnliche Auffassung bei den Bergbauern im italienischsprachigen Tessin beobachtet. Er war darum sehr begeistert, als er in den zwanziger Jahren unter den Theosophen von Ascona auf ein Evangelium stieß, das angeblich in indisch-tibetischen Klöstern bewahrt worden war. Das Werk schien ihm schon darum echt, weil er in ihm seine eigene Liebe zur Natur und zur ganzen Tierwelt bestätigt fand. Es deckte sich auch mit einer italienischen Legende – ob wirklich volkstümlich oder den Künstlerkreisen des Tessin entstammend –, die man ihm erzählt hatte: »Die entarteten und gottlos gewordenen Römer der Großstädte warfen die ersten Christen aus einem besonderen Grund den hungrigen Wüstenlöwen vor. Sie haßten sie, weil sie die Liebe gegenüber sämtlichen Lebewesen unserer Schöpfung verkündeten. Zum Hohn sollten sie nun von den Tieren aufgefressen werden. Die

Löwen, Panther und Tiger erkannten aber ihre wahren Freunde. Viele von ihnen verschonten trotz des nagenden Hungers die Christen und versuchten sogar, sie gegen ihre Peiniger zu beschützen.«

Das erwähnte Evangelium wurde 1902 zuerst in England veröffentlicht. Rudolf Müller verwirklichte dann die Ausgabe in deutscher Sprache. Einige Bilder darin sind sicher keine Neudichtung, sondern stammen aus volkstümlichen christlichen Sagen! So die Katze und die andern Tiere im Umfeld der Krippe. Kein älteres Beispiel fand ich für die folgende Legende im Buch, die unter den mir bekannten Naturfreunden besonders beliebt wurde: »Und Jesus kam in ein Dorf und sah dort eine kleine Katze, die herrenlos war, und sie litt Hunger und schrie. Und er nahm sie in seine Arme, und hüllte sie in sein Gewand und ließ sie an seiner Brust ruhen. Und als er weiter in das Dorf hineingekommen war, gab er der Katze Nahrung und Trank. Und sie aß und trank und zeigte ihm Dankbarkeit. Und er gab sie einer seiner Jüngerinnen, welche eine Witwe war mit Namen Lorenza, in Pflege.«

Als die Masse einer seelenlos gewordenen Zivilisation über diese Tat ihre Zweifel anmeldete, habe ihr nach der gleichen Quelle Christus zu erklären versucht: Die Tiere sind unsere Mitbrüder im großen Haushalt Gottes. Sie sind uns Geschwister, die wie wir den ewigen Atem Gottes, die Lebenskraft des Schöpfers in sich tragen. Wer für die Schutzlosesten von ihnen sorgt, sie ernährt, der tut es für Christus. Wer sie dagegen nicht verteidigt, wenn sie gequält werden, der mißhandelt damit gleichzeitig Jesus selber.

Rudolf Müller, der Verkünder einer solchen Tierliebe, gründete übrigens für die grausam vernachlässigte Jugend der Zeit des »Wirtschaftswunders« seine Heimschule im Schloß Vallamand am Murtensee. Ich durfte dort 1956–1960 im sehr freien Deutsch- und Geschichtsunterricht mitwirken. Ich erinnerte mich damals an die Worte, die meine Mutter von der mit ihr sehr befreundeten russischen Dichterin Marina Zwetaewa mitbekommen hatte: »Die bedeutendsten Dichtungen des Abendlandes sind wahrscheinlich seine religiösen Legenden.« Also versuchte

Die Katze zu Füßen des ersten Menschenpaares bei Albrecht Dürer: Sinnbild für die ewige Verbindung von Mann und Frau, auch noch nach dem Sündenfall.

ich in den Bibliotheken für die verwahrlosten Kinder Schätze dieser Art zu heben.

Hier nur zwei der damals gefundenen Legenden – zuerst jene aus Bayern: In Urzeiten waren die Ähren nicht so klein wie heute, die ganzen Halmstengel waren voller Körner. Ohne viel Mühe kamen dadurch die Vorfahren zu viel Getreide und die Müller zu ihrem Mehl. Die Menschen wurden ob solchen Überflusses übermütig und begannen ihr alltägliches Brot zu verachten.

Der liebe Gott, der in den Legenden stets durch unsere Welt wandert, erzürnte darob. Nur durch die Mutter Maria ließ er sich überreden, doch noch einige wenige Körner an den Halmen zu belassen. Für die Menschen wagte die Himmelsfrau gar nicht zu flehen, sie war von deren Treiben selbst enttäuscht. Sie bat nur darum, für den Lebensunterhalt der Kätzchen und Hunde einige wenige Körner an den Halmen zu verschonen. Darum muß der Mensch seine Haustiere gut behandeln! Nur wegen ihnen hat er noch sein Essen.

Die zweite innerlich verwandte Erzählung stammt aus dem balkanischen Bosnien, und wir verdanken sie dem bekannten Volkskundler F. S. Krauß: Es war einmal ein Mann, der besaß ein wahrsagendes Schicksalsbuch. Er blickte hinein und sah zu seinem Entsetzen: Das Dasein seiner schwangeren Frau würde in zwanzig Minuten zu Ende sein. Nichts sagte er seiner Gefährtin von seiner grauenvollen Entdeckung. Er bat sie nur, das Mittagessen rasch auf den Tisch zu stellen, er wollte mit ihr noch einmal speisen.

Doch als das ahnungslose Weib sehr lange in der Küche beschäftigt blieb, schlug er nochmals ungeduldig sein Buch auf. Doch anstelle der fast entschwundenen Frist las er darin von noch ganzen vierzig Jahren! »Weib«, schrie der staunende Mann, »was hast du soeben getan?« Die Frau kam zurück und gestand, das ganze schmackhafte Mahl ihren Tieren, der Katze und der Hündin, geschenkt zu haben. Für diese Tat hatte die himmlische Macht, die in solchen Fällen die irdischen Schicksale zu verändern vermag, ihre Lebensdauer verlängert. Sie hatte ihr damit die Gnade erwiesen, ihr Kind gebären und auch aufwachsen sehen zu können.

Rudolf Müller erzählte mir übrigens, daß man »sein« Evangelium in London zuerst als »Katzen-Bibel« verulkte. Für ihn selbst aber waren darin, wie auch in den verwandten alten Tierlegenden, die schönsten Gedankenschöpfungen, von denen er meinte, sie könnten in der modernen Jugend ein neues Verständnis für den Geist des Christentums wecken.

Die Völker suchen neue Grenzen

Der Hunnenkönig Attila ist eine Sagengestalt, die im 5. Jahrhundert durch eine blutige Wirklichkeit schritt. Durch seinen Vorstoß in das Herz des Abendlandes beendete er die bis dahin fortbestehende römische Weltordnung. Sein Wille riß eine Unzahl von skythischen und gotischen Stämmen mit sich. Das Chaos der Völkerwanderung entstand, und erst aus ihm sollten sich die so vielschichtigen Kulturen des Mittelalters herausbilden.

In verschiedenen Büchern von Katzenfreunden findet sich über ihn eine sehr hübsche Sage: In seiner frühen Jugend war der künftige Nomadenhäuptling eher weltflüchtig, trübsinnig und schwermütig. Die Untergangsstimmungen des sterbenden Altertums sollen auch ihn beeinflußt haben. Traurig saß er einmal im Zelt seines Onkels Rugila und gab sich schrankenlos seiner Trauer über die herrschenden Zustände hin. Das Handwerk des Hunnenkriegers erschien ihm alles andere als erstrebenswert. Er war nahe daran, dem Treiben der sündigen Erde völlig zu entsagen. In ihm reifte der Entschluß, das Christentum anzunehmen und sich in ein Kloster einzuschließen.

Da sah er plötzlich, wie eine Katze mit dem goldenen Reichsapfel herumspielte – den hatten schon die wilden Nomadenscharen bei einem Vorstoß nach Byzanz erbeutet. Die frische Lebenskraft und die naive Lust am Vergnügen des Tierchens genügten, den jungen »Barbaren« auf ganz andere Gedanken zu bringen. Warum sollte nicht auch er ein wenig die ganze Erdkugel herumrollen? Wie von einem Blitz getroffen, sprang er auf. Er schwang sein Schwert nach allen vier Himmelsrichtungen. Er ließ seine Fingernägel frei und krallengleich wachsen. Bald hatte er um sich genug der Gefährten mit ähnlichem Spieltrieb gefunden und versammelt. Sie begannen ihren Siegeszug, der den Anfang eines neuen Zeitalters bedeutete.

Im übrigen werden sehr viele der Vorfahren der späteren europäischen Völker zusammen mit Attila herumgezogen sein. In vielen alten Dichtungen erscheint der wilde Herrscher gar nicht als gewaltiger Zerstörer. Was unter den Hufen seiner Rosse zerfiel, war eine Zivilisation, die man schon lange als unwürdige Unterdrückung empfand. Im Nibelungen-Lied und ähnlichen Urkunden kann er nur darum zum Rhein vorstoßen, weil sich dort die Menschen aus Neid und Haß gegenseitig abschlachten. Die Christen sahen in ihm gar die »Geißel Gottes«: Sie glaubten, er sei ein Werkzeug des himmlischen Willens, damit eine neue und bessere Welt entstehe.

An die Stelle eines mächtigen Staates, dessen Provinzen von eingesetzten Beamten verwaltet wurden, trat nun ein Abendland der unabhängigen Stämme. Der Traum der Zeit war ein Mittelweg zwischen der überfeinerten Zivilisation und einer allgemeinen Verrohung. Der Mensch stieß schrittweise zu einer Kultur vor, die auf den erneuerten Beziehungen zur Natur beruhte. Es gab keinen Luxus mehr, wie ihn etwa Petronius unter dem Kaiser Nero verspottete. Der sich wieder ausdehnende Wald, die Beobachtung der wildlebenden Tiere, die lebensnotwendige und doch ritterliche Jagd – alles bekam nun eine neue Bedeutung. Die einzelnen Völker kämpften als höchstes Gut um ein möglichst hohes Maß von Unabhängigkeit. Gerade die Tiere, die man besonders für ihre stolze Freiheitsliebe bewunderte, wurden zu den Sinnbildern des neu beginnenden Jahrtausends. Sie tauchten auf den im Winde flatternden Fahnen und als Waffenschmuck auf. Diese Vorläufer unserer Wappen erzählen uns mehr über den Geist der Zeit, als es die mangelhaft erhaltenen Chroniken tun können.

Diese Überlieferungen bewahrten durch das ganze Mittelalter hindurch ihre Kraft. Der hochgelehrte Dichter Joseph Victor von Scheffel läßt, dem Sinn nach richtig, die Traditionen der Hunnen und Goten noch im 10. Jahrhundert fortleben. In seinem »Ekkehard« schildert er die damaligen Vorstöße der noch heidnischen Ungarn bis in den Alpenraum hinein. Attilas Tage sind ihnen ein leuchtendes Vorbild. Dessen Katze auf dem Banner ist für sie die Mahnung, daß der Mensch frei leben und nicht

Zahlreich sind die »Geister« in Gestalt von Großkatzen in den europäischen Zauberbüchern. Für die Weisen Frauen unter dem »Fahrenden Volk« sind sie Hinweise auf die Einwanderungen ganzer Kulturen aus südlichen Ländern, der Heimat von Löwen, Tigern und Leoparden.

nur immer über den Sinn der Schöpfung nachgrübeln muß: »Solange sie im Abendland Bücher schreiben und Synoden halten, mögen meine Kinder ihr Zeltlager vorwärts rücken; so hat's schon der große Etzel seinen Enkeln hinterlassen.«

Es ist hier selbstverständlich fast unentwirrbar, was die echte Überlieferung der Völkerwanderung und was spätere Nachdichtung ist. Aber auch die Katzenfreunde Damjan und Schilling versichern auf den Spuren von Gleichgesinnten: »Viele freiheitsliebende Völker trugen auf ihren Bannern Katzendarstellungen. Sie zogen gleichsam im Zeichen der Katze in ihre Freiheitsschlachten. Bei den Wandalen und Burgundern, den Schwyzern und Sueben war die Katze Wappentier.«

BEI DER KATZE DES PROPHETEN

Zu dem Übergang von griechisch-römischer Zivilisation zum eigentlichen Mittelalter gehört noch ein sehr wichtiges Ereignis: Der arabische Prophet, Dichter und Politiker Mohammed (570–632) offenbarte seinen Gläubigen zu Beginn des 7. Jahrhunderts das Buch Allahs, den Koran. Er schuf damit ein gewaltiges geistiges Verständigungsmittel unter bisher meistens zerstrittenen Wüstenstämmen. Schon bald folgten seiner hinreißend verkündeten Gotteslehre noch andere bewegliche Völker, wie die Türken und eine Reihe von indogermanischen Stämmen. Gewaltige Vorgänge wurden ausgelöst, durch die die ganze Welt ein neues Gesicht erhielt.

Es ist sehr verständlich, daß die selbstsichere und freiheitsliebende Katze auch in seinem Denken eine besondere Bedeutung besaß. Stand der große Prophet in einer Beziehung zu den Überresten der ägyptischen Kultur? Kannte er, wie man versichert, die Legenden um Jesus und die Katzen? Verehrten schon die noch »heidnischen« Araber ein Bild der goldenen Katze? Das sind alles Hinweise in alten Quellen, die noch auf eine gründliche Zusammenstellung und Prüfung warten. Unbestritten scheint mir eins: Der Prophet gilt in seinem Kulturkreis bis heute als ein großer Freund aller Katzen seiner Umgebung. Leider ist jedoch anzunehmen, daß diese islamische Vorliebe auf das »christliche« Europa eine eher schlechte Wirkung hatte: Sie gab den entarteten Ketzerrichtern einen zusätzlichen »Grund«, die von ihnen verleumdeten Tiere zu Sinnbildern von »Heidentum und Hexerei« zu erklären...

Mohammed hat in seinem heiligen Buch sehr wichtige Stellen, die uns eine kulturgeschichtlich entscheidende Tatsache erläutern. Er schildert den Menschen als von Geisterwesen, den Djinnen, umgeben. In der ganzen Natur wirken sie mit Kräften, die für uns sehr schwer verständlich sind. Während aber die abendländischen Ketzerjäger alle Feen und Kobolde der Volksmärchen den bösen »Höllen-Teufeln« gleichzusetzen versuchten – handelten die Jünger des morgenländischen Propheten anders. Die Djinne können nach ihnen sogar in Menschengestalt auftreten, sie sind aber nicht die Nachkommen der Ureltern Adam und Eva. Sie sind, genau wie diese, wunderbare Schöpfungen Gottes, Allahs. Sie haben einen eigenen Willen, dem sie frei zu folgen vermögen. Wie wir können sie darum gut oder schlecht und Anhänger von ganz verschiedenen Weltanschauungen sein. Als Abweichung von seiner Religion galt für den Propheten nur, wenn man solche Wesen als »Götter« ansah und entsprechend anbetete.

Im uralten Kulturland Ägypten ist es darum bis heute ähnlich, wie in großen Teilen der islamisch-arabischen Welt: Die Djinne nähern sich den Menschen vorzugsweise in Tiergestalten. Verschiedene Beobachter dieses Volksglaubens versichern sogar, daß ihnen als Tiergestalt die Katze am angenehmsten ist. Darum versucht man in Zelten und sogar Palästen möglichst höflich zu diesem Geschöpf zu sein. Wie leicht könnte man sonst den Katzen-Djinn beleidigen! Man vermutet noch immer, daß von ihm die glücklichen Träume und sogar das ganze Fortkommen einer Familie abhängen können.

Besonders bekannt ist im Orient die Geschichte, nach der das liebenswürdige Kätzchen Muezza auf einem Ärmel des Gewands des Propheten schlummerte. Als dieser zu seinem vorgeschriebenen Gebet gehen mußte, brachte er es nicht über sein großzügiges Herz, die Ruhe des Tieres zu stören. Also schnitt er seinen Ärmel ab und ließ seinen Liebling weiterschlafen.

Im Gegensatz zum »unreinen« Hund darf die Katze stets beim Gebet dabeisein. Nach einer schönen Legende hat einmal eine Katze den Propheten vor dem Biß der giftigen Schlange, also dem sicheren Tod, gerettet. Dafür schenkte er ihrer Art die von da an vererbte Fähigkeit, stets im Kampfe zu siegen. Unmöglich wurde es, sie je auf den Rücken zu werfen. Übrigens ist nach Mohammed eine Frau, die ihre Katze schlecht behandelte, in die schreckliche Hölle gekommen. Nach ihm hat auch Allah dem Abu-Bekr seine Sünden verziehen, weil er sich einmal einer frierenden Katze erbarmte. Er nahm sie unter seinen wärmenden Pelz und erhielt dafür das Geschenk des ewigen und glücklichen Lebens! Einem Gastgeber soll der Prophet einmal abgesagt haben und gleichzeitig der Einladung eines anderen mit Begeisterung gefolgt sein. Auf die Frage nach der Ursache dieser Handlungsweise antwortete er: Im Hause des Al-Sahib, also des Mannes, den er so offen bevorzugte, sei eben eine Katze gewesen. Nach dem Zeugnis seiner Lieblingsfrau Aischa hat Mohammed sorgsam darauf geachtet, daß sein geliebtes Tier immer frischen Trank bekam.

Die Liebe Mohammeds zur Katze und seine Duldsamkeit gegenüber dem einheimischen Volksglauben an die Djinne sind für die neuere Kulturgeschichte außerordentlich wichtig. Beides verhalf dem Islam zu einem Teil seiner erstaunlichen Stoßkraft. Einigen der traditionsbewußtesten Stämme in Asien, Afrika und Europa half diese Einstellung, die Religion des Koran anzunehmen. Dank dieser besonderen Art der Toleranz konnten sie auch als Anhänger Mohammeds einige der Lieblingsvorstellungen ihrer vielverehrten Ahnen bewahren.

DIE WÄLDER BEHERRSCHEN DAS MITTELALTER

Ein Mönch in Scheffels schon erwähntem »Ekkehard« spottet über die Katze auf dem Nomadenbanner: Als Gott in der Bibel die Welt erschuf, vertrieb er die Dunkelheit mit den Worten »Es werde Licht!« Wäre er nach dem Glauben der Völkerwanderung eine Katze gewesen, genau das hätte er nicht gesagt...

Doch für die alten Stämme war die Katze nicht nur das bewunderte Geschöpf, das mit seinen glänzenden Augen auch die Nacht zu durchdringen vermag. Sie verehrten in ihr einen gewissen, für das Tierreich erstaunlichen, eigenwilligen Geist. Der Wunsch zur Selbständigkeit ist in den alten Fabeln ja nicht sehr erfreulich, wenn er nicht mit einem gewissen Verstand gepaart ist. So sollen nach den Wappenbüchern gerade die Burgunder die Bedeutung der Katze in ihren Abzeichen verstanden haben: »Alles durch die Liebe und nichts durch die Gewalt.«

Wenn dieser erstaunliche Satz richtig bezeugt ist, bedeutete ihnen ihr Tiersymbol keinerlei »raubtierhafte« Macht über die andern. Es erinnerte sie an keinerlei Rücksichtslosigkeit, sondern an eine Fähigkeit, die auch die Märchen der Katze zuschreiben: Sie kennt tausenderlei Wege, sich mit viel Geschick in einem ausgedehnten Umkreis zu behaupten. Sie besitzt dafür nicht etwa überlegene Stärke sondern eine Fülle von Gaben, Geschicklichkeit, Geschwindigkeit, List, Freunde gewinnende Freundlichkeit. Doch als die Kraft, die alle diese Fähigkeiten auslöst und steigert, sah man die Liebe.

Die kleine Katze erscheint in der weisen Wappenkunde als ein stolzer Kämpfer – nicht weniger als ihre mächtigen Verwandten in Wüsten und Urwäldern. Bei all ihren »raubtierhaften« Abenteuern war man fest davon überzeugt, daß sie diese nur aus Liebe auf sich nehme: Der Kater aus Leidenschaft zu den Katzen und diese aus Liebe zu ihren piepsenden Jungen, diesen warmen Wollknäueln! Die mündliche Sage der westlichen Alpen verglich die Freiheitsliebe der alten Burgunder mit der von wilden Bergkatzen. In ihren Reichen, die sich im 5. bis 11. Jahrhundert teilweise vom Rhein bis in die Provence ausdehnten, waren die unzugänglichen Gebirgstäler ihr Schild. In den Grenzschutz der undurchdringlichen Wälder zogen sie sich zurück, wenn die neuen Wellen der Völkerwanderungen sie bedrohten. »Freiheit« war für die Volkssage keine abstrakte Theorie. Es war der Wille von Stämmen, in ihrem nächsten Lebenskreis nicht eingeengt zu werden.

Aus diesen Zusammenhängen wird deutlich, warum man gerade die Großkatze Löwe gleich einem nahen Verwandten ehrte. Wollten wir für das gesamte Mittelalter ein tierisches Sinnbild finden, der überall in der Kunst hochgeschätzte »König der Tiere« würde sich aufdrängen. In der weiter vorne schon genannten Stretlinger Chronik wird von dem Herrn Theoderich, dem sagenhaften Stammvater von Fürstengeschlechtern, erzählt, wie er einen grimmigen Löwen beruhigte: »Alsobald ließ der Löwe all seinen Zorn... und legte sich vor ihm nieder, zu seinen Füßen...«

Der keltisch-englische König Artus hat im 5. Jahrhundert durch sein glänzendes Beispiel viele der schönsten Ritterbräuche begründet. Noch ein ganzes Jahrtausend später hat man ihn dafür im ganzen abendländischen Westen gepriesen! Gerade von ihm hat man aber ebenfalls berichtet, daß eine seiner Haupttaten der Zweikampf mit einer Riesenkatze war. Dieses Ringen soll in der Umgebung des heutigen Genfersees stattgefunden haben. In einer späten Fassung dieser Heldentat ist das Wundertier ein »Tiger«.

Liegt uns in dieser Sage die Nachricht über einen urtümlichen Brauch vor, in dem sich viele der alten Leitbilder vereinigen? Im indischen Radjastan mußte auf alle Fälle bis in unser Jahrhundert hinein der Kronprinz dem Tiger mit einem einfachen Dolch entgegentreten. Erst wenn er mit Geist und Geschick gegen den mächtigen Feind siegte, galt er als würdig, auf den Herrscherthron zu steigen. Das von ihm in diesem Kampf getötete Raubtier wurde, gleich einem nahen Verwandten, mit königlichen Ehren bestattet. Bevor jemand als edler Tiger im Mittelpunkt der Gesellschaft stehen konnte, mußte er beweisen, daß er selber einer war.

Beim farbenfrohen Eindruck der mittelalterlichen Ritterspiele und der damit verbundenen Feste sollte wohl manches auf solche Beziehungen verweisen. Gold als leuchtender Schmuck, eine

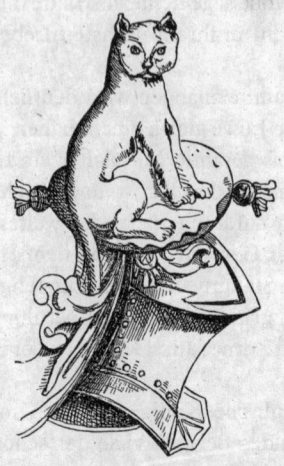

Abbildungen von Katzen auf Ritterwappen oder als Helmzier galten als Aufforderung zu trotzigem Widerstand.

lange Haarmähne, Hermelin und sonstige Felle – sie sollten das
»löwenhafte« Aussehen des Menschen noch steigern. Die »Königstiere« wurden fast als nahe Verwandte betrachtet. Auf einer
Wallfahrt soll Herzog Heinrich der Löwe einmal einem richtigen
Löwen einen Dorn aus der schmerzenden Tatze entfernt haben.
Da der Herzog aber in der Wildnis bitteren Hunger litt, fütterte
ihn das dankbare Geschöpf aus seiner Jagdbeute. Als der Herzog
endlich – nicht ganz ohne Magie – in seine deutsche Heimat zurückdurfte, nahm er das treue Tier mit.

Wenn Musäus in seinen »Volksmärchen« gerade diese Geschichte nachdichtet, erzählt er von einem mittelalterlichen
Helden, wie er ihn sich schon als Kind »auf dem Schoße seiner
Amme gar oft schildern ließ«. Wie sehr damals die Christen von
der Wiege bis zum Grab von diesen Sinnbildern geprägt waren,
kann man nicht hoch genug einschätzen. Die Menschen, die sie
liebten, wollten nicht mehr den Tyrannen und Diktatoren des
späten Rom gleichen. Die Herrscher mußten nicht nur gleich
dem Löwen mutig sein, sondern auch großzügig und »nobel«.

IM REICH DER GEPARD-FÜRSTEN

Besonders der traumhaft schnelle Gepard wurde nicht nur zum
Sinnbild der vornehmen Jagd, sondern sogar zum Wahrzeichen
eines ganzen Lebensstils. Der persische Schah schätzte ihn
nicht weniger als die nordafrikanischen Beduinen oder der christliche Adel von Äthiopien. Joseph Barbaro sah 1474 bei den Fürsten von Armenien allein hundert Jagdgeparden. Die Mongolen
trieben einen unglaublichen Luxus mit ihnen: Tausend nahmen
sie gelegentlich bei ihren Wildhetzen mit.

Das mittelalterliche Europa war durch die vielfältigen Vorstöße der germanischen, slawischen, tatarischen und arabischen
Völker fast wieder zu einer Halbinsel von Mutter Asien geworden. Das großartige »Lied vom Heereszug des Fürsten Igor« bezeugt uns für das 12. Jahrhundert: »Über die russische Erde breiten sich die Polowzen aus, gleich einem Wurf von Geparden.«
Aber auch die russischen Fürsten warägisch-skandinavischer

Herkunft besaßen gleich diesen Nomaden solche Tiere. Einer ihrer berühmtesten, Herr Swjatoslaw, wurde wegen seiner vielbewunderten Leichtigkeit und Beweglichkeit mit einem solchen Tier verglichen.

Osteuropa stand damals in einer sehr engen Beziehung zu den westlichen Ländern. Unmittelbar nach der bereits erwähnten Stelle des Igor-Liedes heißt es in ihm, daß ob dem Sieg der Polowzen die schönen, reich mit Gold geschmückten Goten-Jungfrauen ihre Preislieder anstimmten: Germanische Stämme lebten seit der Völkerwanderung, das ganze Mittelalter hindurch, auf der Krim und in den Randgebieten des Schwarzen Meeres. Ihre Stämme gehörten offensichtlich zu den Bünden der »gepardengleichen« Nomaden, die als Polowzen, Kumanen oder Kiptschaken bekannt wurden. Die wilde Tatkraft dieser Reiche der Ebenen und Uferländer galt weit in das Abendland hinein als Vorbild.

Von den indischen Fürstentümern versicherten kluge Reisende, daß es eine ganz besondere Menschenklasse war, die die Geparden zu fangen und zu zähmen verstanden. Die tatarisch-mongolischen Urkunden scheinen zu beweisen, daß es diese Leute auch in den russischen Fürstentümern gab – man bezeichnete sie hier als die »Pardusniki«. Konrad Gessner erzählt uns noch von Jagdgeparden, wie sie der König von Frankreich hielt. Auch seine Schilderung beweist uns, daß die Jäger, die mit diesen Tieren arbeiteten, eine ganz besondere Erfahrung besitzen mußten. Übrigens: Noch der deutsche Kaiser Leopold I. besaß dank dem türkischen Sultan abgerichtete Geparde, mit denen er oftmals jagte.

Während Hunde, genau wie die Wölfe, meuteweise das Wild verfolgen, besaßen diese »Katzenhunde«, die Geparden, nach ihren tatarisch-russischen Kennern eine ganz andere Wesensart. Sie konnten darum höchstens »nesterweise« eingesetzt werden: Ihre Beute hetzten sie demnach einzeln, als verbundene Paare oder höchstens als »Nester«-Geschwister eines Wurfs. Bezeichnenderweise wird dieser Ausdruck »Nest« (gnezdo) auch für die Art verwendet, wie die erwähnten Kumanen und ähnliche

Dieses Wassergefäß aus dem mittelalterlichen Rußland erinnert an die Liebe der Fürsten und Bojaren zu dem Geparden als Jagdgefährten.

Völkerbünde des Mittelalters auf ihre gemeinsamen Unternehmungen zogen: Bei ihren Jagden und Feldzügen blieben die eng verwandten Krieger zusammen. Sie bildeten jedesmal eine aneinander gewöhnte, schon durch Kinderspiele innerlich zusammenwirkende Einheit. Ihren Gegnern erschien ein solches »Nest« fast wie ein einziges Geschöpf, das wie durch Zauber viele Leiber besaß. Sie handelten im Kampf »wie ein Herz und eine Seele«, als würden sie durch Gedankenübertragung gesteuert.

Neben der Jagd mit Geparden und Luchsen, wie sie Gessner erwähnt, gibt es noch weitere, zuerst ganz unglaublich klingende Berichte: Die Tataren und Mongolen sollen nach Marco Polo sogar Tiger als zuverlässige Jagdgefährten verwendet haben. Sie ließen sie auf wilde Schweine, Ochsen, wilde Esel, Bären, Hirsche und Rehe los. Der große italienische Reisende war entzückt von der »Wut und Schnelligkeit«, mit der die Tiger die Beute erlegten. Auch war er von der malerischen Schönheit des für ihn ungewohnten Anblicks mitgerissen: »Sie haben schöne Haare und schöne Farben, nämlich weiße, schwarze und rote Striemen.«

Wohl nicht zuletzt dank der geheimnisvollen Kaste der Jagdmeister, die so gut die Raubkatzen einzusetzen verstanden, galten diese Völker sehr lange als die unbesiegbaren Herren der Welt. Gegen Menschen, die Luchse, Geparden, Löwen und Tiger wie nützliche Haustiere hielten, gab es im Mittelalter kaum Waffen. Man glaubte, daß sie mit ihren tierischen Jagdgefährten in einer magischen Verbindung standen. Naheliegend war der Gedanke, Menschen und Großkatzen seien miteinander blutsverwandt, durch urtümliche Magie könnten sie sich ineinander verwandeln.

Die wilden Tiere auf den Wappenschildern, Rüstungen und Fahnen der Ritter und Könige waren mehr als nur Sinnbilder. Wenn man von ihren »Löwenherzen« sprach, hörte man aus einem solchen Wort ein Geheimnis heraus. Überall vernahm die Vergangenheit hier Hinweise auf den märchenhaften Ursprung der menschlichen »Leopardsippen« – und die noch immer in ihnen fortwirkenden Anlagen.

Die »Katzenküsser« im Alpenraum

Die Entstehungsgeschichte der mittelalterlichen Reiche kennt eigenartige »Völkerehen«. Menschen aus antiken Kulturinseln wollten den Untergang Roms überdauern. Sie vereinigten sich mit eindringenden Stämmen, die wir unter dem Namen der Goten, Burgunder, Hunnen usw. zusammenfassen. Im Umkreis solcher Verschmelzungen erwuchsen dann die neuen Reiche.

Gemeinsame Zuneigungen mögen die Verbindungen dieser Art gefördert haben. Der Astronom Bailly verwies im 18. Jahrhundert auf die Sternenkunde: »Zivilisierte« und »barbarische« Völker hatten im Mittelalter eine tiefe und gemeinsame Liebe zu den Himmelserscheinungen entdeckt. Sie faßten ihr Wissen zusammen, und so entstanden die Grundlagen für neue Kulturen.

Überall in Europa scheint es im 5. bis 10. Jahrhundert so gewesen zu sein. In der Ukraine oder in Rumänien fanden ähnliche Vorgänge statt wie etwa im Süden von Frankreich oder in Spanien. Italienisch-griechische Siedler verbanden sich mit Einwanderern zu »neuen« Völkern. Ähnliche Neigungen mögen solche Vorgänge gefördert haben. Eine keltisch-schottische Sage erzählt in diesem Sinne von der Bildung des Reiches um König Fergus. Eine ägyptische Prinzessin, die Söldner aus dem Süden mitbrachten, habe dabei eine wichtige Rolle gespielt. Im übrigen habe sie die ihr heiligen Katzen mitgebracht und im Norden verbreitet...

Ich glaube, bei solchen glücklichen Mischungen herrschten ähnliche Gesetzmäßigkeiten - wie bei den modernen Einwanderungen der Zigeuner. Ein Fahrender aus Bessarabien erzählte mir, als ich fast noch ein Kind war: »Wir kommen über ganz verschiedene Länder. Unser Stamm, der über Odessa wanderte, traf in Siebenbürgen Zigeuner aus der Türkei und Griechen-

Die Menschen, die in der Fasnacht ihre »Katzenmusik machen«, tragen traditionell Katzenmasken.

land. Als wir weiterzogen, trafen wir auf ein Volk, das über die Pyrenäen aus Ägypten und Nordafrika kam. Wir waren jedesmal Menschen mit fast ganz verschiedenen Sprachen, Musikinstrumenten, Tänzen, Religionen. Doch manchmal haben sich die Familien aus den verschiedenen Windrichtungen als Verwandte anerkannt, haben Ehen geschlossen und sind sogar zusammen weitergezogen. Sie fanden eben beieinander sehr viel Verwandtes.« Als »Verwandtes« wurde mir ein gewisses tiefes Naturwissen, auch die Zuneigung zu bestimmten Tieren geschildert: »Diese bestimmt, welches Fleisch eine Sippe gern ißt und welches gar nicht.«

Als ein wahres Zusammensetzspiel von Stämmen verschiedener Herkunft schildert die Sage den gesamten Alpenraum. Sie hatten aber alle eine Vorliebe für abgelegene Täler, weil sie in ihnen ihre Eigenarten besser zu bewahren hofften. Noch während der Reformation und ihren Religionskriegen tauchte der Vorwurf auf, hier lebe eine ketzerische Tierverehrung, das »Katzenküssen«, weiter. In meiner Heimatstadt Bern versichert sogar die Sage, daß solche Bräuche »in verschwiegenen Kellern« bis in die Gegenwart weitergeübt wurden.

Diese Keller-Wirtschaften waren die Orte der Zusammenkunft des Volkes aus einem riesigen Einzugsgebiet. Hier nahmen bis ins letzte Jahrhundert die wilden Fasnachtsbräuche ihren Ausgang. Wie die Tiere in den Hinterhöfen ließen auch die Menschen in den Straßen lärmende »Katzenmusik« ertönen. Das Fest enthielt eine Reihe von Andeutungen auf die gleichzeitige Brunstzeit auf den Dächern. Man spielte bei solchen Umzügen im Februar überhaupt gern Kater und Katze: Wer sich in den Masken besonders auszutoben verstand, der sollte das ganze kommende Jahr »keinen Tag älter werden«.

Die nächtlichen Katzenfeste waren einst die Einleitung zu den vielgeschmähten »Kilter-Bräuchen«. Kilt ist ein altes Alpenwort, das nach Franz Josef Stalder noch im 18. Jahrhundert einen deutlichen Sinn besaß, eben die nächtlichen Besuche der Burschen bei ihren Mädchen. Der gleiche Gewährsmann verbindet den Ausdruck etwas kühn auch mit dem norwegischen »Hiltgang«, was bedeutet, auf den hochgelegenen Boden, auf den Estrich gehen, »wo die Weiber liegen«.

Zu diesen Abenteuern ging man im Alpenraum am liebsten auf dem »Katzenweg«. Man mußte zum Beispiel über die Holzberge klettern, die an der Wand des Hauses auf den Winter warteten. Die Eltern kannten selbstverständlich den Brauch aus ihrer eigenen Jugend. Wenn es über ihnen am Fenster der Töchter kratzte und polterte, sagten sie etwa zum Spaß: »Aha, der Kater ist da, er will eingelassen werden.« Die Burschen sollen im übrigen ihren Angebeteten sehr gern Beweise ihrer »katzenhaften« Kühnheit und Geschicklichkeit mitgebracht haben: Blumen von hohen Berggipfeln, Jagdbeute, Kristalle aus dunklen Höhlen.

Die »Kilter« waren auch wegen ihrer »Kater-Kämpfe« verrufen. Wollte einer von ihnen der Schönen im Nachbardorf einen Nachtbesuch abstatten, galt dies als lebensgefährlich. Eine Schar von zuverlässigen Freunden mußte mit geschwärzten oder maskierten Gesichtern mitkommen. Sie verteidigten dann ihren liebestollen Gefährten gegen die Einheimischen, während er unter dem Dach eine Stunde herumkosen konnte. Man dürfe »keine Katze im Sack kaufen«, versicherte das Volk. Kilterwesen und urtümlicher Katzenkult verschmolzen in der lebendigen Sage vollkommen: Etwa wenn man von den Bernern im 16. Jahrhundert behauptete, sie hätten in der Osterzeit ihre Hauptlust an »nackten Katzen« (blutt Chatze) gehabt...

Die feigen Ketzerrichter versuchten vergeblich, die freien Alpenbräuche zu unterbinden, deren echte Sittlichkeit sie natürlich gar nicht begreifen konnten. Die Jugend zog sich folgerichtig für ihre Feste in einsame Berghütten zurück. Die Plätze solcher Zusammenkünfte wurden etwa mit tiefen Messerschnitten im Holz bezeichnet. Sollte dies an die Krallen der wilden Kater erinnern? Hier tobte in Mondnächten die entfesselte Musik – und so entstanden wohl zahlreiche Sagen um den »Hexensabbat« im Gebirge. Abergläubische Neider des einstigen Treibens behaupten noch heute: Hier fanden Tänze des Sturmjägers mit den Gespensterkatzen statt.

KATERWEG ZUR MENSCHENEHE

In einer Tiroler Sage besucht ein Peznauer Bauernbursche des öftern seinen Schatz im Nachbardorf. Jedesmal, wenn er sich sehr zärtlich verabschiedet hatte, war es verständlicherweise schon sehr spät in der Nacht. Doch auf dem langen Heimweg durch die Berglandschaft war er nicht allein! Eine schöne große schwarze Katze tauchte wie zufällig neben ihm auf. Sie begleitete ihn sehr freundlich, wie es nun einmal der Brauch dieser Tiere sein kann, bis zu der Türe seines Elternhauses. Später stellte es sich heraus, daß es sein Mädchen selber war, das so seinen Freund auf seinem Heimweg behütete. Die Geschichte endet in der schriftlichen Fassung der Sage mit den Worten: »Die Geliebte besaß Hexenkräfte und hatte sich in eine schwarze Katze verwandelt. Sie wollte ihrem Schatz auch auf dem Heimweg nahe sein.«

Eine solche Begleitung ist nach der Logik der Alpensagen fast unumgänglich notwendig. Feindliche Mächte lauern auf den Liebenden. Dies können ganz einfach eifersüchtige Burschen sein, die »wie eifersüchtige Kater« einem glücklichen Gegner das Tor zur Freude verriegeln wollen.

Eine andere Geschichte aus Tirol erzählt, wie ein Knecht bei einer Bauerntochter »fensterln« wollte. Deren Vater war aber mit dem ganzen Liebeshandel überhaupt nicht einverstanden. Also setzte er sich mit seinem Hauskobold in Verbindung. Dieser lebte »schon von altersher« auf der Tenne und war der eigentliche Beschützer des Hauses. Der meistens unsichtbare Helfer sagte seine Unterstützung zu. Er erschreckte darauf den unerwünschten Nachtgast so sehr, daß er von jedem künftigen »fensterln« abließ...

Nach dieser vielschichtigen Tiroler Sage ist das Anknüpfen einer festen Liebschaft gar nicht möglich, wenn die schützenden Kobolde ihrer Familie und des Hauses dagegen sind. Diese Wesen sind die Verkörperung der gesamten zeitlosen Erfahrung und der Weisheit der Vorfahren: Ein junges Mädchen kann ja auf die Versprechungen oder Schwüre eines Liebhabers hereinfallen. Der sehr oft in Katzengestalt dargestellte Hauskobold »erlebte schon, wie es die Ahnen trieben«. Er weiß darum am besten, was für ihre Nachkommenschaft am allerbesten ist. Ist ein Mädchen in seinem Reich auf einem gefährlichen Weg, dann warnt er sie durch »wissende« Träume. Gelegentlich soll er sogar befähigt sein, als den Menschen sichtbarer Spuk, abzuschrecken und zu warnen.

Hier zum Vergleich eine italienische Sage von Leland. Ein sehr häßlicher Reicher belästigte mit seinen Wünschen eine sehr schöne Dame. Er war bald sogar bereit, die Frau zu rauben und mit Gewalt unter seinen Willen zu zwingen. Doch alle seine Pläne mußten scheitern: Die Schöne hatte eine sehr große Katze bei sich, »die anscheinend einen übermenschlichen Verstand besaß«. Nahte nun der unglückliche Liebende, begann sie laut zu schreien. Auch hatte sie grüne Augen, die wie Fackeln leuchteten. Sie konnte damit den kühnsten Mann aufhalten.

Im übrigen endet aber dieses Märchen gut. Auf den Rat einer Weisen Frau ritt der Häßliche zu den Elfen. Durch dieses Traumabenteuer wurde er schön und liebenswürdig wie ein echter Prinz. So heiratete er nun seine wunderschöne Dame mit der Katze. Das Paar legte seine verschiedenen Erfahrungen über die Rätsel der Nacht zusammen. Sie lebten sodann das geheime und glückliche Dasein von Eingeweihten in die Naturgeheimnisse, die die Mondkatzen bewahren. Beide sind jetzt für die Ewigkeit vereinigte Einwohner des Feenlandes.

Aber auch die »gewöhnlichen« Kilter-Lieder des Alpenraums enthalten eine Unzahl von magischen Vorstellungen. Was man da nächtlich unter den Fenstern der Liebsten sang, tönt tatsächlich zum Teil recht ketzerisch:

> »Mitten in der Nacht –
> Hab ich und mein Schatz den Ehebund gemacht.
> Wir haben ihn gemacht in halber Stund,
> Wir haben ihn g'schlossen von Herzensgrund.«

Man rief in solchen Liedern den Mond an, den Zeugen von sämtlichen Liebeshändeln der Menschen wie der Katzen. Man deutete sogar mit viel Übermut an, mit Mächten der Nacht verbündet zu sein:

> »Ich wollt, daß mich der Teufel nähm
> Und ich wär in der Höll
> Und daß die Höll voll Jungfraun wär
> Und ich wär ihr Gesell.«

Oder man spielte darauf an, mit den Nachtkobolden in bestem Einvernehmen zu stehen:

> »Mädchen, wenn du gestorben bist,
> Du kommst ins Paradeis,
> Wo alle Engel Flügel hab'n
> Genau wie Fledermäus.«

Man war übermütig. Man spottete über die puritanischen Moralisten, deren Macht in den Gebirgstälern ein Ende nahm. Auf der Alm gab es keine Sünde:

> »Auf den Alpen ist keine Polizei,
> Dort lebt man ohne Sorge,
> Wenn einer zu seinem Mädchen geht,
> So bleibt er bis zum Morgen.«

Fröhlich folgte man den nur der Jugend bekannten Katerpfaden:

> »Alle Katzen sind schwarz,
> Und im Bettchen wär Platz,
> Es muß niemand drin liegen
> Als ich und mein Schatz.«

In den Tälern lachte man über den Aberglauben der Hexenverfolger. Man war sicher: Auch die Nacht wurde von Gott erschaffen. Die Fledermaus und die schwarze Katze sind nicht Teufel, sondern nützliche Geschöpfe, die das Ungeziefer vertilgen. Wenn sie am Abend auf ihre Jagd gehen, dann kann dies auch dem Menschen die Stunden der Seligkeit bedeuten.

NACHTWANDERUNGEN DER LIEBE

In den zahllosen Alpensagen finden die Begegnungen mit den »Spuk- und Hexenkatzen« fast regelmäßig durch die »Kilter« statt. Man sagt, daß die Burschen, die auf verborgenen Liebespfaden wandeln, bei ihren verwegenen Klettereien von den Hauskobolden mit den leuchtenden Augen entweder gefährdet oder beschützt werden. Oft kamen sie angeblich bei den verwunschenen Plätzen vorbei, wo die Mondtiere ihre vielgenannten geheimen Zusammenkünfte abhielten.

Sind all diese bunten Bergmärchen nur reine Fantasie? Wie man uns erzählt, befanden sich eben diese Abenteurer der Liebe in einem halb traumhaften Zustand. Die sinnliche Erwartung und Erregung durchdrang ihren ganzen Geist. In ihrem Rausch pilgerten sie zum Ziel ihrer Sehnsucht fast wie durch ein Märchenland.

Auch wird uns zuverlässig berichtet, daß jeder von ihnen sein Mädchen mit besonders spannenden Erzählungen gewinnen wollte. Was lag da näher, als vor ihr den ganzen Gebirgsweg bis an ihr Fenster als eine einzige Mutprobe darzustellen? Jeder Schritt über die dunklen Felsenstufen erschien als Wagnis, das man nur mit den Augen und dem geschmeidigen Körper einer Wildkatze überwinden konnte.

Kein Ritter schilderte im Mittelalter die magische Reise zu seiner Schönen geheimnisvoller als solche verliebten »Nacht-Kater« in Menschengestalt.

Dazu kommt noch, daß die meisten der uns erhaltenen Alpensagen aus der Zeit der dauernd zunehmenden Religions- und Hexenverfolgungen stammen. Was lag da der Jugend näher, als ihre Begegnungen in der Finsternis mit möglichst viel Gespensterspuk zu umgeben? Sie schreckten damit recht zuverlässig alle abergläubischen Neider zurück: Wenn das drohende Miauen der Kilter aus der Nacht tönte, blieben sie bebend und zitternd in ihren Stuben. Sie eilten mit ihren Verleumdungen meistens nicht einmal zur gestrengen Obrigkeit, weil sie sich vor der Rache des »Nachtvolkes« fürchteten.

Diese Besuche »auf Katzenpfaden« sind heute noch ein Hauptinhalt der Alpensage. Manche Mädchen, so lernte ich es schon als Kind in Bern, können ein »Toggeli« aussenden. Das ist sozusagen die Verkörperung ihres glühenden Wunsches nach dem andern Geschlecht. Möglicherweise ist darin auch ihre ganze Sehnsucht,

Wer, den Bräuchen des Alpenraumes folgend, auf Liebespfaden wandelt, »darf gleich der Katze die Dunkelheit nie fürchten«.

den »Richtigen« zu finden, der zu ihnen in jeder Beziehung paßt. »Das Toggeli aussenden« können in der Regel eher »besinnliche«, etwas verträumte, zur Zurückgezogenheit und Verinnerlichung neigende Mädchen. Sie meiden meistens »wie Katzen« den lärmenden Massenbetrieb. Sie haben es darum nach dem Volksglauben schwer, jemanden zu finden, der ihren eher hohen Ansprüchen entspricht. Im übrigen sollen sie meistens aus einer Familie stammen, wo die Fähigkeit, »als Toggeli herumzustreifen«, seit jeher bekannt, fast erblich ist.

Also wandern diese Mädchen in ihren Träumen, »meistens in Katzengestalt«, über die Dächer. Einige behaupten sogar, daß sie bei solchen Unternehmungen fliegen können. Auf alle Fälle sollen ihnen Entfernung und natürliche Hindernisse kaum etwas ausmachen. Sie folgen ihrem »Spüren« und ziehen in die Richtung, »aus der sie etwas Verwandtes« lockt. Eingedrungen in einer fremden Hütte, legen sich solche Katzen in das Bett desjenigen, bei dem sie eine Zuneigung und damit lockende Wärme fühlen. Durch ihre Nähe versinkt nun der betreffende Mann in eine Welt sehr sinnlicher und farbiger Traumgesichte.

Eine Sagensammlerin aus Bern erzählte mir einmal, daß man über diese Toggeli-Besuche noch um die letzte Jahrhundertwende die wunderbarsten Dinge berichtete: Der Schlafende unter dem Einfluß eines solchen Traumgeistes wanderte mit ihm durch die seltsamsten Erlebnisse, manchmal auch in die allerfernsten Länder. Einige der Erzähler waren sogar überzeugt, solche Nachtgesichte seien voll von einem tiefen Sinn! Es seien hier die Erinnerungen an echte Begegnungen, die das Katzenmädchen und ihr Geliebter schon in »früheren Leben« zusammen hatten. Auf alle Fälle erkennt der Träumer in solchen Bildern immer häufiger das Antlitz des Mädchens, »das ihn sucht«. Wenn er sie dann später auch in der Wirklichkeit trifft, findet für ihn das an sich recht häufige Wunder statt: Es ist ihm, vom ersten Augenblick der Bekanntschaft an, als habe er sie »schon irgendwo einmal gesehen«.

Die Toggeli-Geschichten werden fast wie unheimliche Vampirromane erzählt. Doch der Inhalt der meisten von ihnen ist eigentlich eher liebenswürdig. Sie erinnern sehr stark an die italienischen Hexenmärchen, denen Leland eine etruskische Herkunft zuschreibt: In ihnen war es die Mondgöttin Diana, die die Frauen lehrte, wie sie ihre geheimen Begabungen voll nutzen könnten. Sie führte vor, wie man nächtlich seinen Geliebten in Katzengestalt besucht. Sie ist die Herrin der geheimen Liebe, die im Schutz des Nachthimmels stattfindet. Wer auf eigenwilligen Wegen zu seinem Glück wandert, wird vom Silbergestirn beobachtet und behütet. Frau Diana weiß auch, ob die entsprechenden Wünsche ihrer Kinder stark und folgerichtig sind. Sind sie es, so hilft sie ihnen durch ihre Zauberkraft zur vollkommenen Erfüllung.

Hier überlebt ein Urglaube der Menschheit: Der Wunsch unseres Geistes kann so stark sein, daß er über bedeutende Entfernungen die Vorstellungen eines anderen beeinflussen kann. Die Anziehungskraft, der »Magnetismus« zwischen den Geschlechtern wirkt für die zuverlässig, die darauf vertrauen. Die Seelen der Liebenden können sich finden, bevor sich ihre Leiber »erkannt« haben.

IN DEN BERGEN ÜBERLEBT DIE FREIHEIT

Die Lehre von der unbedingten Unabhängigkeit im Lebensraum der Berge wurde zu einer Macht der europäischen Politik. In den Alpentälern von Uri, Schwyz und Unterwalden kam es im 13. Jahrhundert zu den entscheidenden Aufständen der Ritter und Hirten. Ihre sagenhaften Taten wurden zu Anregungen der Menschen in einem weiten Umkreis. Die Lehre von der Freiheit in den Gebirgen strahlte bis nach Bayern, Tirol, in die Täler von Norditalien, das französische Burgund und die Provence aus. Sogar die große Revolution von 1789 nahm den Urner Jäger Wilhelm Tell zu ihrem Vorbild.

Selbstverständlich waren aber diese einstigen Alpenbewohner keine grundsätzlichen Fürstenhasser. Ihre Auffassung versuchte Samuel Henzi von Bern in seinem Tell-Drama mit den Worten des Einsiedlers Niklaus von der Flüe folgendermaßen zusammenzufassen: »Eine Oberherrschaft ist nur dann völlig abzulehnen – wenn durch sie die Lebensrechte des Menschen völlig eingeengt werden. Den von einem Unterdrücker und Gewaltherrscher (Tyrannen) durch Unrecht erworbenen Thron läßt aber Gott ohne jeden himmlischen Schutz. Er gibt dadurch die Erlaubnis, daß er umgestoßen werde.«

Nach Samuel Henzi, der 1749 für seine wilde Freiheitsliebe hingerichtet wurde, sind die Alpentäler die Heimat des Willens zur Unabhängigkeit. Hier überlebte die Kultur der keltischen Helvetier, vor deren Ahnen schließlich schon die mächtigen Römer gezittert hätten. Die Bergbewohner lassen sich noch immer keine Beleidigung gefallen, denn sie sind nun einmal »stolze Löwen«.

Der eigentliche Kampf des Jägers Tell gegen den Tyrannen

Gessler beginnt, weil dieser Bösewicht die schöne Tochter des Alpenlöwen mit seinen lüsternen Tätlichkeiten belästigt. Das Mädchen verteidigt sich aber wie eine Wildkatze – »Tigerin« nennt sie in Henzis Dichtung der Unterdrücker. Für die Freiheit ihrer Mädchen in Liebesdingen werfen darum die Alpenländer die fremden Eroberer aus ihren Waldtälern. Dies scheint auch der ursprüngliche Sinn der großartigen Sagen um die Unabhängigkeitskriege zu sein.

Noch im ausgehenden Mittelalter versichert uns der Zürcher Schriftsteller Felix Hemmerlin: Die Verständnislosigkeit der Statthalter gegen die Rechte des weiblichen Geschlechts habe zu den Aufständen geführt! Auch nach einem deutschen Geschichtsschreiber des 16. Jahrhunderts, Mutius, habe es der Verwalter des Bergländchens Uri besonders schlimm getrieben: Er verführte nicht nur zahllose Mädchen, er schwatzte auch noch über seine »Siege« dieser Art. Das Geheimnis der Liebesnacht war ihm nicht mehr heilig: »Erst tat er es heimlich, dann ging seine Frechheit so weit, daß er gar nichts mehr verheimlichte. Wenn er mit den Edlen der benachbarten Schlösser zechte, rühmte er sich dessen sogar.«

Es ist ein sehr schöner Zug der Volksdichtung, daß gerade der kühne Jäger Tell als Rächer der Unterdrückten und Besieger des Schurken Gessler erscheint. Jeremias Gotthelf läßt den ungerechten Vogt Tell und seine Familie schon darum hassen, weil dieser die Alpenwälder wie seine Hosentasche kennt: »Je machtloser er (Gessler) war, um so mehr ergrimmte er. Je schlechter seine (eigenen) Jagden ausfielen, um so bitterer haßte er die glücklichen Jäger, obenan den Tell, den Meister der Gebirge, den König der Jagd.« Der wilde Schütze kümmert sich nach der Sage zuerst herzlich wenig um den Vogt und seine Soldaten. Sie gehen ihn nichts an, so lange sie ihn in seinen Gebirgswäldern in Ruhe lassen. Erst als seine Sippe und seine Ehre auf dem Spiel stehen, kämpft er bis zur Entscheidung.

Der Sieg ist nach der Überlieferung bei Tell und seinen Freunden, weil ihre grausamen Feinde den Landesbrauch nicht begreifen. Gerade die Zwingburg der Vögte von Unterwalden wird nun dank der Kilter-Mädchen eingenommen. Sie ließen nachts nach bewährter Sitte die Burschen in ihre Kammer klettern, die dann die ahnungslosen Krieger der Gewaltherrscher überrumpelten. So haben, nach der bis heute fortlebenden Sage, die Tell-Töchter und Tell-Söhne ihren Lebenskreis freigekämpft.

Der bedeutende Gelehrte der Romantik, Rochholz, verwies auf die Tatsache, daß offensichtlich die Ketzerverfolger des 15. und 16. Jahrhunderts gerade auch Tell als einen Hexenmeister verleumdeten. Die damalige Jagd auf das »Nachtvolk« wandte sich, eben nach diesem Wissenschaftler, wider die Gemeinschaften in den Alpentälern, die »das Recht freier Selbstbestimmung und Unabhängigkeit des Gewissens bedingungslos voraussetzten«.

Man bekämpfte damals den »Katzenglauben«, indem man versuchte, die Freiheitsrechte urtümlicher Kulturen in ihren Wurzeln zu zerstören. Dies ist bei den Hexenverfolgungen der mitteleuropäischen Gebirge nachzuweisen. Das gleiche gilt aber ganz ähnlich für andere Randgebiete. Wir erinnern nur an die vergleichbaren Unterdrückungen in den keltischen Landschaften von England oder bei den Basken in den Pyrenäen.

Das Rokoko entdeckt das Märchen

Machtkämpfe, Religionskriege und Hexenverfolgungen brachten nach der Renaissance Europa an den Rand des Unterganges. Der Dreißigjährige Krieg (1618–1648) verwandelte die Herzgebiete des Erdteils in trostlose Wüsteneien. Nur schwer zugängliche Gebiete, wie der Alpenraum, blieben mehr oder weniger verschont. In solchen Gegenden konnten die Traditionen erhalten werden. In den Hirtenhütten, in den Bibliotheken der Schlösser und Klöster überlebte die Kultur. Hier träumte man von den freien Grundlagen einer besseren Zukunft.

Ein wichtiger Schlüssel für das geistige Suchen während der Zeit des Barock und Rokoko war zweifellos das kleine Werk »Der Graf Gabalis oder die Gespräche über die Geheimwissenschaften«. Ihr fröhlicher und hochgebildeter Verfasser war anscheinend der Franzose Montfaucon de Villars (1640–1675). Einige hielten die Schrift für einen vielschichtigen Ulk, andere sahen – und sehen noch immer – in ihr eine Enthüllung großer Naturmysterien.

Der Verfasser, ein Dichter-Philosoph, geht von den Lehren eines ostdeutschen Edelmannes, des märchenhaften »Grafen von Gabalis«, aus. Unbestritten ist auch die Beschäftigung des Schriftstellers mit dem Gedankengut des großen Arztes Paracelsus (1493–1541). Er nennt ihn sogar »den gelehrtesten Menschen, der je war«. Er ist für ihn »göttlich und beinahe anbetungswürdig«.

Während im damaligen Abendland die armen »Katzen und Hexen« zu Hunderten ihre Vernichtung fanden, werden ihre sonst vielgeschmähten Nachtfeste von Gabalis fast verherrlicht. Er hält sie für Versammlungen nach uraltem Brauch, die ihren Teilnehmern erhabene Einblicke in das wahre Wesen der Welt gewähren. Feen- und Elfengeschichten seien Ahnungen der Wunder der Schöpfung, die wir nicht mehr wie früher ohne weiteres wahrnehmen könnten. Die Sagen seien volkstümliche Zeugnisse für das Wirken der geheimen Kräfte, die die ganze Natur erfüllen. Sie seien in ihrer Gesamtheit Berichte über die uns umgebende Wirklichkeit, für deren Wahrnehmung unsere Sinne meistens zu schwach geworden seien. »Diese Helden, diese Liebesverbindungen mit Nymphen, diese Reisen ins irdische Paradies, diese Zauberpaläste und Zauberwälder...« – in all solchen Erzählungen sei Weisheit, die uns die Pforten zur Erkenntnis zeige.

Aus der neuen und verspielten Beschäftigung mit dem Sinn der Überlieferung entstand auch das Katzenbuch des François Auguste Paradis de Moncrif (1687–1770). Um die Arbeit in ihrem ganzen Wert zu verstehen, müssen wir uns nochmals der damaligen Zeit zuwenden. Die Lieblinge des gelehrten Dichters wurden noch immer als »Hexentiere« verfolgt. Man verteufelte sie über jedes Maß. Bei Antoine Guyot des Herbiers (1745–1828) finden wir den sehr bezeichnenden Satz: »Man lehrt in der Theologie, daß es kein Höllenfest gibt und um die Mitte des Sommers (Saint-Jean) keinen Hexensabbat, an dem nicht Meister Kater den Vorsitz führt.« Für das Leben der für viele verbrennungswürdigen Katzen offen einzutreten, konnte noch immer als Bekenntnis zu Heidentum und Ketzerei ausgelegt werden.

Der Herr von Moncrif verfocht aber sein Anliegen mit der ganzen gelehrten Bildung seines Jahrhunderts. Er war dabei so geistreich, daß einige seiner besten Grundgedanken über das einst heilige Tier seither dauernd wiederholt werden. Einige der auf den Rokoko-Dichter eifersüchtigen Schriftsteller vergessen dabei sehr gründlich jede Quellenangabe... Doch wenn er dadurch auch recht häufig und zu Unrecht vergessen worden ist, seine Tat hatte wunderbare Folgen. Eine Unzahl von Menschen, zu denen sein Buch den Weg fand, wurden durch ihn geprägt.

Dank des Erfolges seines Katzenbuches galt von nun an bei den Gebildeten ihre Tierliebe nicht mehr als ein verdächtiger »Katzen-Glaube« aus der Hexenküche. Wer es las, wußte von der

Bedeutung seiner kleinen Freunde bei den Weisen Ägyptens oder auch bei den Einsiedlern und Fürsten Indiens. Er sah sich damit in der Fortsetzung einer großen Menschheits-Tradition. Er verehrte sozusagen die Natur in einem ihrer eigenwilligsten und vollendetsten Kunstwerke. Dabei war er der Gesinnungsgenosse einer langen Reihe der vorzüglichsten Dichter und Denker der Vergangenheit.

Moncrif hatte Zugang zum Hofe, war Sekretär des Herzogs von Orléans und versah mit Geschick wichtige Ämter. Dies be-

In dem Buch des schöngeistigen »Katzen-Aufklärers«, des Herrn von Moncrif, verbindet sich uralte mit neuzeitlicher Tierliebe.

wahrte ihn sicher vor viel Unbill, auch wenn sich ganze Giftfluten von Spott über seine »Katzengeschichte« ergossen. Doch in deren ganzer Leichtigkeit, Verspieltheit, Spaß am Geschmack und hübschen Nebensachen haben wir hier echte Rokoko-Kunst.

Zwischen den Zeilen des Buches begegnet uns ein Bild des damaligen Lebensstils. Auf Möbeln von Meistern des Handwerks sehen wir wohlgepflegte Katzen auf weichen Kissen sich voll Zufriedenheit räkeln. Das fantasievolle Werk fand sogar seinen Zugang in die Bibliotheken der polnisch-ukrainischen und russischen Gutsbesitzer. Wie die seltsamen Offenbarungen des Paracelsus-Jüngers Gabalis, verlangte es von vielen Freunden der Geisteswissenschaften im ganzen gebildeten Abendland, die französische Sprache zu erlernen.

GESCHICHTEN AUS DEM KATZENSCHLOSS

Die neue Katzenverehrung des 18. Jahrhunderts ist ein Versuch, ganz im Sinne der neuentdeckten »Geheimlehren«. Die Erde ist nach Paracelsus und den ihm folgenden »rosenkreuzerischen« Gelehrten gar kein Jammertal. Man kann während seines Daseins Klügeres und Lustigeres tun, als seinen Tod herbeizusehnen. Der Mensch soll versuchen, in seiner nächsten Umgebung die Wunder aller Zeitalter wiederzufinden. Die Katze, von den Hexenjägern verfolgt wie kein anderes Tier, wird nun als der schöne Türhüter der Märchenwelt empfunden.

Der fröhliche Bahnbrecher Paradis de Moncrif war der einzige Lobpreiser der europäischen und orientalischen Katzenmärchen. Sein klassisches Buch verweist nicht nur in die graue Vergangenheit, auf Altertümer, die seine Lieblinge verherrlichen. Er spricht selber von einer Reihe von Gesinnungsgenossen, die mindestens so begeistert waren, wie die Inder oder Ägypter. Poetische Verse wurden von schönen Damen zum Preis ihrer tierischen Freunde gedichtet. Auch künstlerisch wertvolle Grabsteine erhoben sich in verschwiegenen Gärten, wenn kluge und hübsche Schloßkatzen starben. Man fand, daß die Tiermärchen lange genug von freudlosen Ketzerrichtern verfolgt worden seien. Es gab jetzt immer mehr gebildete Menschen, die sie zu sammeln und sogar zu leben versuchten.

Eine der schönsten Gaben an die Menschheit, die wir dem 18. Jahrhundert verdanken, ist die gewaltige Sammlung des »Cabinet des Fées«, die damals in 41 sehr schmucken Bändchen in Paris erschien. Der deutsche Dichter Wieland begann etwas später, das Werk frei in seine Sprache zu übersetzen und wurde dadurch zu einem wichtigen Anreger der romantischen Kunst – indirekt lieferte er so die Grundgedanken zu Mozarts einzigartiger »Zauberflöte«.

Eine der wichtigsten Verehrerinnen der Feen und ihrer Märchenkatzen war zweifellos die Gräfin Marie-Catherine d'Aulnoy (1650–1705). Wie viele ihrer Standesgenossinnen reiste sie recht viel herum und hinterließ ein ziemlich umfangreiches, dichterisches und kulturgeschichtliches Werk. Unter ihren zahlreichen »Feenmärchen« wurde ihre Geschichte »Die weiße Katze« wohl am bekanntesten. Es ist die Geschichte vom Prinzen, der seine vollkommene Braut zuerst in Tiergestalt findet. Die Erzählung ist sicher volkstümlich und uralt. Die Dame d'Aulnoy wußte sie aber so liebenswürdig niederzuschreiben, daß wir hier ein vollkommenes Zeugnis ihres Jahrhunderts besitzen.

Der alte König muß in diesem Märchen unter seinen drei tüchtigen Söhnen den würdigsten als seinen Nachfolger herausfinden. Der Jüngste soll dem entscheidenden Glück begegnen. Ausführlich schildert die französische Dichterin seine Begabung und Fertigkeit in den verschiedenen Künsten: Er konnte angenehm singen, beherrschte viele Musikinstrumente, und auch schöne Gemälde konnte er verfertigen. Ausdrücklich versichert uns Frau d'Aulnoy, daß die Pflege solcher Anlagen nun einmal zu einem echten Prinzen gehört.

Donner und Blitz überraschen den Königssohn im nächtlichen Wald. Auf dem Weg, den er im Sturm wählen muß, kommt er nun zum Märchenschloß. Das Gold und die Edelsteine der Pforte glänzen ihm entgegen. Die Mauern sind aus durchsichtigem, verschiedenfarbigem Porzellan – mit diesem verband nun einmal das Rokoko alle Nachrichten über die Pracht Ostasiens. An den porzellanenen Mauern des Schlosses sieht der Prinz die Geschichten von »sämtlichen Feen« dargestellt, die es »seit der Weltschöpfung« gab. Alle Kindermärchen sind hier als Hinweise auf einmal wirklich stattgefundene Tatsachen abgebildet.

Der Königssohn staunt zuerst, keine Wächter solcher Kunstwerke zu sehen. Es müßte doch für Diebe und Räuber einfach sein, diese Schätze zu entwenden! Doch bald entdeckt er, daß er sich im Reich einer ganz anderen Realität befindet. Ein Dutzend von Händen schwebt zu ihm durch die Luft und gibt ihm bei seinem Eintreten helles Licht. Entzückt schreitet er durch das Meer des Glanzes, der von edlen Steinen ausgeht. Die magischen Hände decken für ihn eine Tafel mit köstlichen Speisen. Sie reichen ihm auch eine entsprechend schmucke Bekleidung.

In einem weiten Saal erkennt der Prinz die Darstellung der

Im 18. und 19. Jahrhundert waren kunstvolle Katzengräber beliebt wie schon in Ägypten.

wichtigsten Ereignisse der Katzengeschichte. Auf einem Gemälde sieht er die Sage von der Katze, die sich aus Liebe in ein menschliches Weib verwandelte. Dann kommt selbstverständlich der »gestiefelte Kater«, der seinen zuerst armen Besitzer zu Würde und Reichtum bringt. Wichtig ist, daß im Märchenschloß auch die Geheimreligionen dargestellt sind, die es damals noch gab: »Die Zauberer, die Katzengestalt annahmen. Der Hexensabbat ist abgebildet, mit allen (!) an ihm ausgeübten Bräuchen.« Ziemlich offen wurden hier in der Dichtung die Sinnbilder bewundert, für deren Verherrlichung noch immer eine Unzahl von Zeitgenossen verdächtigt und gepeinigt wurde.

Herrin des Feenpalastes ist eine Königstochter, die in der Gestalt eines niedlichen weißen Kätzchens erscheint. Vom Elfenvolk hat sie sämtliche Tugenden, alle denkbaren schönen Eigenschaften und sogar den Einblick in zahlreiche Wissenschaften erhalten. Um sie herum ist das vollkommene Traumglück: Will der Prinz ein seltenes Buch oder ein Schmuckstück – schon erscheint vor ihm das Gewünschte.

Selbstverständlich löst der Königssohn mit der Hilfe von Zauberkatzen die schweren Aufgaben seines Vaters. Er erbt dessen Krone, und die Prinzessin wird in angenehmster Menschengestalt seine liebe Frau. Durch ihr ganzes freiheitliches Wesen und ihre Taten wird der Ruhm des Herrscherpaares auf der Erde unsterblich.

INSELN DER VERFEMTEN EIGENART

Eine wichtige Erscheinung des 18. Jahrhunderts war der Rückzug aus dem Umkreis der Städte und Herrscherhöfe. Die alten Geschlechter waren vom Materialismus, der sich immer mehr ausdehnte, angeekelt. So lange es ihnen ihre schwindenden Vermögen erlaubten, versuchten sie auf ihren Gütern wie in mittelalterlichen Königreichen zu hausen. Unter Jägern, Hirten, Bauern und solchen spätgeborenen Rittern entstanden viele der späteren Fantasien und Kunstwerke.

Den Massen der Hauptstädte wurde dieser Lebensstil immer

verdächtiger. Sie umgaben die abgelegenen Sitze mit dem allerdümmsten Aberglauben. Ihre Besitzer machten sie in ihrer Gesamtheit zu romantisch-faustischen Suchern nach dem geheimen Sinn der Welt. In der Fülle der »Gotischen Romane« wurden die Güter zum Mittelpunkt verworrener Gruselgeschichten, in de-

Aufklärung, Französische Revolution und Romantik griffen vieles aus der ägyptischen Antike auf. Die Katze wurde wieder zu einem Symbol von Selbständigkeit und Freiheit.

nen ihre Bewohner regelmäßig Besuch von Magiern aus dunklen Waldbergen erhielten und nachts Hexenwesen aus den Elfenhügeln in Katzengestalt erschienen.

Leider sind die meisten sachlichen Berichte über den Lebensstil solcher Außenseiter den Weltkriegen und Revolutionen zum Opfer gefallen. Immerhin besitzen wir genug der Berichte und zuverlässigen Urkunden, um den Kern der mündlichen Geschichten herauszuschälen. So stellte der russische Geschichtsschreiber Schubinski einige seltene Nachrichten über den Gutsbesitzer Wassilij Golowin (1696–1781) zusammen. Er entnahm sie einer Unzahl von Volkslegenden, die er durch fast unzugängliche Privatdrucke überprüfen konnte. Er kam mit seinen Forschungen zu seinem sehr wichtigen Ergebnis: Das Benehmen dieses Golowin war für die Gesamtheit solcher Menschen geradezu beispielhaft.

Der Kaiser Peter war damals samt seinen Bürokraten von dem Willen besessen, aus den östlichen Ländern einen modernen, zentralistischen Staat zu schmieden. Schon als Kind wurde darum der unglückliche Golowin nach Amsterdam geschickt. Dort sollte er Mathematik, Geometrie, Technologie, Kriegsführung und Verwaltungswesen studieren. Sadistische Aufsichtsbeamte sollten die »asiatischen« Edelleute mit erniedrigenden Leibesstrafen dazu zwingen. Der Jüngling setzte dem aber mit seinem ganzen Wesen einen hartnäckigen Widerstand entgegen, und nicht nur Kaiser Peter behandelte ihn dafür mit ausgesuchter Grausamkeit. Durch den späteren Höfling Biron wurde er jahrelang gefoltert. Auspeitschungen, glühende Bügeleisen, glühende Nadeln unter seinen Nägeln und qualvolles Strecken sollten den Unglücklichen »überzeugen«.

Doch das Opfer des Fortschrittsglaubens verweigerte jede Zusammenarbeit. Er blieb den Traditionen treu, mied die laute Öffentlichkeit und zog sich auf das Landgut seiner Ahnen zurück. Den Hofbeamten war er von nun an ein abergläubischer Narr. Hatten Unterdrückung und Folterknechte tatsächlich seine zuerst so bedeutenden Seelengaben zerstört? Spielte er seine Seltsamkeiten der Welt nur vor, um von seinen Feinden in kein hohes Amt gezwungen zu werden? Der Schriftsteller Gontscharow hat in seinem klassischen Buch »Oblomow« solche Menschen geschildert: Sie wollten vor jeder vergötzten Technologie in ein Traum- und Märchenland flüchten.

Der eigenwillige Landadelige besaß nicht weniger als sieben Lieblingskatzen. Möglicherweise entstammten sie einer recht seltenen eurasischen Rasse. Auf jeden Fall mußte sich um jedes der Tiere ein besonderes Dienstmädchen kümmern! Sie wurden damit nicht weniger gehütet, gepflegt und umsorgt als menschliche Hofdamen.

Durch kulturgeschichtliche Tatsachen dieser Art entstanden nun in der Zeit des Rokoko viele Märchen. Gerade durch Katzen mit eigenen Dienerinnen wurden bei Außenstehenden seltsame Gedankengänge ausgelöst: Konnten die Tiere nicht Prinzessinnen sein, die durch einen Zauber in verwandelter Gestalt erschienen?

Einmal fraß und verdarb ein Kater die Fische, die für die Herrentafel bestimmt waren. Der entrüstete Wassilij Golowin beschloß darauf, seinen Katzenfreund nicht mehr sehen zu wollen. Er »verbannte« ihn in ein Dorf, in das er selber offenbar nie kam. Seine Diener mußten ihm aber noch nach langen Jahren *täglich* über das Befinden des Tieres Bericht abstatten. Sogar als das Tier tot war, wagte es kein Mensch, dies seinem Besitzer zu melden.

Noch der gleichnamige Sohn des großen russischen Katzennarren besaß genug irdische Mittel, um in ähnlichem Sinn fortzufahren. Mit seinen Freunden und den Bauern aus der Umgebung versuchte er, in einem eigenen Märchenreich zu leben. Jeder Ausritt des zweiten Wassilij Golowin (1739–1808) ähnelte einem mittelalterlichen Umzug. Krieger in malerischen Gewändern begleiteten ihn, Husaren und Haiduken. Mehrere Gaukler und Hofnarren sorgten für die gute Stimmung seiner Gäste. »Sein Gefolge bestand aus Arabern, Baschkiren, Tatarinnen und Kalmückinnen.« Täglich erfreute er seinen Kreis »nach altem Brauch«. Herrliche Mahlzeiten, Bälle und ausgelassene Maskenfeste wechselten sich ab. Er besaß einige Musikanten, die ihre Weisen aus verschiedenen Kultureinflüssen schöpften. Seine Sänger ließen unermüdlich ihre Lieder erklingen. Es tanzten die Zigeuner, für die der Herr Wassilij eine geradezu leidenschaftliche Liebe empfand. Europäisch gebildete Gäste trafen also auf solchen Rokoko-Gütern auf die Kunst christlicher, islamischer, heidnischer, schamanistischer und buddhistischer Wandervölker.

Totalitäre Menschen wie Kaiser Peter I., Biron oder noch Josef Stalin waren gerade in der russischen Geschichte nie echte Katzenfreunde. Umgekehrt gab es Kulturräume, voll der Liebe zu unserem Tier, und Ausstrahlungsfelder der grenzenlosen Begeisterung an Märchen und Kunst waren. In ihnen wurden gerade während der Zeit des Rokoko und der Romantik die spannenden Versuche unternommen, Dichtung und Alltag zu verschmelzen.

ÄGYPTISCHE MAGIE IN PARISER SALONS

Bald verspielt und dann wieder mit viel Ernst versuchten sich die Menschen des Rokoko in der Wiederentdeckung der Seelenkräfte. Die mächtigen Folianten über die Astrologie und die anderen Weisheiten der Ägypter wurden verschlungen! Man las die entsprechenden Gelehrsamkeiten des Athanasius Kircher und reiste auch wirklich in den Orient, um Spuren des einstigen

In Paris wurde die Katze zu einer Schutzheiligen der Künstlerkreise.
Von ihr erwartete man schöpferische Eingebung.

Sternen- und Tierglaubens zu finden. Die Bildkarten des Tarot, verbreitet unter den Wahrsagern der Zigeuner, enthielten ebenfalls deutliche Hinweise auf ägyptische Geheimlehren. Endlich begeisterte das Ehepaar Cagliostro die Salons der Gebildeten von Paris mit »Einweihungen in Geheimnisse«, die ebenfalls aus Ägypten stammen sollten.

Lesenswerte Seiten über die Wiederkehr der Katzenmagie finden wir ferner in den Schriften des Priesters Alphonse Louis Constant (1809–1875), der ebenfalls in Paris wirkte. In seinem recht umfangreichen Werk finden wir eine Fülle von Nachrichten über die geheimen Gemeinschaften und Gesellschaften, wie sie im vorangegangenen Jahrhundert neu entstanden waren. Dieser Erforscher des Okkulten war zur festen Überzeugung gekommen, das Dasein sei ein ewiger Wechsel, eine Wandlung ohne Ende, eine »Transmutation«. Jeder Denkende könne dies erkennen. Der Seher könne die entsprechenden Vorgänge sogar mit seinen gesteigerten Sinnen wahrnehmen:

In seiner Jugend besuchte Constant, der sich als Schriftsteller Eliphas Levi nannte, einen bekannten Pariser Salon. Hier versuchte der Adel immer noch, die gebildete und geistreiche Hofgesellschaft zu spielen. Hier kreisten die Gespräche um Geschichten aus der Geisterwelt! Es war dies ein Thema, das damals nach Constant »alle Pariser Salons in Bewegung versetzte«.

Der noch unerfahrene Forscher hatte mit dem befreundeten Geistlichen Malard recht viel über Seelenwanderung, Reinkarnation, menschliche und tierische Verwandlungen geredet. Also hatte ihm sein Gefährte einen harmlosen Versuch vorgeschlagen: Als dessen Schauplatz sollte gerade die vornehme und gesprächige Teegesellschaft dienen. Die einzige Bedingung des erfahrenen Freunds war, daß sich Constant vertrauensvoll und uneingeschränkt seinem Einfluß öffne.

Während des lebhaftesten Gespräches in der Salonrunde legte nun Malard seine Hand auf die Schulter des Schülers. Alphonse Constant empfand etwas wie einen elektrischen Schlag, durch den sich nun nach und nach seine ganze Wahrnehmung verwandelte. Immerhin blieb es ihm trotz der nun folgenden wunderbaren Vorgänge möglich, den Reden der Anwesenden zu folgen.

Eigentlich erging es ihm nun genau so, wie den Helden in den Hexengeschichten und Feenmärchen. Ein leiser und leuchtender Nebel schien von der strahlenden Lampe im Raum auszugehen. Er senkte sich wie ein magischer Tau auf die Menschen im Salon. Ihre gewohnten Umrisse verwischten und verschoben sich. Aus den Gesichtszügen der meisten von ihnen traten immer deutlicher tierische Umrisse in den Vordergrund. Sehr deutlich war es bei der schönen Gräfin, der Herrin des gastlichen Hauses.

Zu Constants Überraschung verwandelte sich zuerst einmal ihr weißes Dekolleté, die Haut im weiten Ausschnitt ihres Kleides. Schon wirkte sie ganz und gar wie ein schimmerndes, schneeiges Fell. Das hübsch gerundete Köpfchen der Dame verlor ebenfalls rasch seine menschlichen Züge. Schon bald blickte eine echte, wenn auch vornehme Katze aus dem Frauengewand. An ihren Ohren glänzte freilich noch immer der Brillantenschmuck, den die Gräfin trug. Sie redete ihre gepflegte französische Sprache, doch in diese mischten sich deutlich miauende Töne. So ging es weiterhin wie in einem Tiermärchen zu, bis der kluge Malard wiederum den Arm seines Freundes berührte. Sofort begann sich der leuchtende Dunst zu verziehen: Bald sah der staunende Zauberlehrling nur noch die gewohnten Umrisse seiner menschlichen Gastgeber.

Ein neuerer Dichter des Fantastischen, Gustav Meyrink, hat gerade diesen wunderbaren Bericht in den zwanziger Jahren ins Deutsche übersetzen lassen. Im Nachwort zu dieser Ausgabe können wir bei ihm sogar nachlesen, so etwas könne sich durchaus noch heute ereignen. Ja, Erzählungen dieser Art würden jetzt immer mehr als Tatsachenberichte verbreitet. Die Neigung zu solchen Berichten nehme sogar derart zu, daß bald ein neuer Höhepunkt erreicht würde, wie schon im angeblich überwundenen »finsteren Mittelalter«!

Die Sagenwelt entsteht neu

Ein Dichter unserer Zeit, der besonders viel über die Wiedergeburt der uralten Mythen träumte und schrieb, war der Nordamerikaner Howard Philips Lovecraft (1890–1937). Im Geist seiner inneren Erlebnisse schrieb er eine Reihe von unheimlichen Geschichten. Zu seinen Lebzeiten galten sie als billiger Schund, heute gibt es kaum einen fantastischen Roman, Kino- oder Fernsehfilm dieser Richtung, der nicht bei seinen Werken Anleihen macht.

Wegen seiner leidenschaftlichen Liebe zu englischen Überlieferungen und Altertümern, betrachtete er sich hartnäckig als echten Engländer. Er sagte von sich: »Ich habe eine wahrhaft katzenhafte Neigung zur Verehrung von bestimmten Orten.« Er hatte keinerlei Freude an weiten Reisen, er wollte dafür wie ein Kater seine unmittelbare Umgebung bis in die kleinsten, geheimsten Einzelheiten kennen. Seine Spazierwege führten ihn häufig zu den geheimnisvollen Steinmalen, den Spuren der vergessenen Urkulturen jenseits des Atlantischen Ozeans. Unbestritten erinnern sie an ähnliche »primitive« Kunstwerke in den keltischen Gebieten Europas. Wie man mir versicherte, sollen sich dort »in Mondnächten« ebenso »Hexenkatzen« herumtreiben, wie auf unserer Seite des Weltmeeres...

Eine ganze neuzeitliche Sagenbildung kreist heute um den merkwürdigen Mann Lovecraft. Sein Vater soll geheimnisvolle Sagenbücher aus dem Orient besessen haben. Kein geringerer als der englische Magier Aleister Crowley habe ihn in die seltensten Urkunden der ägyptischen Tiergötter eingeführt. Unter seinen Künstlerfreunden habe er dann eine Katzenliebe verbreitet, die jeden landesüblichen Rahmen sprengte.

Als seinen eigentlichen Freund und Lehrer nannte aber der seltsame Schriftsteller den schwarzen Kater seiner, im übrigen sehr einsamen, Kindheit. Er pries ihn später als eins der bezaubernsten und verständnisvollsten Geschöpfe, das er je kennenlernen durfte! Er war fest überzeugt, daß das weise Tier am Abend, im sommerlichen Zwielicht, Vorgänge um sich wahrnahm, die für Menschen meistens unsichtbar bleiben. Die ganze »Elfenwelt der Schatten« sei ihm bekannt gewesen. Durch die fleißige Beobachtung seines Katers glaubte der Dichter selber »katzenähnlich« geworden zu sein.

Diese Katzenliebe blieb dem Erforscher des Unbekannten bis zu seinem Tode erhalten. Er lobte ihre ganze Art als adelig und darum Liebling jener Menschen, die in ihrem Wesen Seelenadel besitzen, also »Genlemen« sind. Einmal sprang ihm übrigens bei einem Bekannten eins seiner Lieblingstiere auf den Schoß. Da er die kleine Freundin nicht von ihrem selbstgewählten Ruheplatz vertreiben und in ihrem Schlaf stören wollte, blieb er selber die ganze Nacht wach, stets in der gleichen Stellung im Sessel sitzend.

Zu Lovecrafts Zeiten wurden in Nordamerika die Einwanderer aus dem europäischen Süden und Osten allgemein verachtet und häufig verfolgt. Ein anständiger Mensch sollte »WASP« sein, also weiß, angel-sächsisch und puritanisch. Lovecraft wurde von solchem rassistischen Aberglauben ebenfalls zeitweise geprägt. Das hinderte ihn aber nicht daran, im gleichen Atemzug die italienischen Gaststuben zu preisen! Er liebte sie, weil er dort eine für ihn sehr wichtige Beobachtung gemacht hatte: Deren freundliche Wirte waren zu den Katzen voll Güte und verjagten sie niemals.

Ein wahres Hohelied der Tiermystik sind Lovecrafts »Cats of Ulthar«, eine meisterhafte Tiergeschichte, von ihm schon 1920 niedergeschrieben. Doch fast noch gewaltiger klingt Lovecrafts Zusammenfassung der urweltlichen Sagen in »Die Traumfahrt zum unbekannten Kadath«. Der Held des Buches, Carter, ist ein großer Katzenfreund. Aus diesem Grunde führen ihn die Geister der Tiere in unvorstellbare jenseitige Reiche. Sie liegen wohl auf der dunklen, der Erde abgekehrten Seite des Mondes. Die Katzen haben die Wege dahin auf ihren nächtlichen Gängen über die steilsten Dächer kennengelernt.

Sie beschützen den Helden Carter auf seinen Traumreisen vor

In seiner Verfilmung des Märchens von J. M. Leprince de Beaumont, »Die Schöne und das Tier«, gibt Cocteau dem »Tier« ein eindringliches Katzengesicht.

allen üblen Einwirkungen. Also bewundert der Dichter und Seelenforscher Lovecraft sämtliche Katzenarten, die er ausführlich aufzählt: schwarze, graue und weiße, gelbe, getigerte und gescheckte, »gewöhnliche« aus Europa. Selbstverständlich auch die Perserkatzen, die Stummelschwänze von der Insel Man, die

Tibetaner. Bei allen Rassen erkennt er aber mit verzückter Bewunderung, daß sie immer noch einen Hauch der tiefen, niemals gebrochenen Heiligkeit bewahren. Eigentlich erinnern sie ihn noch immer an die Macht der großen Göttin in den Märchentempeln von Bubastis.

PANTHERFRAUEN FÜR DIE MASSENMEDIEN

Die uralte Sagenwelt um die rätselhaften Katzenmenschen verhexte in unserem Jahrhundert nicht nur die Kreise verträumter Künstler und Mythenforscher. Schon seit Beginn der modernen Filmgeschichte durchdrang sie die Massenmedien. Wahrscheinlich war sie sogar bei deren Entstehung beteiligt: Vorläufer unserer Kinotheater war die »Laterna magica« der Jahrmarktsgaukler. Sie erstaunten seit jeher ihre Zuschauer, wenn sie die Zeichnungen von magischen Wesen auf Leinwänden oder in wallenden Dämpfen fantastische Tänze vollführen ließen.

Leider wurden die »lebenden Bilder« all der Damen mit Katzenkrallen schon von Anfang an mit oft abstoßend sadistischen und masochistischen Vorstellungen vermischt: Verführerisch schöne, aber übermäßig lüsterne Tierfrauen schlagen ihre langen Krallen in Fleisch und Haut von wohlerzogenen und harmlosen Mitmenschen. Wie man leicht erkennen kann, waren diese oft nichts anderes als eine Fortsetzung der Gruselmärchen aus der Zeit der grausamsten Ketzerverfolgungen. In blutigen Auftritten sehen wir all jene bereits bekannten Vorurteile vereinigt: Die Angst vor dem Weiblichen, der natürlichen Sinnlichkeit, der mystischen Nacht, den Stämmen mit uralten Traditionen, dem Traumleben, dem magischen Mondschein, allem Unbekannten und Geheimnisvollen, der »tückischen« Katze...

Doch die wirklichen Künstler ließen sich nicht durch solche Perversionen abschrecken. Sie studierten meisterhaft die Schönheit weiblicher Bewegungen und verglichen sie mit der Anmut des von ihnen bewunderten Katzengeschlechs. Aus solchen Beobachtungen entwickelten sie gemeinsam mit feenhaften Schauspielerinnen die Ideen zu zauberhaften Auftritten. Würde man die entsprechenden Höhepunkte der so entstandenen Katzenfilme aneinanderreihen, so erhielte man eines der überragendsten Kunstwerke der Gegenwart. Erstaunt würde man feststellen können, daß seit den Bildhauern der Ägypter oder Griechen die Fähigkeit, vollkommene Körper zu erkennen und darzustellen, längst noch nicht ausgestorben ist.

Schon 1917 gab es einen Kinostreifen, der sich mit diesem Thema befaßte: »Tigerfrau« (Tiger Woman) von J. Gordon Edwards. Ihm folgten »Panther Woman« (1918), »Leopard Woman« (1920) und »Leopard Lady« (1928). Besonders – und zu Recht – berühmt wurde dann der Klassiker »Katzenvolk« (Cat People), den Jacques Tourneur 1943 verwirklichte. Sehr geschickt wird hier das Mißtrauen der Massen gegenüber den slawischen Flüchtlingen dargestellt, wie sie damals in die Vereinigten Staaten einwanderten. Sie erschienen den »zivilisierten« Amerikanern in ihrem ganzen Benehmen und in ihren unverständlichen Bräuchen zugeknöpft, merkwürdig naturverbun-

In zahlreichen Filmen um das »Katzenvolk« (Catpeople) verbinden sich altbekannte Gegensätze: Reste der Angst vor Hexen und Liebe zu den Wundern der Nacht.

den, mit einem Wort: keine WASP. Man glaubte, ihnen noch jede mittelalterliche Hexerei zutrauen zu können. Diese dumpfabergläubische Haltung der Mehrheit wird von Tourneur deutlich und sehr überlegen verspottet.

Ein slawisches Mädchen wird als die Trägerin des ganzen urtümlichen Katzenzaubers dargestellt. Sie fühlt sich in den Häuserschluchten der Großstadt entsprechend fremd und zum Außenseitertum verflucht. Nur bei Katzen und auch im Tiergarten glaubt sie etwas von der für sie lebenswichtigen Herzenswärme zu empfinden. Es ist klar, daß sie auf Schritt und Tritt an Heuchelei und Mißverständnissen scheitert – und zum Schluß ein »schlimmes Ende« finden muß. Dieser Film wurde in seiner Brillanz sehr häufig nachgemacht, blieb aber trotz verbesserten technischen Mitteln in seiner Qualität unerreicht.

Ich habe mir den Film schon in den vierziger Jahren und dann, dank des Fernsehens, auch später mehrfach angeschaut. Aber erst durch die Franzosen Michael Caen, und Jean-Claude Romer habe ich von einer Schlüsselszene des Films erfahren, die in den bei uns gezeigten Kopien meistens fehlt: Es ist das wunderbare Kinogemälde einer Versammlung der schönen Panther-Damen im Kreis um ihre Hohepriesterin, die im Mondlicht in einem Saal mit ägyptischen Tiergöttern stattfindet. Der Katzenkult wird damit als eine weltweite Erscheinung erlebt. In seinem Reich ist die Zeit aufgehoben. Er ist uralt und gleichzeitig jung und modern.

Viele der übrigen Filme, die sich mit dem Thema Katzenkult befassen, sind in der Regel sinnliche Gruselwerke, voller Anspielungen auf den Volksglauben vom Altertum bis zur Gegenwart. Ich erinnere hier nur an einen Wegbereiter der amerikanischen und sowjetrussischen Raumflüge, den Film »Cat Woman of the Moon« (1953). Der Astronaut landet hier auf dem Mond, der vom Katzenvolk bewohnt ist. Dieses beherrscht wie in den Märchen die seelischen Mächte, die Gedankenübertragung und Hypnose. Die magischen Tiermenschen wollen die Erde unter ihre Herrschaft bringen... Selbstverständlich werden die Katzenhexen von der irdischen Technik haushoch besiegt.

BILDERTRÄUME UM DIE TIERMENSCHEN

Die Katzenmenschen drangen schon bald, aus den fantastischen Märchen und Filmen kommend, auch in die Comicwelt ein, in die gezeichneten bunten Bildergeschichten der Zeitschriften. So kämpft etwa der übermännliche Held »Batman« schon seit 1939 für Ruhe und Ordnung. Besonders beliebt ist bei den Genießern seiner zahllosen Abenteuer seine wohl zäheste Gegnerin, die »Katzenfrau« (Cat-Woman). Sie liebt und beschützt ihre kleinen Lieblinge und huscht im übrigen in deren Gestalt durch die nächtlichen Schatten. Durch ihr koboldhaftes Auftreten verwandelt sie den Hintergrund der Wolkenkratzer in einen fantastischen Urwald.

1941 bis 1946 gab es eine weitere Katzenfigur als Comic-Helden, den gemeine Verbrecher bekämpfenden »Kater-Mann« (Cat-Man). Er war von Charles Quinlan erfunden worden. Dieser schilderte ihn als den Überlebenden einer Karawane, die verruchten Bösewichtern in Burma zum Opfer gefallen war. Eine Tigerin erzog das heimatlose Kind. Dank einer solchen Mutter konnte er in sich sämtliche Eigenschaften der Katzen entwickeln. Mit hübschen Tierohren versehen kämpfte dann dieser Liebling der Jugend wider alles Böse – selbstverständlich in schmucker, orangefarbener Verkleidung und mit einem »C« (Cat) als Wappen auf der Brust. Durch unzählige »kätzische« Eigenschaften ist der Menschenkater unüberwindlich: Er sieht in der Finsternis, bewegt sich lautlos, wendig und geschickt. Seine Muskelkraft steht in keinem Verhältnis zu seiner Körpergröße. Damit er nicht allein bleiben mußte, zeichnete man ihm ein Fräulein Katie Conn als treue Lebensgefährtin. (Sie wird abgekürzt »Kitten«, Kätzchen, genannt!)

In solchen und ähnlichen modernen »Märchen« für die Kinder der verflossenen Jahrzehnte erkennt der Psychologe eine wichtige Grundlage dieser modernen Fantasiewelt: All die Wunderhelden sind meistens sehr ritterliche Beschützer der schwachen Unterdrückten, die sich in ihrer Gegenwart nicht mehr zurechtfinden. In der »vaterlosen« Gesellschaft der unübersichtlich gewordenen Riesenstädte verkörpert sich in diesen Figuren der Wunschtraum nach erfahrenen, starken Helfern und Beschützern. Jedes zweite Kind wächst in den USA bei einer alleinstehenden Mutter auf – stand 1988 im »Spiegel« (Nr. 40) zu lesen.

Die »Superhelden« in den Comics verdanken ihre Wunderenergien meistens einer Art Rückentwicklung. Die Künstler, die sie erschufen, benützten mehr oder weniger geschickt die Sagen der mongolisch-sibirischen Schamanen oder der indianischen Medizinmänner. Wenn wir die Natur in uns völlig zerstören, vernichten wir wahrscheinlich viele unserer besten Eigenschaften und Begabungen. Durch die Liebe zu einem bestimmten Tier und dessen verständnisvolle Beobachtung vermögen wir dagegen nur zu gewinnen. Gewisse Besonderheiten der Lebewesen unserer nächsten Umwelt können in uns selber »reaktiviert«, wiederentdeckt, neu geweckt werden. Sie werden dann für den Menschen eine entscheidende Hilfe im schweren Kampf ums Dasein.

Einige der Kinder, die mit solchen modernen Kindermärchen aufwuchsen, sind heute die Bahnbrecher einer Forschung für die Zukunft. Sie nutzen für sich die uns ebenfalls angeborenen, in der Zivilisation schlafenden Triebe. Ihre Hoffnung mündet in dem Glauben, daß man durch sie eine Reihe von scheinbar verlorenen Fähigkeiten zurückgewinnen kann. Wir erinnern hier nur an die vielversprechende Möglichkeit, die Leistung der Muskeln für den Sport zu steigern. Dazu kommen alle die Forschungen über den erstaunlichen Spürsinn der Tiere, worüber sich gerade im Fall der Katzen die seltsamsten Beobachtungen zu mehren scheinen.

Über ihre Tätigkeit, »unwägbare« Energien zu wittern, sammeln die Fachforscher heute immer erstaunlichere Tatsachen. Besitzen unsere geheimnisvollen Hausgenossen wirklich – wie das »Katzenvolk« in Film und Comics – Sinne, die unsere vollkommensten technischen Geräte übertreffen? Wird die Bestätigung dieser Vermutungen als Tatsache nur der erste Schritt auf dem Weg zu noch wichtigeren Entdeckungen sein? Wenn das der Fall ist, dann wird der Mensch auch in sich selbst noch eine ungeahnte Fülle von Begabungen und Möglichkeiten finden. Es werden ihm damit Hilfskräfte zur Verfügung stehen, wie sie die Erfinder und Autoren der schönsten Comics und Science-fiction-Romane bis heute nur ahnen können.

Die uralten heiligen Sagen schildern den Menschen als »Beherrscher der Tierwelt«. Enghzerzige Puritaner benützten die entsprechende Stelle der Bibel als Aufforderung, mit allen »seelenlosen« Geschöpfen nach Gutdünken völlig rücksichtslos umzuspringen. Dies ist selbstverständlich Unsinn, geboren aus Dummheit und Dünkel. Gerade das heilige Buch der Juden und Christen schildert schließlich als Schauplatz für dieses »Herrentum« den paradiesischen Garten Eden: Dort kannten aber nach allen urmenschlichen Sagen die ersten Menschen und Tiere nur die Gefühle der gegenseitigen Zuneigung.

Die dem Menschen vom Himmel verliehene Macht über die Wesen seiner Umwelt war demnach in den großen Überlieferungen ganz anders gemeint, nämlich als die Fähigkeit, die Tiere in ihrem Wesen zu begreifen und dadurch auch die natürlichen

In amerikanischen Comic-Heften ist die »fliegende Katze mit ihren Superkräften« die Helferin der Helden.

Lebenskräfte in uns selber zu erkennen und zu nutzen. Über ihre Entwicklung und ihre Zukunft pflegt die heutige Jugend zu sagen: »Wir wissen noch nicht, wohin wir uns bewegen, aber wir bewegen uns!« Dieser Satz stammt, wie man weiß, aus den Lehren des Katers im beliebtesten englischen Traum- und Märchenbuch, »Alice im Wunderland« von Lewis Carroll.

DIE WIEDERKEHR DER GROSSEN KATZENGÖTTIN

In diesem Buch habe ich bereits vieles aus den Sagensammlungen des englisch-amerikanischen Forschers Charles Leland benutzt. Wichtig erscheint mir eine seiner Entdeckungen, die bis heute die moderne fantastische Dichtung ebenso beeinflußt wie jedes neue Wissen über das Leben der einstigen Hexen: Unter den italienischen Weisen Frauen und Heilerinnen fand er ein zähes Fortleben der etruskisch-griechischen Mondgöttin. Dies entdeckte er fast immer verbunden mit einer rührenden Verehrung von deren Lieblingstier, der Katze. Leland beschrieb als den Inhalt der alle Völkerstürme überdauernden Gelehrsamkeit der italienischen Weisen Frauen: »Diana lehrte die Magie und Zauberkunst. Dadurch entstanden die Hexen und Feen und Kobolde. Sie sind alle gleich dem Menschen. Sie sind jedoch nicht (gleich ihm) dem Sterben unterworfen.« Wenn sich die Göttin in eine Katze verwandelte, heißt es von ihr, sie sei »das schönste unter sämtlichen Geschöpfen, ein Feenwesen«.

Das Buch Lelands über den zeitgenössischen Dianakult war um die letzte Jahrhundertwende nicht nur eine Bestätigung der englischen Tiermystik. Auch bei den gebildeten Osteuropäern, Polen und Russen erfreute es sich einer großen Beliebtheit. In der ganzen Welt bildeten sich damals Kreise von Wahrheitsfreunden, namentlich Wahrheitsfreundinnen. Gerade durch ihre Zuneigung zu den vierpfotigen Schützlingen der Mondfrau Diana hofften sie, eine gute Verbindung zu den magischen Naturmächten zu erlangen. Ideen dieser Art überlebten auf vielerlei Weisen in englischen Künstlerkolonien, bei den Okkultisten von Paris, bei deutschen und russischen Flüchtlingen in Ascona.

Die Musik der Beatles hat viele der Stimmungen der Mitte unseres Jahrhunderts eingefangen und ausgedrückt. Bezeichnenderweise nannte sich 1967 die berühmteste Schallplatte der Gruppe »Sgt. Pepper's Lonely Hearts Club Band«. Sie richtete sich also an die Menschen mit den »einsamen Herzen«. Junge Menschen, die sich damals in einer materialistischen Gesellschaft einsam und verlassen fühlten, empfanden sich durch diese Musik ausgedrückt. Sie bildeten zusammen eine Bewegung, die nach Grundlagen für einen geistigen Neubeginn suchte. Wie die Bilder auf der Plattenhülle zeigen, brauchten sie dazu einen kühnen Rückgriff auf in Europa fast vergessene Kulturtraditonen: Wir sehen hier etwa neben dem Märchendichter Lewis Carroll den umstrittenen Aleister Crowley, den Jünger der ägyptischen und indischen Magie...

In den sechziger Jahren bezeichnete sich eine englische Dame namens Sybil Leek als eine echte Hexe im Sinne der alten Überlieferung. Sie kannte die Kreise der kalifornischen Hellseher und Wahrsager jeder denkbaren Richtung, ob sie nun aus Tarotkarten oder mit Kristallen die Zukunft voraussagten. Besonderen Anklang fanden in diesen Kreisen die Wohnungen voll ägyptischer Schmuckgegenstände und Sinnbilder. Regelmäßig mit der Neigung zu diesem Lebensstil verbunden, fand sie eine »große Verehrung der Katze«. Dieses Tier galt ihren Besitzern geradezu als Vorbild und Anreger beim Auffinden der vergessenen Kräfte des Menschen.

Gerade Frau Leek zeigt uns auch für die Jahre nach 1966, wie die Jugend von Kalifornien zur Suche nach uralten Wegen aufbrach. Auch sie liebte die »Hippies«, wie sich diese Zwanzig- bis Dreißigjährigen damals nannten. Sie schätzte sie wegen ihrer naiven Lebensfreude, ihrer kindlich-energischen Unternehmungslust. Verständlicherweise freute sie sich daran, daß diese offenen jungen Menschen all diejenigen aufsuchten, an deren Erfahrung und Altersweisheit sie glaubten. Sie war selbstverständlich sehr traurig, als sie später das Versagen vieler dieser »Blumenkinder« beim Zusammenstoß mit den Sachzwängen der Gegenwart feststellen mußte. Bekümmert wurde sie Zeugin der Flucht vieler Enttäuschter in den Alpdruck schlechter Drogen. Doch auch Sybil Leek bestätigt, wie viele der Jungen nach den tiefen Wurzeln unserer Kultur zu graben begonnen hatten: Sie wünschten von den im Stillen erhaltenen Überlieferungen zu lernen, um dann mit diesem Wissen »eine neue Renaissance« der Völker einzuleiten.

Für das »Panorama« der »National-Zeitung« von Basel (Nr. 276, 4. September 1976) durfte ich 1976 über die »Wiederkehr der Katzengöttin« schreiben, denn man fand deren kleine Lieblinge in vielen Großfamilien, die sich damals herausbildeten, fast wieder wie einen guten Schutzgeist geehrt. Ich führte damals in diesem Beitrag den folgenden bemerkenswerten Ausschnitt aus einem Flugblatt der Jugendtagung von Waldeck im Hunsrück (1969) an: »Die Verfolgung der Hexen und ihrer heiligen Tiere war nur der schreckliche und sichtbare Ausdruck für das Zurückdrängen einer Seite des menschlichen Wesens. Diese wurde vor allem von weiblichen Priesterinnen, Sippenmüttern, Heilkundigen, Hebammen von vorgeschichtlichen Zeiten bis ins Mittelalter hinein vertreten.«

Die Hippies von England bis zum Hunsrück waren überzeugt: Wie es die Katze fertiggebracht hat, sich im Rahmen der Zivilisationen nicht völlig zähmen, umzüchten und verändern zu lassen – könne auch der Mensch zu einer neuen Unabhängigkeit finden.

3. Teil

MAGISCHE NATURWISSENSCHAFT

Von Spukhäusern und Katzensteinen

Der Erforscher der Elektrizität, Georg Mathias Bose (1710–1761), unterhielt und erstaunte die adelige Gesellschaft seiner Zeit. Er erfüllte ein »Götter-Kind«, also ein schönes Mädchen, mit seinem Strom. Wer ihr nun einen Kuß gab, empfing einen recht empfindlichen Schlag. Der dichtende Elektriker schrieb dazu:

> »Daß ich die Seltsamkeit zu allererst versuchet,
> Vor achtzig Jahren noch würd' ich vielleicht verfluchet,
> Verwünscht, verdammt, ja gar nach unserem lustigen
>   Recht,
> Als ein der Republik höchst schädliches Geschlecht,
> Am Pfahl geschmäucht, verbrannt...«

Ich hatte im Winter 1966/67 die Gelegenheit zu erkennen, wie sehr die gründliche Beschäftigung mit ähnlichen »Seltsamkeiten«, also mit wenig bekannten Naturkräften, noch heute viel Ärger zu bereiten vermag. In der Wohnung von drei Frauen klopfte, rumorte und kratzte es damals wie mit Krallen. In der kleinen Stadt Thun offenbarte sich Nacht um Nacht eine wahrhaftig seltsame Kraft, die die Schlagzeilen der Zeitungen schon bald »Poltergeist« nannten.

Parapsychologen und Geistliche hatten bereits recht viel über den »Fall« geschrieben, der seither zu den wohlbezeugtesten Rätseln des westlichen Alpengebiets gehört. Die Geräusche, herumfliegende Gegenstände und aufflammende Lichter waren wunderbar genug. Viel verrückter aber waren die Geschichten, die ich am Rande der Ereignisse zu hören bekam.

Eine der drei Frauen, die sich besonders im Mittelpunkt des »Hexenspuks« empfand, erklärte den zahlreichen Besuchern immer wieder: »Ein Zaubermännchen aus dem Dorf T., das ganz nahe liegt, sehnt sich nach mir. Er sendet mir einen Kobold, der jetzt regelmäßig mit mir seine Späße treibt. Vielleicht kommt er selbst im Traume zu mir, in der Gestalt eines unsichtbaren Katers.«

Zusammen mit dem Journalisten Gilbert wurden wir eine Art Gespensterjäger, »Ghostbusters«, noch lange bevor es einen lustigen Film dieses Namens gab. In wenigen Minuten brachte uns das Auto in das nahe Dorf, von dem aus angeblich der Polterkobold »gesteuert« wurde. Obwohl es mitten in der Nacht war, waren die Fenster des Bauernhauses, in dem der verdächtige Mann hauste, hell erleuchtet.

Seltsame nächtliche Klopfgeräusche »wie von einem Holzbein« werden jetzt eingehend von Parapsychologen untersucht. Für das Volk stehen sie häufig mit Katzenkobolden in Verbindung.

Wenn der Journalist Gilbert eine frische Fährte gerochen hatte, gab es für ihn kein Halten. Trotz Hundegebell drangen wir in den Hof ein, stolperten über irgendwelches Holz, tasteten uns über Stufen. Wir klopften endlich an der richtigen Türe. Unsichere Schritte tönten, und es wurde uns vorsichtig und ängstlich geöffnet. Der geschmähte »Hexer« – er war wirklich dem Wuchs nach ein Männchen – stand zitternd vor uns.

In der nächsten Stunde lernte ich wieder einmal recht viel über das Los, ein Außenseiter mit eigenem Geschmack zu sein. Wir traten in einen recht engen Raum, der durch eine Unzahl von Büchern und wohl ein gutes Dutzend sich räkelnder Katzen ganz winzig wirkte. »Ich kann nur schwören«, versicherte mit Tränen im Auge der kleine Mann, »ich habe mit der ganzen Sache nicht das geringste zu tun.« Herzlose Leute, die ihn in der Öffentlichkeit erblickten, verhöhnten und schmähten ihn mit harten Worten. Er war dazu noch arm, so daß er unmöglich – »bis Gras über die Sache gewachsen wäre« – das Dorf verlassen konnte. Schließlich hatte er auch noch für die Katzen, »seine einzigen Freunde«, zu sorgen: »Wenn ich bestimmte Bücher nicht hätte, würde ich es längst nicht mehr aushalten.« Mehr konnten wir von dem Unglücklichen nicht erfahren.

Immerhin erkannte ich in einem ländlichen Katzenzimmer, Schlafstätte und Bibliothek in einem, die wichtige Tatsache: Die Hexenverfolgungen, auf die der Elektrizitätsforscher Bose in seinem Gedicht anspielte, haben den Menschen nicht verändert. Noch weniger vermochte es seit dem 18. Jahrhundert die Vorherrschaft der materialistischen Wissenschaften. Noch immer fühlen wir uns in der Natur, namentlich in der Nacht, vom Weltengeheimnis umgeben, und die Katze ist dafür das zeitweise verehrte, dann wieder verteufelte Sinnbild.

· Als ich dann in einer malerischen Gaststube von Thun saß, hörte ich mir die Geschichten und Meinungen über den Poltergeist an. »Wenn er schon einsam ist«, meinte etwas hart ein Bauer über den kleinen Mann, »sollte er nicht so viele Katzen bei sich halten. Sonst werden ihm alle die Dinge angehängt, die man einst vom Hexenvolk erzählte.«

Ich versuchte, den Katzenfreund von weiterem Verdacht reinzuwaschen: »Wir haben in seinen unzähligen Büchern herumgeblättert. Wir sahen kein einziges Werk der Zauberkunst, wie sie sonst in den Dörfern so häufig sind, kein ›Sechstes und Siebentes Buch Mosis‹ oder ›Die Schlüssel Salomonis‹. Es waren alles ganz moderne Bücher über die Tierwelt.«

Doch da blickte ein Handwerker von seinem Bier auf und sagte einen Satz, in dem man Aberglauben heraushören konnte – aber auch kluge Erfahrung: »Gerade die Leute, die die Naturgeheimnisse erkennen und anwenden wollten, waren schon früher die größten Sammler von Tierbüchern.«

ES KLOPFT IN HÜTTEN UND SCHLÖSSERN

Im Schloß der Grafen von Crombourg vernahm das Volk durch Jahrhunderte ein rätselhaftes Klopfen. Es sollte dies von einem gespenstischen Ahnherrn herrühren, der noch immer seinen Besitz durchschreitet. Da er anscheinend ein Holzbein besaß, sah man dieses immer noch nachts herumwandern. Im übrigen begleitete den herumspukenden Gegenstand ein magischer schwarzer Kater. War dieser die tierische Erscheinungsgestalt des ritterlichen Ahns? Hat man das Holzbein des Grafen erfunden, um in diesem Fall das »Klopfen« zu erklären, das in den Gespenstergeschichten so häufig zu hören ist?

Das Wort »château«, die französische Bezeichnung für Burgen und Schlösser, scheint man häufig mit Katzenkobolden in Verbindung gebracht zu haben. Das Volk fand anscheinend in dieser Bezeichnung eine enge Beziehung zu »chat«, dem französischen Wort für Katze. Schloß und Burg sah der Aberglaube weniger durch feste Mauern und Kriegsknechte geschützt, als durch einen allgegenwärtigen Katzenkobold. Hellsichtige Menschen versicherten, daß er um den Familiensitz durch Jahrhunderte seine Kreise zog. Er behütete auf diese Weise das Gedeihen einer ganzen Sippe. Verdarb man es sich mit ihm – indem man etwa die von ihm beschützten Haustiere mißhandelte –, dann verschwand er plötzlich. Dies konnte für alle Bewohner des »château« das Ende ihres »Katzen-Glücks« bedeuten.

Lippmann hat ausführlich gezeigt, in welch enger Beziehung Kobolde oder Hausgeister stets zu unserm Haustier standen. Die meistens unsichtbaren Schutzmächte des Hauses nannte man in den deutschen Mundarten gern »Bullemann«, »Böhlimann« und ähnlich. Gerade im Alpenraum stehen nun häufig die Begriffe »bolen« oder »böhlen« für »klopfen, pochen, dumpfes Getöse auslösen«. Man benutzt den Ausdruck noch heute für die geradezu unheimlichen Geräusche, wie sie Katzen auf dem Dachboden hervorrufen können. Die Katzen »böhlen« herum, wenn sie unter dem Dach spielen oder ihre Mäuse hetzen. Die Kinder kennen diesen Sachverhalt sehr genau, sie stellen sich aber doch lieber einen »Böhlimann« oder eine »Böhlifrau« (Böhli-Wibli) vor: also Hausgeister, manchmal »ganze Familien« von ihnen, die sich durch ihr spukhaftes Herumtrampeln bemerkbar machen.

Die ostslawischen Völker besitzen eine Unzahl von Zeugnissen über das Treiben des Familienkobolds, den sie »Domowoi chozjain« (Hausherr, Hausmeister) und ähnlich nennen. Er lärmt drohend, wenn unter den »ihm anvertrauten« Menschen gefährlicher Unfriede ausbricht. Sein Klopfen verheißt dagegen Wohlstand in jeder denkbaren Beziehung, wenn es in »seinem« Haus einigermaßen liebevoll zugeht. Im übrigen steht auch er mit den Katzen in sehr enger Beziehung und kann angeblich von diesen gesehen werden. Er ist zufrieden und bringt Glück, wenn es in der Wohnung immer angenehm warm ist. Es ist wichtig für ihn, daß die Hauskatze häufig wohlig schnurrt. In diese Laute des Tieres, und in das ähnlich klingende leise Kochen der Teemaschine (samowar), mischte sich gelegentlich auch seine zustimmende Stimme: eine Art Schnurren oder Murren (murlykanje), ganz als wäre er selber eine große Katze. Mit anderen Worten, der freundliche Hausgeist wird durch die Stimmung der Gemütlichkeit unter Menschen und Tieren angezogen. Solche wohligen Zustände regen ihn an, etwas Erfreuliches für die Bewohner zu tun.

Gerade alte Familien mit geschichtsträchtigen Häusern haben sehr viel zum Entstehen solcher Sagen beigetragen. An allen Türen gab es hier Holzklappen, die den Katzen ermöglichten, ganz nach Lust und Laune aufzutauchen und zu verschwinden.

Häufig wurden in solchen, oft sehr geräumigen Gebäuden für einige Zeit jene Zimmer aufgegeben, in denen ein Angehöriger verstorben war. Dies tat man aus verständlicher Ehrfurcht, doch man schenkte dadurch den Katzen einen neuen Spielplatz: Durch ihr »Türchen« gingen sie wie immer gemütlich in den nun für die Menschen verschlossenen Raum und polterten fröhlich in altem Hausrat herum. Wie viele der unheimlichen »Gotischen Romane«, der Spukgeschichten in den Schlössern und Patrizierhäusern, haben die Tiere auf diese Weise mitgedichtet! Den Abergläubischen standen ob dieser Laute die Haare zu Berge. Das Hausgesinde wußte natürlich den wahren Sachverhalt, hielt es aber dennoch für möglich, daß die Katzen so munter herumtollten, weil sie mit den Geistern der Ahnen Umgang pflegten. Sie hatten keine besondere Angst vor »übersinnlichen« Erscheinungen, weil sie ein fester Bestandteil ihres Weltbildes waren.

Der französische Schriftsteller Guy de Maupassant schrieb in seiner Arbeit »Über Katzen«, wie sehr man sogar beim Bauen in Stein Rücksicht auf die nächtlichen Liebhabereien der Haustiere nahm: »Und ich erfuhr, daß nahezu *alle* alten Behausungen dieser Gegend mit solchen langen, engen Gängen durch die Mauern hindurch versehen sind. Sie führen vom Keller bis zum Speicher hinauf, von der Kammer der Zofe zum Schlafzimmer des Herrn. Sie machen die Katze zur Königin und Beherrscherin des Hauses.«

Der geistreiche Maupassant bewunderte die Tiere, die auf diese beneidenswerte Weise sämtliche Gewohnheiten und Geheimnisse aller Bewohner beobachten durften. Durch ihre fast lautlosen Wanderungen durch die Hohlgänge in den Wänden wurden sie für die Menschen – zu echten, fast allwissenden Märchenwesen. Auch von diesem großen Beobachter des Volkslebens wurde darum die Katze als eine Art Fee erlebt. Sie erschien ihm wie eine Hausgöttin, eine Vermittlerin der lockendsten Träume.

WÄCHTER AN HEILIGEN PLÄTZEN

Als Kind ging ich sehr viel mit meinen Altersgenossen in den Grauholzwald bei Bern. Unser Ziel war das bei Sagenerzählern und Dichtern sehr berühmte »Grab des Riesen Botti«. Das sind zwei Steinmale aus vorgeschichtlicher Zeit: Der letzte der an Geist und Leib hervorragenden Helden einer fernen Vergangenheit soll hier begraben sein.

Wenn wir uns an diesem geheimnisvollen Platze zu unseren Indianerspielen trafen, sahen wir fast immer Katzen, die sich hier herumräkelten und sich bei unserem Kommen leicht beleidigt über die Störung meistens mit langsamen würdigen Schritten ins Gebüsch zurückzogen. Da solche Begegnungen oft in der beginnenden Dämmerung stattfanden, kamen sie uns ausgesprochen »unheimlich« vor. Selbstverständlich verstehe ich dieses Wort hier genau in dem Sinne, wie Kinder es tun: Sie empfinden ein Gruseln, bekommen eine Gänsehaut – und sind doch gleichzeitig von diesen Gefühlen irgendwie beglückt...

Ein besonders mächtiges Tier, das wir mehrfach bei dem Heldengrab antrafen, nannten wir »Bottis Kater«. Wir nahmen also an, daß er irgendwie mit dem seit Jahrtausenden im Boden »schlafenden« Riesen in allerengster Beziehung stehe.

Als ich viele Jahre später im südfranzösischen Ort Nages war, erzählte man mir von der dortigen keltischen Fundstätte fast wörtlich die gleiche Geschichte. Auch hier sollen sich um die vorgeschichtlichen Steine »auffallend viele« schwarze Katzen herumgetrieben haben. Es sei jedenfalls ganz bestimmt so gewesen, bevor der Fremdenverkehr und die fleißigen Ausgrabungen durch die Altertumsforscher dazu geführt hatten, daß die Zusammenkünfte der »Gespensterkatzen« seltener wurden.

Wiederum das gleiche erzählte man mir von den Felsheiligtümern des bretonischen Carnac. Ich selbst erlebte 1946, wie dort ein geheimnisvolles Tier im klaren Mondlicht auftauchte. Mit stolzen und feierlichen Schritten, wie nun einmal nur Katzen so schön gehen können, spazierte es an der langen Reihe von aufgerichteten Steinen entlang. Dieses Ereignis machte auf mich einen so starken Eindruck, daß Bilder daraus noch gelegentlich in meinen farbigsten Träumen auftauchten! Er wurde übrigens noch von dem angeregten Gespräch mit einem einheimischen Bauersmann vertieft. Der Mann erzählte, die einzigartigen Steinmale hätten der genauen Messung und Beobachtung von Himmelskörpern gedient. Die Bretagne habe mit dem alten Ägypten in dauernder Verbindung gestanden, und das eingewanderte weise Volk aus dem Süden habe auch seine »geliebten Katzen« mitgebracht.

Ukrainische Kinder glauben immer noch an im Mondschein musizierende Zauberkater.

Auch meine Großmutter, die mir immer wieder von den Zusammenkünften der ukrainischen Hexenkatzen berichtete, nannte als ihre Treffpunkte uralte Bäume oder die Totenhügel, die »Kurgani«. In einem flachen Lande sind solche Totenhügel gewiß auch heute noch die wichtigsten Sehenswürdigkeiten. Meistens schreibt man sie dem Nomadenvolk der Skythen zu, vermutet aber, daß sie bis in die Gegenwart als Kultstätten für einheimische Gemeinschaften dienten. Auf ihnen findet man sehr seltsame Überreste aus Stein, in denen die Volkssage Hinweise auf eine große weibliche Gottheit der Urzeit sieht. Die Hexen der Ukraine sollen nun nach meiner Großmutter besonders kluge und schöne Menschen gewesen sein: »Im Katzenfell eilen sie in den Mondnächten zu den Gräbern ihrer fernsten Vorfahren. Bei ihnen hoffen sie, die Weisheit der großen Alten herauszuhören.«

Für solche und ähnliche Tiergeschichten gibt es anscheinend keinerlei Grenzen. Die Beziehungen der verschiedensten Katzenarten zu bestimmten heiligen Orten werden überall in der weiten Welt geglaubt: In Indien versichert man gelegentlich, daß der Tiger im Urwald verborgene Tempelstätten ebenso bewacht wie Ruinen von einstigen Königsschlössern. Sogar der amerikanische Jaguar soll gern um die Plätze der vergangenen Hochkulturen kreisen. Gerade auch die Silberlöwen-(Puma)-Jäger gelten in Kalifornien als die Kenner unglaublicher Geschichten über die Urzeit. Sie begegneten ihnen, wenn sie auf den Spuren ihrer Beute in die Einsamkeit wanderten...

Der Ägyptologe Dümichen, ein Freund des großen Tierforschers Brehm, traf einen Wüstenluchs in einem unterirdischen Gang des Tempels von Denderah. Der Gelehrte erklärte diese merkwürdige Tatsache aus der Neigung des Tieres, in uralten Ruinen nach Fledermäusen zu pirschen! Der Forscher befreundete sich mit dem Luchs, der ja ebenfalls die Altertümer liebte. Auch wenn der Reisende stundenlang den ägyptischen Inschriften nachging, blieb die schöne Katze hartnäckig in seiner unmittelbaren Nähe.

Ich glaube, es ist kaum richtig, diesen wunderbaren Teil der verbreiteten Katzensagen nur sachlich und nüchtern zu deuten. Selbstverständlich haben die »magischen« Tiere ihren ausgesprochenen Spaß an steinernen Irrgängen, an altertümlichen Trümmern und Ruinen. Dies kommt sicher ihren verspielten Neigungen entgegen, hier können sie endlos ihre Neugier an komischen Gegenständen befriedigen. Dazu kommt noch, daß sie in solchem Gelände ziemlich ungestört ihre Brut großziehen können. Auch finden sich in all den Löchern und Höhlengängen genug Nagetiere für die fröhliche Jagd. Aber es bleibt in all den Sagen und Erlebnissen dieser Art doch noch ein Rest, der nicht ganz erklärlich ist.

Die künftige Wissenschaft wird wahrscheinlich noch einige Anregungen der modernen Strahlenforscher überprüfen müssen. Diese fanden schließlich in den letzten Jahren vielerlei Bestätigung für den Volksglauben, nach dem von bestimmten

Plätzen besonders »starke Kraft« ausgeht. Die so naturverbundenen Vorfahren hätten nun diese viel besser gefühlt als ihre »zivilisierten« Nachkommen. Auf solchen »gesegneten« Stellen erbauten sie darum besonders gern ihre Heiligtümer. Wenn dem tatsächlich so ist, muß zwischen den »Energieorten« der Alten und den Katzen ein sehr einleuchtender Zusammenhang bestehen.

Die Tiere würden, wenn diese Vermutung stimmt, bestimmte Plätze nicht nur wegen der erhaltenen Steinmale »lieben«. Sie täten es, weil sie eben diese Kräfte zu spüren vermögen, die auch für die Menschen der Vergangenheit wichtig waren. Ihr überempfindliches Nervensystem ist noch immer so beschaffen, daß sie von den gleichen Energien unserer Mutter Erde angezogen werden wie die vorgeschichtlichen Baumeister.

LIEBEVOLLE GESPENSTER ALS GLÜCKSBRINGER

Bereits Georg Sulzer, Kassationsgerichtspräsident von Zürich, staunte über die Zahl der zuverlässigen Berichte über »tierische und tierähnliche« Gespenster. In unzähligen Zeugnissen erscheinen sie, bald durchsichtig oder als Nebelschemen, dann wieder scheinbar wirklich, als wären sie noch quicklebendige Geschöpfe. In den Schriften der Spiritisten, Okkultisten und Theosophen werden sie fortlaufend erwähnt. Die Volkssagen sind voll von ihnen, aber auch sehr viele Gebildete schwören auf diese Erscheinungen. Wenn man ganze Bibliotheken mit solchen Geschichten durchblättert, wird es schwer, hier nur eine »mystische Mode« der Gegenwart zu vermuten.

Gerade der erwähnte Georg Sulzer nahm an, daß höhere Tiere fähig sind, ihren körperlichen Tod zu überleben. Mag auch ihre Leiche im Erdboden vermodern, so besitzen sie doch einen feinstofflichen Leib. Ihr Fortleben kann von gewissen medialen Menschen sogar festgestellt werden, denn sie bewegen sich dann in der Welt von »irdischen Fluiden«, mit deren Hilfe sie sogar in gewissen Ausmaßen wirken können. Solche Wesen wären also sehr häufig die Ursache des sonst unerklärlichen Gespenstertreibens! Sulzer ging so weit, aus *diesem* Grunde die Tierquälereien als sehr gefährlich anzusehen. Er meinte, es sei den unglücklichen, gefolterten Tieren möglich, nach ihrem körperlichen Verscheiden weiterzubestehen. In ihrem neuen Zustande besäßen sie nun mit ihren »astralen« Kräften die Fähigkeit, sich auf unsichtbare Art an ihren unmenschlichen Peinigern zu rächen.

Auch Elliott O'Donnell stellt auf der Grundlage von sehr vielen Berichten fest, daß die am häufigsten in Spukhäusern beobachteten Wesen – wiederum die Gespensterkatzen sind. Gerade in England müssen solche Geisterplätze geradezu unzählbar sein. Von allen Seiten erhielt dieser unerschrockene Beobachter entsprechende Zeugnisse, die ihm zuverlässig zu sein schienen. Wir dürfen hier für das keltische Westeuropa wie für den Alpenraum nochmals festhalten: Die einheimischen Katzensagen gehören nicht der Vergangenheit unserer Völker an, sondern entstehen fortlaufend neu.

Der Forscher Hugo Bazing kam auf 236 Orts- und Flurnamen mit dem Wort »Katze« allein für das Land Württemberg. Er war fest überzeugt, daß es sich bei der Mehrzahl dieser Orte »um Katzen ganz besonderer Art« gehandelt haben müsse. Selbstverständlich kann man bei vielen von ihnen dunkle Erinnerungen an die alte Verehrung von Göttinnen wie Freyja und ihrer Lieblingstiere vermuten. Es ist aber wahrscheinlicher, daß etliche dieser Plätze auf Begegnungen mit geheimnisvollen Katzen zurückgehen: Die Hinweise von Forschern und Schriftstellern wie O'Donnell oder Sulzer erklären uns, wie zu allen Zeiten die Spukgeschichten entstanden. Solche Vorgänge, wie ich sie bei Thun erleben durfte, haben wohl in jedem Jahrhundert das Volk aufgerüttelt.

Um meine Ansicht über solche Geschehnisse besser zu erklären, muß ich hier eine für mich sehr wichtige Erfahrung anführen. Als Kind lernte ich einen frommen italienischen Priester kennen, der in Bern seine zahlreichen Landsleute betreute. Sie mußten vielfach schwer arbeiten und lebten in der Regel in sehr schlecht erhaltenen Häusern. Recht häufig waren sie darum krank und bettlägerig. Ihr väterlicher Geistlicher war nun fest überzeugt, daß er ihnen nicht nur seelisch, sondern auch gesundheitlich beizustehen habe. Er tat dies vor allem, indem er ihre meistens abbruchreifen Wohnungen »nach einem guten Platz für gesunden Schlaf« durchsuchte. Dazu diente ihm ein hübsches Pendelchen, das er an einer langen Silberkette trug. Ging er nun mit seinem Hilfsgerät durch ein Zimmer, so kam es an den »richtigen und günstigen« Orten in eine starke Schwingung. »Es ist«, so erklärte mir der Priester den Vorgang, »wie wenn plötzlich eine unsichtbare Katze mit dem Ding zu spielen anfängt.«

Ganz ähnlich erklärte mir die Wirkungen der guten und schlechten Erdstrahlen ein anderer Erforscher der feinstofflichen Energien. Er besaß ebenfalls eine bedeutende Bibliothek über Pendel, Wünschelrute und Spuk, fand aber in den vielen Büchern nur eine Bestätigung seiner eigensten Wahrnehmungen: »Günstige Kräfte der Umwelt spüren wir stets als etwas Warmes, Weiches, Kosendes, Freundliches.« Es ist uns dann, als würden wir von einem angenehmen Element von allen Seiten umfangen. Es sei dies genau das gleiche angenehme Gefühl, das sehr empfindliche Menschen haben –, wenn eine mit ihnen befreundete Katze liebevoll um sie herumstreicht. Schlafen wir nun an einem solchen »glückbringenden« Platz, so fühlen wir beim Erwachen ein gesteigertes, starkes Wohlbefinden. Wir müssen uns dann häufig länger überlegen, ob wir wirklich allein in unserem Bett sind: »Manchmal scheint es uns dann, jemand habe uns ganz rücksichtsvoll und zart aus unseren seligsten Träumen gestreichelt. Manchmal spüren wir sogar den Eindruck einer sehr angenehmen Gegenwart. Ein Hauch von Wärme umgibt uns. Es ist, als hätte eine Katze mit Seidenfell neben uns auf der Bettdecke geruht.«

Aus diesen beiden Beispielen lernte ich, wie bildhaft Menschen mit wachen Sinnen denken. Die Fülle von Strahleneinflüssen, die ihnen in bestimmten Situationen zuströmen, erscheinen ihnen geradezu als »katzenhaft«. Ist es nicht verständlich, daß ihnen häufig ihre ganze unsichtbare Umwelt als von »astralen« Katzen bevölkert erscheint? In solchen Empfindungen ist sicher eine Quelle für den Glauben an Elementargeister, die so gern in Katzengestalt auftreten sollen: An »verwunschenen« Orten sollen sie sich herumtreiben und sie mit ihren wunderbaren Energien erfüllen.

Vielleicht finden wir durch solche Überlegungen auch die Bedeutung eines häufig mißverstandenen Wortes: Zum Ausdruck »Gespenst« gehört das mundartliche »Gespan« für Gefährte, Freund, auch für das geliebte und treue Haustier. Als »Gespenster« wurden schwer erklärliche Wahrnehmungen in bestimmten Gegenden verstanden, die man als *erfreulich* empfand. Sie wurden nicht grundsätzlich gefürchtet, sondern man erwartete von ihnen sehr häufig einen willkommenen Beitrag zum allgemeinen Glück.

Das »New Age«
entdeckt den Katzen-Kobold

Eine große Bewegung erfüllt heute die moderne Welt, deren Anhänger an den Beginn eines »Neuen Zeitalters« glauben: die »New Age«-Bewegung. Ihren Ursprung findet sie bei den sehr alten Sternenweisheiten. Ungefähr alle zwei Jahrtausende geht im Frühling ein anderes der zwölf Tierkreiszeichen auf. So begann um die Zeit der Geburt von Jesus Christus die »Herrschaft« des Himmelsbilds der Fische. Heute stehen wir unter dem Einfluß des Sternzeichens des Wassermannes, des Aquarius. Schon für das 19. Jahrhundert bezeugt die bekannte englische Esoterikerin Isabella von Steiger (1836–1927): Die »Neue Zeit« werde »von allen mystischen Denkern und Philosophen erwartet«. Diese waren also überzeugt, daß nun bald für sämtliche Menschen ein entscheidender Entwicklungsschritt möglich sein werde.

Als einen Beweis für das Kommen dieser »Neuen Zeit« betrachtet man in Nordamerika wie in Rußland die Ahnungen des »Kosmischen Lebens«. Hunderttausende betrachten in feierlichen Stunden den Sternenhimmel. Sie sind überzeugt, gute Gedanken von »höheren Wesen aus anderen Welten« empfangen zu können. Das ganze All ist nach ihrer Vorstellung von Kräften erfüllt, die uns auch helfen. Aus solchen Gedanken schöpfen diese Zeitgenossen die Sicherheit, daß dem Menschen in seiner Übergangszeit »nichts Schlimmes« zustoßen kann, daß Atomkriege oder die totale Umweltzerstörung durch »himmlische Kräfte« abgewendet werden. Der Mensch werde zu einem erneuerten glücklichen Zusammenleben mit allen Wesen der Erde und des gesamten Kosmos finden.

Ich habe zu Beginn der sechziger Jahre – als die »New Age«-Bewegung in Mode kam – solche Berichte gesammelt und kam zu einem für mich erfreulichen Schluß: Eigentlich beinhalten die modernen Sagen die gleichen Urbilder wie die Überlieferungen der fernen Vorfahren. Der Glaube an hilfreiche Geistes- und Geisterkräfte feiert heute eine erstaunliche Auferstehung. Ich hatte als Kind viel von Katzenkobolden gehört und auch die Traummärchen um »Alice im Wunderland« gelesen, nun traf ich diese Märchenwesen in aktuellen »Tatsachenberichten«.

Erzählungen über mit magischen Kräften begabte Katzengötter, die den Menschen helfen können, sind in den Werken der »New-Age«-Bewegung recht häufig. So schreibt zum Beispiel H. T. Wilkins in seinem Buch über die kosmischen Gäste, die aus dem Weltall auf »Fliegenden Tellern« zu uns kommen: Über der Tasman See sah man 1942 den Fahrer eines Sternenschiffs zum Fenster seines Flugkörpers herausblicken, und er sah genauso aus, wie der Kater in »Alice im Wunderland«, der Herr der Traumwelten. Er war »eine große, grinsende Cheshire-Katze«.

Als der bedeutendste Vorläufer der neuesten Entwicklungen gilt in Rußland der Dichter Michail Afanassjewitsch Bulgakow (1891–1940). Unter dem teuflischen Druck des Totalitarismus schrieb er sein Hauptwerk »Der Meister und Margarita«. Es ist eine Art Roman um Faust und Gretchen, nur daß die Helden Goethes und der Volkssage das moderne Rußland durchwandern. Als Retter im Reich der stalinistischen Bürokraten und Zensoren erscheint ein Kater, der sich verwandeln kann und ein unsterblicher Spaßvogel ist. Er bestraft die Bösen und macht sie lächerlich. In einer totalitären Gesellschaft, die fast nur noch das Zähneklappern der Furcht kennt, ist er ein Vorläufer der Freude schlechthin.

Die Erzählung vom Kater-Kobold konnte erst in den sechziger Jahren gedruckt werden. Sie wirkte wie eine gezielte Sprengladung. Ihr Erscheinen gilt als der Beginn der Befreiung des osteuropäischen Geisteslebens. In Kiew sah ich 1986 in der Nähe des Geburtshauses von Bulgakow die Kohlezeichnung einer Katze. »Kater hilf uns, rette uns, erlöse uns!« hatte jemand darunter geschrieben: In seiner Not wendet sich ein schöpferisches Volk stets zu den Quellen seiner Träume und Märchen.

Ähnlich wichtig scheint mir auch das einzigartige Theaterstück von Jewgeni Schwarz (1896–1958). Ebenfalls unter Stalins Diktatur schrieb er seinen »Drakon«. Der ewige Held kommt in eine Stadt, die von einem teuflischen und allgegenwärtigen Diktator geknechtet wird. Die Bevölkerung ist so erniedrigt, daß sie ihre unwürdige Sklaverei masochistisch genießt. Das Wesen, das den Ritter als erstes begrüßt und trotz aller Bedenken ermutigt, ist hier wiederum ein Kater. Dessen gelebte Überzeugung ist: Es hat zwar keinen Sinn, in einem hoffnungslosen Kampfe zu verrecken, das Gefühl der Unabhängigkeit muß man jedoch unbedingt in seinem Herzen bewahren. Man muß diesen Geist der Freiheit unter seinen möglichst zahlreichen Nachkommen verbreiten und im übrigen auf die günstige Stunde warten. Schließlich kommt diese fast so sicher, wie jeder Nacht ein neuer Morgen folgt.

Alles Wissen der Vergangenheit erhält sich in den Märchenspielen und Bräuchen der Völker. So lange sie von echten Dichtern wiedergefunden und neugestaltet werden kann, ist nichts verloren. Auch grausam unterdrückte Menschen erhalten aus diesem Jungbrunnen der Seele Mut und neuen Glauben an eine Wiedergeburt.

MAGISCHE FAMILIENBANDE

Der große Naturforscher Paracelsus glaubte noch fest an die »Elementargeister«, die dem Menschen unsichtbare Freunde und Helfer sein können. Er sah in ihnen wunderbare Zwischenwesen: »Sie scheuen Gelehrte, Trunkene, Fresser, grobes und streitsüchtiges Volk. Sie sind gern bei der Einfalt und wo Kindheit ist. Je weniger Hinterlist besteht, je mehr offenbaren sie sich. Sonst sind sie scheu wie wilde Tiere.«

Paracelsus teilte die Elementargeister nach den vier Urelementen ein: also Wasser, Erde, Luft und Feuer. Tiere, die mit einer dieser Mächte enger verbunden sind, sollen nach dem fortlebenden Volksglauben auch mit deren Geistern in Verbindung stehen. Es fiel nun seit jeher auf, daß es unter den Katzen solche gibt, die zu einem der vier Elemente eine deutliche Vorliebe zeigen. Es gibt Katzen, die am liebsten bei der glühenden Asche des Ofens herumliegen. Es gibt auch solche, die sich vor allem in Kellern, Höhlen, Erdgängen herumtreiben. Nicht wenige schätzen die luftigsten Plätzchen und sind vor allem auf Dächern und in schwankenden Baumwipfeln zu finden. Erwähnenswert ist noch die seltene Art, die das Wasser schätzt. Von den türkischen Katzen am Vansee wird behauptet, daß sie sehr gern schwimmen und angeblich sogar nach Fischen tauchen. Wen mag es nun noch erstaunen, daß man die Katzen allgemein als enge Verbündete der Elementarkräfte ansah?

In England darf man nicht vergessen, dem hilfreichen Elementargeist, dem Hauskobold, sein tägliches Näpfchen mit Milch hinzustellen. Man nennt solche Wesen oft Pixies, was Evans Wentz als eine Erinnerung an das uralte Volk der Pikten und deren Religion deutet. Selbstverständlich weiß jedermann, daß die Opferspeise an den Kobold ganz einfach von den Hauskatzen aufgeschleckt wird. Die Nachkommen der piktisch-keltischen Kultur sehen aber darin keinerlei Widerspruch: Katze und Elementargeist gelten eben als enge Verbündete, eine geheimnisvolle Einheit.

Die Hauskobolde hat man sich ganz verschieden vorgestellt. Nach den meisten mir bekannten Sagen sehen sie Kater oder Katze auffallend ähnlich. Tagsüber wirken sie »wie ein ganz gewöhnliches Tierchen«. Sie ruhen in der Nähe des warmen Herds »und sammeln ihre Kräfte«. Erst wenn es dunkel wird, vor allem in Mondnächten, geht von ihnen eine feurige Energie aus: Wie ein Funke fliegen sie durch den Kamin dem Himmel zu. Sie sausen, wie ein Lichtschimmer sichtbar, durch Wolken und Sternenpracht. In gewissen Gegenden hat man darum diesen Flammenblitz mit einem »Drachen« verglichen.

Feurig fliegen sie nach einem Streifzug wieder zu ihrem Ursprung zurück. Sie haben auf ihrem ganzen Weg viel Glück eingesammelt. Diese Tätigkeit kann sich Nacht um Nacht wiederholen. Den Wohnort eines fleißigen Kobolds erkennt man gerade daran, daß das Haus, in dem er »dient«, oft feurig zu glänzen scheint. Bleibt das Elementargeschöpf, gleichzeitig als treues

Haustier und »Geist«, seinem Hause verbunden, dann beginnt ein unaufhaltsamer Vorgang: Der Wohlstand und zuletzt die Fülle zieht dort ein. Menschen und Vieh gedeihen in jeder Beziehung. Die Kühe schenken gesunde Milch, die Hühner köstliche Eier, die Bäume des Gartens entfalten sich, die Felder kennen keinerlei Mißernten mehr.

In den Jahrzehnten der staatlichen Umwälzungen und der religiösen Verfolgungen entstand freilich aus diesem malerischen

Japanische wie europäische Künstler waren seit jeher von der Ähnlichkeit zwischen Menschen- und Katzengesichtern fasziniert.

Volksglauben – ein peinlicher Wahn. Unglückliche Massen sahen im Gedeihen von Nachbarn niemals die Folge irgendwelcher Verdienste, der guten Zusammenarbeit mit der Umwelt. Statt dessen verbreitete sich die Vorstellung, daß der Nachbar einen »Katzen-Bund« eingegangen war. Man hielt ihn für einen jener Menschen, die nur an das eigene Gedeihen dachten, der sich mit Mächten der Nacht verbrüdert und dafür deren Unterstützung bekommen hätte. Seine Katzen-Kobolde zogen in den Mondnächten aus, ihm aus weitem Umkreis das »Gut und Glück« der Nachbarn zu rauben.

Besonders abergläubische Anhänger dieses »Katzen-Glaubens« stellen sich noch immer vor, daß die Hausgeister für ihre Menschen buchstäblich »Geld oder Korn« stehlen. Andere sahen die Plünderung der Gegend eher »energetisch«: Der durch die Lüfte schwebende Kobold nimmt von Feldern und Wäldern die in ihnen wirkenden »Glückskräfte« und bringt sie in das Haus seiner Meister. Benachteiligte und Neider erstellten sich auf diese Weise eine Überzeugung, die sie ihres eigenen schlechten Gewissens enthob: Sie waren demnach nicht in Not, weil sie vielleicht doch zu wenig auf die Bedürfnisse ihrer eigenen Tiere und Pflanzen eingingen, sondern ihre Verluste entstanden unverschuldet, weil ihnen Mitmenschen durch blitzschnelle Flammengeister jedes Glück wegzauberten!

So fand die Grausamkeit der Hexenverfolger einen Rückhalt in benachteiligten und neidischen Volksschichten. Die Opfer der ganzen bösartigen Beschränktheit wurden Menschen, deren Verbrechen darin bestand, ihrer Hauskatze einen Ehrenplatz am Ofen zu gewähren. Eine enge und liebevolle Freundschaft zu einem »seelenlosen« Tier war dadurch schon an sich verdächtig.

WIE MAN EINEN ERGEBENEN HAUSGEIST GEWINNT

Der russische Dichter Nikolai Ljesskow berichtet in seiner Erzählung »Der Heckrubel« den sehr verbreiteten Ammenglauben seines Landes. Diesem zufolge muß man eine ganz und gar schwarze Katze besitzen. In der Weihnachtszeit bringt man die

Katze an eine Kreuzung, von deren vier Straßen eine zu einem Friedhof führen muß. An diesen geheimnisvollen Ort muß man sich nun hinstellen und sein Tier zum Kaufe anbieten. Das alles muß zudem wenige Minuten vor Mitternacht geschehen. Wenn dann die Kirchenglocken den zwölften Schlag tun, kommt endlich die entscheidende Begegnung: Es erscheint ein unbekannter Mann, der die schwarze Katze unbedingt erwerben will. Er zeigt sich bereit, für das Tierchen jede auch nur erdenkliche Geldsumme anzubieten. Doch der Verkäufer muß fest und hart bleiben und vom anderen nichts als eine einzige Münze verlangen: »Einen einzigen Silberrubel!« Nach zähen Verhandlungen gibt der fremde Katzenfreund das gewünschte Geldstück, das mehr wert ist als die unmeßbarsten Reichtümer.

Nun hat der ehemalige Besitzer der schwarzen Katze den weltberühmten Heckrubel, den er von jetzt an sorgfältig in der Tasche trägt. Es ist unmöglich, ihn auszugeben! Hat man die magische Münze für eine Ware auf den Ladentisch des Händlers gelegt, dann hat man sie in Augenblicken wieder bei sich. Von nun an ist es unmöglich, jemals wieder arm zu werden, selbst dann nicht, wenn der Besitzer des Glücksgelds alles aufkauft, was nur sein Herz begehrt. Selbstverständlich besitzt in etlichen Volkssagen die ganze Sache einen Haken: Vermag man das Wunderding nicht irgendwie vor seinem Tode wegzugeben, dann gehört die Seele des Katzenmannes zum Bund der dunklen Mächte.

Diese seltsame Geschichte hat ihren Eingang in eine Unzahl von Zauberbüchern gefunden. Sie hat in deutschsprachigen Gebieten gleichermaßen ihre Anhänger wie in den keltischen Gebieten Westeuropas. Als ich 1957 bis 1968 Bibliothekar von Burgdorf war, begegnete ich ihr in einer Vorschrift aus dem letzten Jahrhundert, die auf den mittelalterlichen Gelehrten Albertus Magnus zurückgehen soll: Das aus früheren Quellen abgeschriebene Heft trug den Titel »Ägyptische Geheimnisse«.

Das Volk war also überzeugt, daß hier ein Glaube der Urzeit vorliegt.

Selbstverständlich hat solcher und ähnlicher Aberglauben in der Zeit der Hexenverfolgungen zu abscheulichen Tierquälereien geführt. Als einziges Beispiel erinnere ich an den schrecklichen »Taigheirm« der Schotten. Nach einigermaßen zuverlässigen Urkunden und Berichten soll er noch im 17. Jahrhundert stattgefunden haben. Der in unbekannten Zauberschriften sehr belesene Joseph Ennemoser versichert von diesem Brauch: »Man sieht hierin ganz die Verwandtschaft mit den nordasiatischen Schamanen und mit den Prozeduren der Hexen des Mittelalters.«

Dr. Faust soll Katzen-Kobolde nicht nur gekannt, sondern auch gezeichnet haben; wie dieses Bild aus einem ihm zugeschriebenen Lehrbuch für magische Bräuche zeigt.

Während der unheimlichen Opfer, die man im Namen dieses Rituals in der Nacht vom Freitag auf den Samstag ausübte, erschienen angeblich immer mehr Geister »in der Gestalt schwarzer Katzen«. Zuletzt kam ihr Meister, ein Tier von ungeheurer Größe. Es mahnte den Beschwörer mit Menschenstimme, mit seinen Artgenossen nicht mehr boshaft umzugehen. Die Nachtkatzen versprachen dafür, dem Menschen in Zukunft all seine Wünsche zu erfüllen.

Die schottische Überlieferung nennt ausführlich die Geschenke des Herrn aller Katzen-Kobolde: Es waren dies Nahrung und Kleidung, überhaupt Reichtum, dazu noch gute Nachkommenschaft. Ein besonderes Geschenk des Katerkönigs war die Gabe des »zweiten Gesichts«. Damit meinte man den Besitz der gesteigerten Sinne, die Hellsicht, die den Einblick in verborgene Dinge ermöglichte.

Der schottische Zauberer Mac Lean erhielt angeblich von den Katzengeistern einen silbernen Schuh. Man mußte ihn jedem neugeborenen Sohn seiner Familie auf den linken Fuß anziehen. Er bekam dadurch für sein ganzes Leben Mut und Standhaftigkeit vor dem Feind – das waren die Eigenschaften, die die alten Schotten vor allem an den Wildkatzen bewunderten. Der Schuh paßte auch allen Knaben bis in das 18. Jahrhundert hinein. Dann kam einer, der von seiner Mutter, die aus einem anderen Stamm war, einen zu breiten Fuß geerbt hatte. Nun war es aus mit dem unbezähmbaren Katermut! Als er erwachsen war, floh der Jüngling vor den Feinden, denen er in der vielgenannten Schlacht von Sheriff Muir entgegenstehen sollte.

Im Nebel der Sagen zwischen den keltischen Hochländern und den russisch-tatarischen Steppen erkennen wir eine gemeinsame Grundlage: Man war fest überzeugt, daß es wunderbare Naturmächte gibt, für die die Katze einen sehr hohen Wert darstellt – »mit Geld kann man sie gar nicht aufwiegen«. Wer als Mensch diese Überzeugung der Feenvölker teilt, der kann mit der Hilfe der Kobolde beneidenswerte Fähigkeiten in sich wecken. Er erkennt dann die Gesetzmäßigkeiten der Welt und kommt für sich und seine Erben zum Wohlstand.

DIE ERZIEHUNG EINER GLÜCKSKATZE

Die Völkerkunde hat es heute sehr schwer, in Europa noch ursprüngliche Bauern oder Hirten zu finden. Elektrische und elektronische Maschinen überschwemmen das Land. Auf einem Bauernhof kann es rattern wie in einer Fabrik.

Doch gleichzeitig kann man feststellen, daß die ältesten Vorstellungen im Umkreis der Zivilisation eine rasche Auferstehung feiern: So ist es leicht zu beobachten, daß sich die modernen Versuche mehren, seine Katze zu einem magischen Freund und Helfer zu erziehen. Eine zunehmende Zahl von Menschen ist überzeugt, daß viele Umweltschäden erst entstanden, weil man während der Kriege gegen die Ketzer viele naturverbundene Gemeinschaften ausrottete. Mit viel Leidenschaft sucht man im ganzen Abendland – von Kalifornien bis zum Ural – nach Überresten der großen Überlieferungen.

Solche Verehrer uralter »Hexentraditionen« glauben, daß man eine besonders enge Beziehung zu seiner Katze bekommt, wenn man mit ihr »Blutsschwesterschaft« schließt. Dies soll geschehen, indem der Mensch seinem neu erworbenen Tierchen einige Tropfen des eigenen Blutes unter die Nahrung mischt. Geschieht dies bei der richtigen Mond- und Sternenkonstellation, dann soll dadurch das Band zwischen beiden Geschöpfen besonders stark werden. In der Katze entsteht angeblich ein geradezu menschlicher Verstand. Der Mensch macht dagegen Fortschritte in der Kunst, mit seinen Sinnen in der Umwelt mehr zu erkennen. Beide verstehen sich nun immer besser, sie lernen vermehrt voneinander und begreifen sich besser. Selbstverständlich versichert man von diesem wiederbelebten Volksglauben, daß er auf die »Weisheit der Großmütter« zurückgeht.

Von Flüchtlingen aus dem Umkreis von Kiew und Odessa vernahm ich zusätzlich die schönen Geschichten von »Hauskatzen, die nicht mehr *nur* Katzen sind«. Es handelt sich dabei um Gefährten, die durch »mehr als sieben Generationen« zur gleichen Menschensippe gehören. Es wird offensichtlich meistens angenommen, daß es sich hier nur um die gleiche Zahl von Tiergenerationen handelt, die sich bekanntlich recht rasch ablösen. Eine »echte« Hauskatze könnte man so schon nach etwa sieben Jahren sein eigen nennen. Nach der anderen Auffassung bedarf es für das gleiche Wunder die entsprechende Anzahl von menschlichen Generationen, also fast zwei Jahrhunderte! So oder so zeigt sich als Ursprung einer Vorstellung dieser Art eine aus tiefen Seelenschichten stammende Überzeugung: Katzen, die sich sehr lange in einer menschlichen Familie wohl fühlen, stehen zu dieser in einer stufenweise wachsenden Beziehung. Sie nehmen ein wenig deren wichtigste Lebensgewohnheit an und werden dadurch zu etwas wie wesensverwandten Freunden. »Sie sind fast Verwandte.«

Tierische Hausgenossen, die man zufällig bekommt und die schon nach ein paar Jahren wegsterben, sind sicher etwas ganz anderes. Die weitervererbten, nur bei Eheschließungen oder tiefen Freundschaften weitergeschenkten Hauskatzen können mit ihnen nicht vergleichbar sein. Wenn man es mir richtig erzählt hat, entwickeln sie sich fast zu einer eigenen Rasse, mit besonders viel Rücksicht und Einfühlungsvermögen gegenüber den Menschen. Solche Tiere durch Flucht oder Auswanderung einzubüßen, gilt als das genaueste Sinnbild für das verlorene Glück einer Sippe.

Dieser ganze Glaubenskreis um die Katzen als Verbündete oder gar Erscheinungsgestalten des »Familiengeists« (spiritus familiaris) ist ein Tor zu den Lehren des Naturphilosophen Paracelsus: »Diese (Elementarwesen) sind von solcher Art, daß sie alle Menschen lieben, die sie auch wiederum liebhaben. Aber wer sie haßt, den hassen sie auch hinwieder.« Das mag dunkel klingen, besitzt aber einen tiefen und schönen Sinn: Der Mensch kann in eine immer engere Verbindung zu unfaßbaren, ihm aber günstig gesinnten Kräften treten, indem er die Wesen seiner nächsten Umgebung liebt.

Paracelsus zeigt uns auch für das 16. Jahrhundert, wie sehr die damaligen Religionskriege und Verfolgungen der Volksweisheit allgemein als Niedergang erlebt wurden. In seiner »Okkulten Philosophie« lehrte er: »Ihrer (der Elementargeister) hat man vor alten Zeiten sehr viele gefunden, an vielen Orte, wo es nun ganz öde und still von ihnen ist... Etliche haben gemeint, es seien Engel oder dienstbare Geister, die also von Gott zu uns gesandt und dann unserer großen Sünden wegen von uns wieder genommen worden seien. Denn sie haben den Menschen oft auch große Wohltaten erzeigt und viele Arbeiten für sie verrichtet.«

Noch heute erzählt man in den deutschen Mundarten den Kindern, wie leicht und lustig das Dasein war, als die »Heinzelmännchen« oder die »Härdlütli« den Menschen nachts besuchten. Eigentlich haben wir hier ganz ähnliche Wesen wie die englischen Pixies, die schon Evans Wentz mit den Elementargeistern des Paracelsus verglich. Härdlütli erklärte man mir im Alpental von Habkern als von »Härd« = Herd stammend. Heinzel verglichen dagegen schon die alten Sagenforscher mit dem alten Katernamen »Hinz«. Der echte Volksglaube erweist sich als ein großer Lehrmeister, der den Menschen zur echten Naturliebe erziehen will.

Torhüter zu den Traumreichen

Schon bei den großen Völker des Altertums war eine Eigenschaft der Katze fast sprichwörtlich – ihre Liebe zum Schlaf. In der fünfzehnten Idylle des griechischen Dichters Theokrit vergleicht die gestrenge Hausfrau eine säumige Magd mit diesem Tier: »Wollen die Katzen wieder weich schlummern?« In den Hochkulturen der Vergangenheit wußte man: Es gibt unter uns zahlreiche Menschen, für die der Schlaf endlos mehr ist als die Notwendigkeit, seine verbrauchten Körperkräfte wieder zu ergänzen. Er ist für sie eine Lust, genau wie für die Katzen, die sie geradezu als ihre Vorbilder lieben.

Diese Tiere scheinen damit eine Eigenart zu besitzen, die den beobachtenden Menschen von jeher an den verschiedensten Vertretern ihrer Art auffiel. Vom Löwen berichten aufmerksame Reisende, daß er schon nach wenigen Stunden der Jagd oder des Spiels regelmäßig eine lange Mußeperiode einschaltet. Da er nun einmal das mächtigste Geschöpf seines Lebensraumes ist, kann er sich solches Verhalten gut leisten.

Während sich die meisten Bewohner der Wildnis dauernd gehetzt vorkommen und sich herumbewegen, genießt er seine, bei den afrikanischen und asiatischen Völkern sprichwörtliche »königliche Ruhe«.

Sogar vom feurigen Tiger des indischen Dschungels hat man versichert, daß er schon darum um sich herum maßlose Furcht zu verbreiten versucht, um sich im dichtesten Dickicht ungestört seiner über alles geschätzten Entspannung hingeben zu dürfen. Nach einer reichlichen Mahlzeit ist ein besonderer Genuß des Raubtiers, die friedliche Verdauung im Schlaf. Die Inder glauben, daß der Tiger dann häufig nicht weniger als drei Tage an der gleichen Stelle herumdöst. Da die alten Volkskulturen nun einmal annahmen, daß die göttliche Sternenweisheit zu uns vor allem durch Träume kommt, können wir nun die Sage verstehen, daß gerade der Tiger von Indonesien bis Sibirien als erstaunlich »weise« gilt. Ihm naht sich eben die Weisheit im Schlaf.

Der weltberühmte »Katzenschlaf« gilt damit nicht nur als eine besondere Wollust aller Wesen, die mit ihm gesegnet sind. Der große Naturforscher Alfred Brehm versichert uns am Beispiel eines gefangenen Luchses: »Den Tag über bleibt er möglichst auf einer und derselben Stelle liegen. Er gibt sich einem Halbschlummer hin nach Art unserer Hauskatze, die in gleicher Weise halbe Stunden zu verträumen pflegt, aber doch auf alles achtet, was um sie her vorgeht. Seine feinen Sinne schützen ihn auch während solcher Träumereien vor etwaigen Überraschungen... Das leiseste Rascheln verursacht ein Drehen und Wenden nach der verdächtigen Gegend, und die geschlossenen Augen öffnen sich augenblicklich, sobald das Geräusch stärker wird.« Der Katzenschlaf war wohl schon für die Jäger der Urzeit das Vorbild eines scheinbar widersprüchlichen Zustandes: Der Leib entspannt sich völlig, doch die seelischen Kräfte sind wachsam und aufnahmefähig. Schlafen gleich einer Katze bedeutet: Ruhen und gleichzeitig von allen Seiten kommende Einflüsse wahrnehmen.

Die russischen Flüchtlinge, wie ich sie vor allem in den Armenvierteln von Paris kennenlernte, wußten noch richtige Märchen über die Stammeskrieger im östlichen Sibirien zu erzählen. Ihre Schamanen, »die sich selber in Tiger verwandeln konnten«, hätten sie in einer ganz besonderen Kunst unterwiesen. Man umschrieb diese etwa mit den Worten: »der Körper schläft ein, doch das Unsterbliche in dir schlägt seine Augen auf«. Man behauptete sogar, daß während der endlosen sibirisch-mongolischen Grenzkriege zwischen Sowjetunion, China und Japan, »die Krieger mit dieser Kunst« eine neue Wichtigkeit erhielten.

Die mehr oder weniger »europäisch« gebildeten Offiziere der sich bekämpfenden Staaten nutzten diese »Männer aus der Urzeit« als Wachposten für ihre Lager. Die Vorgesetzten ärgerten sich nicht einmal, wenn diese schon bald sanft entschlummerten. »Für das Einschlafen in gefährlichen Nächten muß man einen unzuverlässigen europäischen Wachsoldaten erschießen«, soll ein rotchinesischer Hauptmann erklärt haben, »der Sibirier verdient dagegen dafür einen Goldorden.« Sie hörten im Zustand der Entspannung jedes Geräusch, wie es aufmerksam lauschenden »zivilisierten« Männern völlig entging. Sie vernahmen angeblich das Heranschleichen fremder Soldaten auch dann, wenn die technischen Gehörverstärker einer zeitgemäßen Armee kläglich versagten.

Die von sibirischen Schamanen ausgebildeten »Tigermenschen« wurden so zu den wichtigsten Schachfiguren bei der kriegerischen Ausdehnung der Großreiche des 19.–20. Jahrhunderts. Wer sich bei den zahllosen Kriegen der Hilfe dieser Meisterjäger versichern durfte, der konnte zumindest vorübergehend einen Sieg erkämpfen. Befestigungsanlagen versagten in den riesigen Räumen. Schon von der mächtigen Chinesischen Mauer, die im Mittelalter erbaut wurde, wird schließlich behauptet: Sie wurde erstürmt, weil die Feinde aus dem mongolischen Norden Beobachter aus »ganz wilden Stämmen« mit überwachen Sinnen einsetzten. Sie erkannten seherisch, an welchem Punkt der gewaltigen Verteidigungsanlage die Aufmerksamkeit der Soldaten nachließ...

Noch bei seiner Auseinandersetzung mit den deutschen Armeen soll der Diktator Josef Stalin die Erfahrungen aus den modernen Revolutionskriegen genutzt haben. Nach anfänglichen Niederlagen der sowjetischen Armeen trugen, so sagt man, asiatisch-schamanistische Geheimlehren zur Entscheidung im modernen Materialkrieg bei. Durch eine solche Hilfe wurden Truppen befähigt, zu manövrieren, »ohne gesehen zu werden«.

Diese Sage der Gegenwart bestätigen den »primitiven« Jägerglauben: In uns sind noch immer erstaunliche Fähigkeiten, ohne die der Urmensch niemals in der Wildnis überlebt hätte. Wenn der Verstand schläft, werden sie sozusagen befreit: Für sie nahm man den »Katzenschlaf« als verständliches Sinnbild.

SEELENTECHNIKEN DER NACHTWANDERUNG

Ein Wissenschaftler der deutschen Aufklärung, Halle, berichtet von den damals noch vielgeschmähten und blutig verfolgten »Hexen«: Sie hätten sich ohne Schranken »täglichen Geschichten« hingegeben. Diese handelten fast in jedem Fall von »verliebten Sylphen«, also dem Treiben der märchenhaft schönen Elementargeister oder Feenwesen. Sie kamen durch diese Vorbereitungen in eine köstliche Traumwelt, »in der alles eine fröhliche und ausgelassene Begeisterung ausdrückt«. Sie wurden auf ihre Seelenreisen im Schlaf richtiggehend süchtig. Voll Sehnsucht hofften sie, deren Wunder schon in der nachfolgenden Nacht wiederholen zu können.

Unter den Bildern der Tarotkarten betrachten noch immer die Wahrsager der Zigeuner das Bild der »Hohenpriesterin« (Trumpf 2) als das der »Weisen Frau, der großen Traumdeuterin«. Wenn sie ihr Wissen auf das der Ägypter zurückführen, nennen sie diese Dame sogar »Göttin Isis, die als Katze durch die nächtliche Wüste streicht«. Das aufgeschlagene Buch, das sie auf solchen Darstellungen im Schoße trägt, ist demnach das Sinnbild von sämtlichen Geheimnissen der Natur: »Sie sind alle dem grellen Licht des Tages verborgen. Wir erfassen sie nur, wenn wir die Nacht und die weisen Träume kennen. Darum hat man die Hohenpriesterin meistens mit den Mondhörnern auf ihrem Haupt abgebildet.« Der spanische Kunstmaler Salvador Dali hat bekanntlich ebenfalls eine Reihe von Tarotkarten gemalt. Zu Füßen der Hohenpriesterin sehen wir bei ihm eine ägyptische Katze, wie wir sie aus der Verehrung der Göttin Bast kennen.

Wer erinnert sich nicht in diesem Zusammenhang der unsterblichen Bücher von Lewis Carroll. Seit mehr als einem Jahrhundert sind sie Freude und Anregung für die Kinder. In der verwirrenden Geschichte »Alice im Spiegel« spielt das kleine Mädchen mit seiner Katze. Es wird dadurch in ein geheimnisvolles und lustiges Traumreich versetzt. In dem Werk »Alice im Wunderland« kommt die Heldin im Schlaf ebenfalls zu bunten Märchenwesen. Während ihres Fluges oder Sturzes in die Welt der freien

Phantasie denkt sie unausgesetzt an ihr Kätzchen Dinah: Sie beginnt sogar bei ihrer Bewegung durch die Luft, beiderlei Wesen der Nacht, Katzen und Fledermäuse, zu verwechseln...

Im Märchenreich selber herrscht ziemlich uneingeschränkt ein feenhafter Kater. Er kann sogar am Himmel des Traumlandes ganz langsam verschwinden, so daß man zuletzt nur noch den Bogen seines ewigen Lächelns dahinschweben sieht. Es handelt sich dabei recht deutlich um das Bild der Mondsichel, die alles auf der Erde zu verzaubern vermag. Wir dürfen hier nicht vergessen, was der Psychologe Wolfgang Bauer (Frankfurt) feststellt: »Daß sich Carroll mit paranormalen Erscheinungen... beschäftigte, ist bekannt.« Wahrscheinlich waren deshalb die Kinder für diesen Dichter die beste Gesellschaft, weil bei ihnen die Traumreisen ins Märchenland noch gar nicht besonders »paranormal« sind, sondern ganz normal.

Carroll verdichtete ganz sicher den erhaltenen Glauben der keltisch-englischen Kultur, aus der er hervorwuchs. Er nennt zum Beispiel seinen lächelnden Kater, den Herrscher der Phantasiebilder, »Cheshire cat«. In der Grafschaft Cheshire ist der Dichter geboren. Martin Gardner zeigt uns, daß dort damals »grinsende Löwen« auf den Wirtshausschildern recht häufig waren. Auch wurde nach einer Quelle von 1850 in dieser Grafschaft dem Käse die Form der lächelnden Katze gegeben. Auf den englischen Schildern der alten Gaststätten sind neben den Löwen die Darstellungen von übermütigen, maßlos lustigen, verrückten Katzen recht beliebt. Beziehen sie sich auf das seelische Wesen oder die Wappen ihrer Besitzer? Stammen sie aus dem urtümlichen Volksglauben? Sollten sie eine bestimmte Kundschaft anziehen? Wahrscheinlich verweisen sie vor allem auf die Möglichkeit, sich im Traumland der Phantasie zu erholen.

Etwas verstandesmäßiger schildert der deutsche Dichter Manfred Kyber einen Kater als Wegweiser ins Traumland. Auch dieser Schriftsteller, der zwischen den Weltkriegen wirkte, fand häufig seinen Trost bei der Beschäftigung mit noch wenig erforschten Seelenkräften. In seiner längeren Geschichte »Alräunchen« lernt hier ein einsamer Knabe von der weisen Katze.

Der Inhalt ihres Unterrichts ist die aus der Vorgeschichte stammende Kunst der Seelenreise. Damit man sie antreten kann, so lautet die Erklärung durch das kluge Tier, muß man sich im Rahmen seiner Zivilisation häufig »fremd« fühlen. Das ist die

In dem weltweit geliebten Buch von Lewis Carroll, »Alice im Wunderland«, ist ein Kater – genau wie im okkulten Volksglauben – der Reiseführer durch die Traumreiche.

Voraussetzung, um das »Mäuseloch ins Freie« zu finden. Auf diesem geheimen Weg kommt man zu den Gefühlen einer zeitlosen Eintracht mit der gesamten Natur, ihren sichtbaren und unsichtbaren Geschöpfen.

Der Kater offenbart nun dem Menschenkind »sein« Geheimnis. Die vorzüglichsten, erfahrensten seiner Rasse besitzen es noch aus den Isistempeln. Es stammt aus Zeitaltern, in denen die Menschen noch in allen Geschöpfen ihre Geschwister zu erkennen vermochten. Für den Eintritt in die andere Wirklichkeit wissen nun die listigen Katzen, »Müffchen« zu machen, also zu meditieren. Ein »Müffchen« machen bedeutet nach Manfred Kyber, wenn die Tiere sich so hinlegen, daß es aussieht »wie eine Badewanne«. Die Pfoten sind so zusammengelegt, daß man an einen weichen Damen-Muff erinnert wird. Das ist eben eine Grundlage der Katzenkunst! So widerspricht nun in der Geschichte Kybers der lauschende Knabe seinem tierischen Meister in ägyptischen Wissenschaften, für die Menschen sei eine solche Körperstellung kaum möglich.

Der geduldige Kater beruhigt ihn aber: Er solle sich nur einigermaßen ähnlich hinlegen. Schon der gute Wille sei entscheidend. Er müsse nur möglichst entspannt sein. Seine Arme solle er so halten, wie er es bei seinem abendlichen Gebet tue. Wie von selbst komme dann alles übrige.

Beide machen von da an die Entspannungsübung, wenn sie zusammen in das weiche Bett steigen. Ihre Seelen verlassen die Leiber. Sie begeben sich auf abenteuerliche Wanderschaften in Welten, die schwer vorstellbar sind. Der Mond blickt durchs Fenster in ihr Schlafzimmer und denkt so vor sich hin: Wie wenig haben sich doch die geheimen Bräuche in den letzten Jahrtausenden verändert.

FAHRKARTE FÜR DIE ZEIT-REISE

Für die Schilderungen der alten Seelentechniken sind die Märchensammlungen eine Fundgrube, die kaum auszuschöpfen ist. Sehr häufig wird in ihnen ausdrücklich und deutlich die Kunst gerühmt, in seinen Träumen »reisen« zu können. Zu Beginn dieser Abenteuergeschichten befinden sich die Heldin oder der Held oft in einem wenig beneidenswerten Zustande. Man verachtet oder verfolgt sie gar wegen ihres zurückgezogenen, verinnerlichten, »verschlafenen« Wesens. Schon als Kinder empfindet man sie anders, eigenartig. Sie werden sogar bestraft, nur weil sie sich gern ihren Träumen hingeben. Doch nach vielerlei Prüfungen sind sie es, die zu guter Letzt die glücklichen Gewinner sind und das ersehnte Ziel erreichen.

Bei den schamanistischen Völkern, die besonders auf ihre naturkundigen Medizinmänner und Heilerinnen vertrauen, wird uns bis in die Gegenwart bezeugt, daß Kinder, die sich zunächst ein wenig wie Außenseiter gebärden und sich am liebsten dem freien Spiel ihrer Eingebungen hingeben, für den Stamm sehr wichtig werden können. Erhalten sie eine verständnisvolle und gründliche Ausbildung, werden sie zu guten Schamanen.

In einem russischen Märchen wird uns von einem jungen Helden erzählt, den der Kaiser kommen ließ, weil er Erfahrung im Deuten von Träumen besaß. Eine zweite positive Eigenschaft des Helden, der er wahrscheinlich sein Wissen verdankte, war seine Höflichkeit gegenüber alten Menschen, denn er hatte erkannt, daß man von ihnen viel lernen kann. Ein Träumer hat damit nach den Märchen alle Voraussetzungen zu einem echten »Helden«. Er muß nur herausfinden, wie man ein wenig von seinem inneren Reichtum in der Wirklichkeit anzuwenden vermag.

Dieses russische Märchen erinnert ein wenig an die deutschen, französischen und italienischen Fassungen des Märchens vom »Gestiefelten Kater«. Es gibt nur einen sehr wichtigen Unterschied: Der Held, der sein Glück sucht, besitzt keinen Katzenkobold, er selbst kann sich in einen Kater verwandeln! Als solcher dringt er dann unerkannt und von der Wache unbeachtet in die Festung eines mächtigen Ungetüms. Er läuft über die gefährliche Brücke hoch über dem Feuerfluß, der die Mutigsten abschreckt. Einmal in der Burg, befreundet sich der geschickte Traumdeuter und Menschenkater mit den dortigen Katzen. Nun fällt es ihm leicht, in sicherer Katzengestalt die tückischen Pläne des Bösewichts zu belauschen. Er weiß nun von allem, was der Mächtige zu unternehmen gedenkt! In dieser Situation wird der Held wieder zum Menschen. Da er aber die Unternehmen seines Gegenspielers im voraus kennt, ist für ihn der Sieg verhältnismäßig leicht. Selbstverständlich kann er darum, nach ein paar weiteren Abenteuern, die schöne Prinzessin retten und als Frau gewinnen. Der Vertraute der alten Leute und der Katzen steigt damit zu den höchsten Ehren des Kaiserreichs auf. Das Feenmärchen endet mit der begeisterten Schilderung seines ewigen Glücks: »Iwan lebt noch immer mit seiner jungen Gattin!«

Eine weitere, ähnliche Geschichte wird viel in meiner Heimatstadt Bern und in den nahegelegenen Tälern erzählt. Sie geht auf eine Vorstellung zurück, auf die wir bereits eingegangen sind: Ein junger Mensch, der sich einsam und unverstanden fühlt, voll Sehnsucht ist, »sucht auch im Traume weiter«. Sein Astralkörper – das Volk sagt meistens einfach »die Seele« – verläßt im Schlaf den

Katzen galten als die besten Mittler zwischen den Menschen und der Feenwelt. Erst die teuflischen Tieropfer in der Zeit der Hexenverfolgung sollen unsere gute Verbindung zu den Elfen zerstört haben.

Leib. Sie schwebt umher und versucht Verbindung mit einem Geist aufzunehmen, der ihr wesensverwandt erscheint.

Die verbreitete Sage erzählt nun von einem zurückgezogen lebenden und sehr schönen Mädchen, der einige junge Burschen einen nächtlichen Besuch abstatten wollen. Sie klettern – selber fast wie Kater – durch ihr Fenster, sind aber bald sehr erschrocken: Die Jungfrau liegt völlig reglos und blaß auf ihrem Bett, ganz als wäre ihr unsterblicher Geist verschieden.

Die Burschen wollen sich schon ratlos zurückziehen, doch da sehen sie eine Katze die Straße entlangrennen. Geschickt springt sie in die Mädchenkammer hinein und ist in dem Augenblick, als sie bei der Schlafstätte anlangt, verschwunden. Erst darauf geht ein Zucken durch den bisher entseelten Leib. Die Wangen röten sich wieder mit gesunder Farbe, ein tiefer Seufzer hebt die Brust. Das Leben ist in den Frauenkörper zurückgekehrt.

Doch die Burschen hatten in dieser Nacht genug von allen alpenländischen Liebesbräuchen und machten sich möglichst rasch auf den Heimweg: Sie hatten erkannt, daß sie eine von denen kennengelernt hatten, deren Seele oder Astralkörper Nacht um Nacht den Leib verließ. In der Gestalt ihres Lieblingstiers Katze spazieren solche »Mondleute« durch die Umgebung. Sie stillen ihre tiefe Neugier, indem sie nach Wunderkräutern und verborgenen Schätzen suchen. Vor allem umschleichen sie aber voller Sehnsucht den Wohnort ihres meistens noch ahnungslosen Liebsten.

Diese und ähnliche Sagen sind sehr verbreitet. Das Volk erklärt diese Häufigkeit mit der Behauptung, »daß ähnliche Dinge in verschiedenen Gegenden immer neu stattfinden können«. Der Parapsychologe Friedrich August Volmar vertrat die Ansicht, Geschichten dieser Art seien zu häufig, als daß sie völlig ohne Wahrheitsgehalt sein könnten. Fast in jeder Familie existierte irgendwann einmal eine Geschichte, der zufolge sich Liebende, lange bevor sie sich tatsächlich kennenlernten, »schon in den Träumen gut kannten«. Vieldeutig pflegte man solche Behauptungen noch mit einem Scherz zu ergänzen: »Wahrscheinlich sind sie sich bereits als Katzen auf den Dächern begegnet.«

Der gleiche Parapsychologe war fest überzeugt, daß die neue Forschung schon bald Bestätigungen für die »Astralwanderungen« bereitstellen werde. Gern verwies er auf den gedruckten Bericht der Frau Bouissou in Paris. Diese kannte in der Stadt eine ihr feindlich gesonnene »Magierin«, die die Kunst der Traumwanderungen recht gut beherrschte: Als deutlich hörbare, aber nicht sichtbare Zauberkatze konnte sie in ihre Wohnung eindringen. Durch ihre gespenstische Anwesenheit erschreckte sie nicht nur die arme Frau Bouissou, sondern namentlich auch deren *reale* Katze.

Aus solchen modernen Berichten, seien sie aus Paris, London oder Wien, wird deutlich: In den Großstädten kommen begeisterte Katzenfreunde auf Gedanken und Träume, wie sie ihre fernen Vorfahren schon vor Jahrtausenden bewegten.

IN DEN EWIGEN JAGDGRÜNDEN

In gewissen Grenzen kann der Mensch seine Träume steuern. Sein Wunsch, seine Einbildungskraft, seine Fantasie sind ihm dabei bewährte Hilfsmittel. Die zahllosen Erzählungen über Seelenwanderung im Schlaf erweisen sich als eine eigene Traumtechnik. Geschichten über entsprechende Erlebnisse der Vorfahren wirken wie eine Anregung für die Gegenwart.

Der große französische Traumforscher Marquis d'Hervey (1822–1892) hat eine wichtige Erfahrung gemacht, die durch Sigmund Freud zu entscheidenden Entdeckungen führen sollte: »Es ist bekannt, daß das Interesse am Traum bei allen Menschen die Anzahl der nach dem Erwachen erinnerten Träume erheblich steigert.« Ich selbst konnte feststellen, daß erhöhte Liebe zum Nachtleben die Erinnerungen an »Seelenabenteuer« zunehmen läßt. Immer wenn wir in einem der bernischen »Dichter-Keller« Menschen aus der Überlieferung berichten ließen, regte dies uns alle zu eigenen Erlebnissen an. Dies geschah vermehrt, wenn wir einem Erzähler lauschten, der seine Zuhörer im wörtlichen Sinne mitzureißen vermochte: Seine Geschichte mußte so klingen, »als wäre man dabeigewesen«.

Die Träume, die sich nach solchen Abenden einstellten, werden recht übereinstimmend geschildert: Der Schlafende befindet sich in einer Landschaft, die ihm entfernt bekannt vorkommt, aber in ihren Einzelheiten merkwürdig verwandelt ist. Es ist zwar Nacht, aber es ist alles, bis in die schattigsten Winkel, gut zu sehen. Die Gegenstände sind noch immer die gleichen wie bei Tageslicht, aber zusätzlich von schillernden Farben umgeben. Sie scheinen geradezu bunte Strahlen, Wärme und Leben auszuatmen.

Es wird uns regelmäßig bezeugt, mit welcher Begeisterung man an offenen Feuerstellen, in Burgen wie Alphütten, den berufenen Märchenerzählern zuhörte, weil man dadurch selbst in wunderbare Traumabenteuer kam. Oft sei man, wenn man sich vorher unwohl fühlte, nach solchen Abenden »am Morgen völlig gesund aufgestanden«. Das Erstaunliche ist, daß auch heute noch dieses lebendige Spiel der Geschichten auf einen modernen Menschen unvermindert wirken kann.

Angehörige des »Fahrenden Volkes« haben noch immer eine besondere Neigung zu Nachtwanderungen, gelegentlich sogar in der Gestalt von »Seelentieren«. So ist auch die Bezeichnung »fahrend« weniger auf ihr Leben im beweglichen Wohnwagen zurückzuführen. Noch heute behauptet man etwa, die letzten europäischen Nomaden »können im Schlaf aus ihrem ruhenden Körper fahren, genau wie die Hexen«. Ihre »weisen Leute« sollen im Traum »herumschweifen« und so vorsorglich die Landschaft erkunden, in die sie in den nächsten Tagen ziehen wollen.

Das Erlebnis der Seele, die wilde Traumabenteuer bestehen kann, bestätigt den ursprünglichen Menschen in der Überzeugung, sie sei unabhängig und auch im Tod unzerstörbar. Gerade nach den Zigeunern verwandeln sich manche Leute nach ihrem Verscheiden in schwarze Katzen. Sie wohnen zwar von da an meistens auf einem märchenhaften »Katzenberg«, können aber gelegentlich die Sterblichen besuchen. Diese finden dann, als eine wundervolle Gabe, einen funkelnden Stein an ihrer Türe, dem die Kraft eigen ist, verschlossene Pforten zu öffnen. Seine Berührung verwandelt sämtliche Metalle in Gold. In den Vorstellungen des Wandervolkes finden wir also sogar noch die Sehnsucht der Alchimisten unseres Mittelalters wieder: Auch diese hofften auf einen Elementargeist, den Kobold, der ihnen den »Stein der Weisen« bringen würde.

Als Zeugnis für die Unzerstörbarkeit des »Traumkörpers« bei alteuropäischen Stämmen wird etwa die Aufzeichnung von Vinzenz Kadlubek, dem Bischof von Krakau, angeführt. Er starb 1223 und lehrte, es sei ein Aberglaube »aller Geten«, daß die Seelen im Tode nur ihre Körper wechseln. Ausdrücklich versichert er, daß die Preußen an eine Seelenwanderung durch Tierleiber glaubten. Konrad Schwenck verweist zur Erklärung dieser bedeutsamen Stelle auf die Beerdigung des litauischen Fürsten Szwentorog. Mit seiner Leiche wurden auch die Krallen von Panthern und Bären verbrannt: Luchs- oder Katzenkrallen braucht etwa auch der Held im Kindermärchen, weil er furchtbare Klettereien zu bestehen hat. Wahrscheinlich finden wir in beiden Beispielen Zeugnisse für den Glauben, daß der Mensch im Traum Wanderungen über Dächer und Abgründe unternehmen kann, die für ihn im Wachen undenkbar wären. Die Pantherkrallen im Grab sollten sicher ein Sinnbild des Wunsches sein, daß für den Toten in seinem neuen Zustand kein Katzenweg zu gefährlich sei.

Schon im Mittelalter versuchte man den Namen der großen Ketzerbewegung der Katharer von dem Wort Kater abzuleiten. Das Wort »Ketzer« sollte von Katze kommen. Die von ihnen verbreiteten Geheimlehren hatten auch viel mit dem Glauben an das Fortleben in Tierleibern zu tun. Die Katharer sagten nach der alten Quelle: »Wenn die Geister aus einem Gewand herauskommen, das ist aus einem Leib, rennen sie ängstlich...« Anscheinend ist es für sie peinlich, zumindest aber sehr langweilig, körperlos zu bestehen, also suchen sie sich ein neues »Erdenkleid«: »Verängstigt rennend, schlüpft er (der unsterbliche Menschengeist) ins erste Loch, das er leer findet, das heißt in den Bauch des ersten Tieres, das ein noch nicht beseeltes Junges trägt...«

In der Provence glaubte man, als Geoffroy d'Albis ohne Zeugen verschied und man seine Leiche im Bett fand, die zwei schwarzen Katzen, die sie hüteten, seien Geister. Man war überzeugt, sie seien gekommen, um der Seele des Verstorbenen gute Gesellschaft zu leisten, denn für diese sei nun die Stunde gekommen, unter den Tierwesen weiterzuleben.

Seelenwanderung durch alle Welten

Nach Herodot war das ägyptische Volk das erste, das die menschliche Seele als unsterblich begriff: Sobald der menschliche Leib gestorben sei, fahre die Seele in ein Tier, welches gleichzeitig geboren werde. Erst nach dieser Wanderung durch die unteren Lebensstufen gelange die Seele von neuem in einen Menschenkörper. Wenn diese Überlieferung so richtig ist, können wir durch sie die leidenschaftliche Tierliebe der Alten noch viel besser verstehen. Sie glaubten, engverwandten Seelen das Dasein zu erleichtern, wenn sie die »niederen« Geschöpfe, namentlich ihre nächsten Haustiere, gut behandelten.

In den Mysterien des Gottes Mithra, die sich besonders im Alpenraum und in andern Grenzgebieten des römischen Reiches ausbreiteten, begegnen wir einer ähnlichen Auffassung: Die Eingeweihten mußten hier bei bestimmten Bräuchen Löwenfelle anziehen und damit, wie der Philosoph Porphyrius schreibt, die Wanderung der Seele durch tierische Verkörperungen darstellen. Wie Philostratus berichtet, soll der griechische Seher Apollonios von Tyana den früheren ägyptischen König Amasis in einem Löwen wiederentdeckt haben. Empedokles meinte sogar, es sei für einen Menschen am vorzüglichsten, wenn seine Seele nach seinem Tod in den Körper eines Löwen ziehe.

Auf solchen Überlegungen der antiken Philosophenschule fußend, erklärt Konrad Schwenck die Beliebtheit der königlichen Großkatze in der ägyptischen Volkskunst. Löwen als Sonnenträger dienten als Amulett und Zierat. Wie Ennemoser in seiner »Geschichte der Magie« zeigt, sollten auch Möbelstücke verschiedenster Art an den Löwen erinnern. Aus der Liebe zu Ägypten und seinen Geheimnissen erklärt sich dann wiederum die Freude ost- und mitteleuropäischer Weisheitsschulen des 19. Jahrhunderts an Liegestätten mit vier Löwentatzen als Füßen.

Auf ihnen meditierte oder träumte man über den Sinn des irdischen Daseins.

Die alte Sage geht nun davon aus, daß die Löwenjungen völlig hilflos auf die Erde kommen. Nur die Zuneigung der alten Löwen, der Eltern, sei es, die das Junge mit den Kräften für das Überleben erfülle. Man stellte sich schon deshalb die eigene Geburt als die eines königlichen Tieres vor, um sich mit »Löwenmut« für sein künftiges Leben zu erfüllen. Der Mensch, so glaubte man in den Schulen, neige zu Unsicherheit und schwächlichen Zweifeln. Um im Kampf ums Dasein zu bestehen, mußte er sich mit tierischer Energie erfüllen. Dies konnte aber nach alter Auffassung nur durch die Verkörperung als wildes Geschöpf von Wüste und Urwald geschehen. Zumindest hielt man es für gut, sich gelegentlich in ein Tier voll des feurigsten Lebenswillens hineinzudenken.

Das Katzengeschlecht wirkte auf seine Verehrer fast in jeder Beziehung ansprechend. Es galt als so schön, stolz und sauber, daß ein Leben in dessen Tiergestalt eher als Unterhaltung und Freude erschien, denn als Strafe. Von den alpenländischen Hexen heißt es – was wir allerdings nicht nur in deutschen Landschaften, sondern auch im übrigen Europa finden: Sie leben zäher und länger als gewöhnliche Menschen, »ganz als hätten sie wie ihre Katzen sieben (oder neun) Leben«. Begännen sie aber an Körper und Seele schwächlich zu werden, verwandeln sie sich in Katzen. Umgekehrt sei es ebenso: Wenn eine alte Katze von einer Familie wie eine treue Hausfreundin gehalten werde, gelange sie mit den Jahren zu einer fast menschlichen Klugheit und werde in ihrem nachfolgenden Dasein eine weise Hexe...

Ganz ähnliches vernehmen wir von der blauäugigen Tempelkatze aus Birma. Ihre Priester sollen sich glücklich schätzen, nach ihrem Tode als eine solche zurückzukehren. Umgekehrt wird ein heiliges Tier nach seinem Sterben zu einem menschlichen Wächter des Heiligtums. Das Leben als Tier und als Mensch wechselt sich demnach ab. Es ist wohl nach dieser ostindischen Auffassung so, wie es mir noch während der Kindheit ein kluger Zigeuner sagte: »Das Tier ist oft durch seine Nahrungssuche ohne Ende gequält, und der Mensch leidet viel an seinen Grübeleien und Zweifeln. Unsere Vorfahren dachten, es sei eine Erholung für beide, wenn sie hie und da in der Gestalt des anderen die Erde erleben könnten.«

In der Sphinx, einem halb menschlichen, halb löwenhaften Wesen, stellten die Ägypter und Griechen das Geheimnis der Schöpfung dar. Auf den Wahrsagekarten der Zigeuner, den Tarot-Trümpfen, sitzt eine Sphinx zuoberst auf dem Schicksalsrad. Haben Nomaden, wie es Court de Gébelin im 18. Jahrhundert vermutete, diese Bilder aus Ägypten nach Europa gebracht? Jedenfalls soll dieses Symbol bedeuten, daß der Mensch auch die Kühnheit und den Lebenswillen des königlichen Tieres braucht, wenn er sein Dasein siegreich zu durchwandern wünscht.

Eins scheint mir noch besonders wichtig, unabhängig davon, welche Völker wir für ihren übereinstimmenden Glauben anführen: Ihre Bräuche und Vorstellungen stammen aus einem Zeitalter, in dem der Mensch zwischen sich und den höheren Tieren noch keine scharfen, unüberschreitbaren Grenzen zog. In sich selbst sah er ein ihm vom Göttlichen geschenktes Bewußtsein, doch die Tiere bewunderte er offen wegen ihrer, sie zu ihren Zielen führenden Triebe, Gefühle, ihrem fast übersinnlichen »Spüren«. Durch eine enge, freundschaftliche Beziehung zu den Geschöpfen seiner Umgebung versuchte er, beiderlei Fähigkeiten zusammenzufassen. Nur aus der glücklichen Verbindung von beiden Elementen konnte das Wunder der menschlichen Kultur entstehen.

Gerade für dieses Wunder war wohl die Sphinx das sprechendste Symbol. Sie zeigte die Verschmelzung des Verstandes und der geerbten Instinkte in ein und demselben Wesen. Dies ist das Geheimnis der schöpferischen Bilderwelt, die aus einer solchen Zusammenarbeit die Welt erfüllt.

FERIEN IM TIERREICH

Wir werden noch in den letzten Abschnitten des Buches auf besonders merkwürdige Verhaltensweisen von Katzen zu sprechen kommen. An dieser Stelle soll aber bereits darauf hingewiesen werden, daß viele Tierbeobachter dieses abweichende Benehmen auf die wechselvollen Schicksale zurückführen, die die Tiere auf ihrem Weg durch die menschliche Geschichte erduldeten.

Gerade in unserem Jahrhundert der verrückten Völkerwanderungen und Fluchtbewegungen haben diese den Katzen zugeschriebenen »Traumerinnerungen« an vergangene Zeiten, wie auch das ahnungsvolle Sich-Hingezogenfühlen des Menschen zu einzelnen Tieren, zu den besten und tiefsten Freundschaften zwischen beiden geführt. So ist es denkbar, daß ein Zeitgenosse die schöne Vertreterin einer seltenen Katzenrasse sieht, und schon steigt in ihm das Verlangen auf: »Eine Gefährtin dieser Art muß ich haben, und keine andere.« Oft erfährt er erst später, daß die gleichen Geschöpfe ausgerechnet aus einem Land kommen, das ein Teil seiner eigenen Vorfahren bewohnte...

Solche »Zufälle« mögen moderne Märchen sein, aber es ist einfach unmöglich, bestimmte orientalische oder amerikanische Tiere zu betrachten, ohne auf amüsante Vergleiche mit deren menschlichen Besitzern zu kommen! Viele Überlieferungen von Katzenzüchtern vermitteln uns zu jeder der Rassen Sagen, in denen ganze Welten der Poesie enthalten sind.

Die freundliche Birmakatze beispielsweise wurde in Tempeln gezüchtet. Ihr goldenes Fell sollte die Gläubigen an die Gottheit des Sonnenlichts erinnern und ihre blauen Augen an den Tageshimmel. Die thailändische Siamkatze war die Spielgenossin von Königsfamilien, und die blaue russische Zarenkatze wurde in Fürstenschlössern an Samt und Seide gewöhnt.

Mit den Göttergeschöpfen der antiken Sagen verbindet man unmittelbar die äthiopische oder die Nil-Katze. Man berichtete mir einmal von jamaikanischen Rasta-Musikern, die sich ein solches Tier erstanden hatten. Sie sahen in ihr eine Verbindung zu ihrer vor Jahrhunderten verlorenen äthiopischen Heimat – und selbstverständlich damit eine Muse für ihre Kunst. In den

Frauengemächern der Sultane schätzte man anscheinend die Angorakatze, deren Name von der türkischen Hauptstadt Ankara stammt. Nicht weniger berühmt sind die verschiedenfarbigen Perser, die an die reiche Haarpracht und die Modetrachten der schönsten Töchter Irans erinnern.

Jede Region der Erde brachte, dank der Natur und den ihre Wege beobachtenden Züchtern, ihre eigenen Rassen hervor. Ich verweise hier nur auf die englische Manx-Katze, die schwanzlos ist. Nach einer hübschen Sage kamen ihre fernen Vorfahren auf Schiffen aus Japan, denn dort ist die Stummelschwanz-Katze die Heldin der erstaunlichsten Gespenstergeschichten. Im übrigen soll sie so heimatliebend, mutig und selbstbewußt sein, daß sie als letztes Tier die Arche des Patriarchen Noah betrat. Um sich vor den Wellen der Sintflut zu schützen, warf Noah die Schiffspforte etwas zu rasch zu und klemmte damit den einst besonders stolzen Schwanz des Tierchens ab.

Im Wilden Westen fanden die Auswanderer aus Europa oft keine Frauen. Da sie, vielfach wegen ihrer Liebe zur Unabhängigkeit, »für sich« leben wollten, fanden sie Trost in der höflichen Gesellschaft von Katzen. Die teuersten Felle wurden zum Tausch für sie weggegeben, und gelegentlich sollen Goldgräber sie für »ihr Gewicht in Edelmetall« erstanden haben: Wie mir ein Halbindianer in Kalifornien erzählte, beobachteten die Jäger ihr Verhalten in ihren Holzhütten. Sie glaubten damit in Beziehung zu den einheimischen wilden Katzen, besonders zum Puma, treten zu können.

Übernahmen sie solchen Glauben von den Indianern, mit deren Töchtern sie zusammenlebten? Erwachte in ihnen durch ihr Leben in der Wildnis die Welt der Urmenschen wieder, die ihre unmittelbaren Vorfahren fast vergessen hatten? Die malerische Main-Coon-Katze der Amerikaner soll sogar aus der Kreuzung mit einem einheimischen Tier stammen, »das stark an einen Waschbären (Coon) erinnerte«.

Gehen wir durch eine reiche Katzenausstellung, dann bewegen wir uns auf einem engen Raume durch die Gedanken, Träume und Lebensstile aus allen Windrichtungen. Mit dem Glanz ihrer Augen locken uns die Tiere zu den Paradiesen der Erinnerung.

FAHRT ZU DEN ERINNERUNGEN

Die Katze erinnert uns an die Mondnacht Dianas, an Jagd, Wildnis, Nacht-Abenteuer. Es gibt darum Menschen, die nicht gern mit Katzen schlafen – gerade weil sie um solche Zusammenhänge wissen. Das warme und weiche Tier erinnert doch an den Dschungel. Dies erzeugt im Traum sehr leicht Bilder vom Überleben im Urwald, von dem viele Zeitgenossen nichts mehr wissen wollen. Kaum liegt ihnen noch etwas an nächtlichen Besuchen irgendwelcher phantastischer Tempelgebäude. Solche Leute wollen möglichst traumlos schlafen und im übrigen nur in der Gegenwart wurzeln.

Der englische Schriftsteller Conan Doyle veröffentlichte 1908 eine noch immer lesenswerte Geschichte. In ihr schildert er einen typischen Pariser Antiquar, der seine seelischen Begabungen zum Bestimmen seltener Altertümer verwendet. Er schläft zum Beispiel absichtlich in der Nähe eines gefundenen Schwertes und ahnt in Traumbildern, in welchen Kriegszeiten es verwendet wurde. Der kluge Mann versichert, daß er bei den entsprechenden Forschungen ganz im Sinne von uralten Volkserfahrungen handle, »die als Tatsache von unseren Ahnen stets anerkannt wurden«. Nachträglich erwähnt Doyle auch den schönen Brauch, die getrockneten Reste des Hochzeitskuchens unter seinem Kissen zu verstecken. Wenn man dies tut, erlebt man, wie er meint, unterhaltende und liebenswürdige Abenteuer im Schlaf.

Die heutige Parapsychologie hat auch für diesen Volksglauben eine Reihe von bestätigenden Beobachtungen gesammelt. Dr. Peter Ringger, mit dem ich sehr viel über den Sinn der Alpensagen reden konnte, stellt vorsichtig fest: »Auf dem Umweg über die Emanation (die Ausstrahlung eines bestimmten Gegenstandes, S. G.) scheint sich dem Sensitiven dann auch der Zugang zur Psyche des ihm unbekannten Eigentümers zu erschließen.« Der Dichter Werner Bergengruen meinte sogar: »Wenn unsere Sinne besser wären, könnte man wahrscheinlich aus dem Schnitzel der Fingernägel eines Menschen – dessen ganzes Wesen herauslesen.«

Wie sehr der Mensch in seinen Träumen Erinnerungen aus der Tierstufe, aus längst verflossenen Vergangenheiten, zu holen vermag, darüber versuchte die Forschung seit jeher Beobachtungen zu sammeln. Dr. P. Landry (München) versicherte schon 1920 in der »Neuen Zürcher Zeitung«, daß wir im Schlaf unsere fernsten Vorfahren sein können. Wenn es uns in der Nacht ist, als hätten wir einen erschreckenden Sturz getan, reden wir von einem »Falltraum«: Nach Landry stammt dieser Eindruck von Ahnen, die noch viel auf Bäumen hausten. Wenn sie auf einen schwachen Ast vertrauten und dann in die Tiefe fielen, hat sich die Erinnerung an solche Unfälle weitervererbt. Sie wirken so gründlich in uns nach, daß es uns manchmal im Schlaf ist, als sei es uns soeben zugestoßen.

Der Naturwissenschaftler Max Oettli verwies dazu noch auf den ebenfalls sehr häufigen »Höhlentraum«: Man fühlt sich in ihm wie ein gehetztes Raubtier, vielleicht auch als Urmensch. Der Schläfer befindet sich dann in einem dunklen Raum, eben der Höhle. Er weiß, daß sich hinter dem einzigen Ausgang eine große Gefahr befindet. Ein geduldiger Feind lauert draußen auf die Beute, die der Träumer selber ist.

Der Geologe und Paläontologe Prof. Dr. Edgar Dacqué erklärte das Vorkommen von Wundertieren in Märchen aus den Erinnerungen an vergangene Leben. Die alten Erzähler hätten sie nicht völlig frei ersonnen, sondern sozusagen im eigenen Unterbewußtsein gefunden. Oft haben die Märchenwesen eine erstaunliche Ähnlichkeit mit bestimmten, schon vor Jahrmillionen ausgestorbenen Tierarten. Dacqué ist überzeugt, daß die Erinnerungen an verflossene Zeitalter in uns allen fortleben und unsere Träume so vielschichtig und reich werden lassen.

Diese Vermutung findet durch gewisse Alpensagen eine deutliche Bestätigung. In vielen von ihnen verwandelt sich eine kleine Katze nachts in ein zimmergroßes Riesentier. Manchmal taucht sogar ein spukhafter Kater auf, der fast so mächtig »wie ein Haus« ist. Sein drohendes Mauzen verwandelt sich stufenweise in ein donnerähnliches Gebrüll. Stammen solche Traumbilder aus Erinnerungen an gefährliche Großkatzen? Die große, mächtige schwarze Katze erinnert an den gefürchteten schwarzen Panther. Dazu paßt, was die Zigeuner an ihren Lagerfeuern erzählen: »Die Ahnen haben in warmen Ländern gewohnt, wo es Tiere gab, die wir nur noch in den Märchen oder im Tiergarten finden.« Dazu hörte ich auch im Waadtland und im Wallis von Seßhaften, »daß es früher riesenhafte Tiere gab«, Luchse und Wildkatzen seien größer gewesen als Menschen. Ist dies ebenfalls eine Erinnerung an seither verschwundene Vertreter des Katzengeschlechts, wie etwa Höhlenlöwe oder Säbelzahntiger?

Die Träume und Märchen um die Geheimnisse der Natur haben sich ganz sicher gegenseitig angeregt und entflammt. In der Traumdeutung konnte ich lernen, daß die nächtlichen Bilder von gewaltigen Raubtieren »so wenig unglückbringend sind, wie etwa der Traum vom eigenen Tod«: »Nur derjenige kann in seiner Phantasie sein eigenes Sterben sehen, der sich seiner Lebenskraft sicher ist, weiß, daß er noch sehr lange leben wird. Nur der begegnet im Traum einem mächtigen Raubtier, der überzeugt ist, er könne mit jeder Gefahr fertigwerden.«

BUDDHAS KATZEN

Von den zahllosen Seelenwanderungslehren sind heute in Europa die buddhistischen am bekanntesten. Das Bewußtsein reist nach ihnen zahllose Jahrmilliarden durch die Gestalten der verschiedensten Geschöpfe. Es bewohnt in den endlosen Zeitaltern die so verschiedenen Leiber der Gesteine, Kräuter, Tiere, Menschen, Sternengötter. Nach den meisten dieser Philosophien ist aber jede Entwicklung an sich äußerst fragwürdig, denn auch das Dasein der höchsten Wesen kennt Prüfungen, die allerschwerste Leiden bedeuten. Die einzige Erlösung ist nach den meisten Richtungen des Buddhismus das Eingehen in einen Zustand, in dem Leidenschaft, Sehnsucht, Liebe, Denken aufhört. Die Seele erreicht in ihm das letzte Ziel. Sie muß nicht mehr wiederkehren, weder auf unserer stofflichen Erde noch in strahlenden Himmelsweiten. Sie verlischt im Nichts, im Nirwana.

Diese Religion erzeugte nach ihrem Entstehen wahre Wellen von Flucht aus der Wirklichkeit. Zahllose Klöster für Nonnen und Mönche entstanden. Viele der geschlechtliche Enthaltsamkeit predigenden Sekten waren vor allem gegenüber den Frauen von Mißtrauen erfüllt. Diese neigten nach gewissen Religionslehrern mit ihrer ganzen Seele zu Dingen wie seelisch-körperlicher Zärtlichkeit, Sinnlichkeit, Schwangerschaft und Gebären, Naturliebe... Verständlicherweise war in solchen Schulen der Weltflucht vor allem auch die Katze verdächtig. Wegen ihrer Neugier, Selbstzufriedenheit, Naschsucht, Kampflust galt sie den gleichen Denkern als das diesseitigste aller Tiere. Der erhabene Nirwana-Zustand sollte ihr vollkommen unverständlich sein. Katzen und Katzenmenschen rollen demnach ewig im Rad des Kreislaufs der Wiedergeburten. Sie sind durch und durch Kinder der materiellen Welten. Ihr Tod bringt ihnen auf keinen Fall die endgültige Erlösung. Sie kommen nach ihm jedesmal zurück – und haben auch noch viel Spaß daran.

Der indische Prinz Buddha Sakjamuni soll selber seinen Jüngern wunderschöne Märchen erzählt haben. Sie sind noch heute erhalten, und manche von ihnen haben durch die Völkerwanderungen ihren Weg bis in unsere Kinderstuben gefunden. In ihnen schildert der große Erleuchtete seine Lebensgeschichte, aber sozusagen die vor seiner letzten Geburt. Er erzählt seinen Zuhörern, wie er in zahllosen Gestalten durch viele Zeitalter unglaublichen Abenteuern begegnete. Ob er aber dabei noch ein Tier war oder schon ein menschliches Wesen, in keinem Fall soll er die Erinnerung an seine früheren Zustände verloren haben.

Es ist nun sehr bezeichnend, daß in einer dieser Geschichten die Katzen als Hüterinnen des Rauschtrankes (Sura) auftauchen. Von diesem wird in den Märchen versichert, daß er in der Urzeit ohne fremdes Zutun in einem hohlen Baume entstand. Wasser hatte sich hier gesammelt, und in der Folge fielen vielerlei verschiedene Pflanzenreste hinein. Die ganze Mischung geriet endlich in den Zustand der Gärung. Ein Jäger fand im Gebirge den natürlichen Branntwein und lernte anschließend dessen Wirkung kennen.

Den Trank brachte man nun vorsichtig zum Königshof und ließ ihn von Katzen bewachen. Die nach sinnlichen Eindrücken stets gierigen, naschhaften Tiere schlürften aber davon und schliefen berauscht ein. Nun konnten die Mäuse sogar straflos an den Wächtern knabbern, die erwachten nicht davon! Man hielt darum zuerst einmal die Flüssigkeit für ein gefährliches, mörderisches Gift, bis die Katzen ganz fröhlich von neuem zu spielen begannen: Dank seiner Entdeckung durch die lebensfreudigen Tiere konnte sich der pflanzliche Rauschtrank nun in der betrunkenen, ekstatischen Menschheit verbreiten.

In einem weiteren buddhistischen Märchen kommt Buddha Sakjamuni zum Sterben. Auch alle Tiere hören davon, und sie begeben sich zu dem Ort, an dem der erhabene Meister seine letzte Ruhe gefunden hat. Ihr ganzer Kreis versinkt in Andacht. Ihre sämtlichen Wünsche richten sich auf den erhabensten Zustand, das Nirwana, die Befreiung aus den Ketten des materiellen Daseins. Nur die freche Ratte versucht, die heilige Stille für ihre düsteren Zwecke zu mißbrauchen. Sie nähert sich der Totenlampe und beginnt, ihre scharfen Zähne an ihr zu versuchen. Die ebenfalls anwesende Katze verläßt darauf den Zustand der Meditation. Sie stürzt sich auf die Ruhestörerin und rettet damit die Versammlung vor jeder Entweihung. Die Katze soll durch diese Handlungsweise ihr Eingehen in einen höheren Zustand verscherzt haben. Das wachsame Tier ließ sich aber nur als Opfer aus der Ruhe bringen. Es tat dies nur, damit auf der Erde gute Ordnung sei und bleibe.

Ich glaube, gerade durch die Weisheit solcher Märchen nähern wir uns dem Kern des eigentlichen Buddhismus. Dessen Begründer entstammt nach der Überlieferung einem uralten Königsgeschlecht. Seinen Eltern gehörte schier unbeschränkter Reichtum und die Macht über ausgedehnte Ländereien. Dank ausgezeichneter Lehrer wurde er noch als ganz junger Mann ein Meister der Kampfkünste und beherrschte die Weisheiten der verschiedensten Wissenschaften. Die schönsten Frauen seiner Zeit liebten ihn und machten ihn über alle Maßen glücklich. Wenn er also sein in jeder Beziehung erfülltes Leben mit dem Eingehen ins Nirwana abschloß, so sollte dies bedeuten: Er hatte auf Erden jede nur denkbare Vollendung erreicht. Er hatte sämtliche Freuden ausgekostet. Es gab für ihn sozusagen nichts mehr zu tun.

Die wunderbare Geschichte um die Katze gilt darum vielen, tiefgläubigen Buddhisten als der Schlüssel zum Weisheitsweg ihres höchsten Meisters. Ein Ende der Seelenwanderung gibt es

Von einem geflüchteten, buddhistischen Kalmücken wurde mir versichert: »Indem man das Wesen seiner Katze meditiert, vermag man die Erleuchtung zu erlangen.«

nach der Tierlegende nur für den, der während seiner Leben alle Seiten des Daseins kennengelernt hat. Erst nach einer solchen Fülle der Erfahrungen kann das Bewußtsein in die göttliche Urkraft selber eintauchen und mit dem Kosmos zu einer Einheit verschmelzen. Geschöpfe, die noch nicht so weit sind, bleiben im Kreislauf der Wiedergeburten. Sie haben noch einer Unzahl von Erfahrungen zu begegnen und sie auch zu genießen. Ihr Vorbild ist Buddhas Katze. Sie sehnte sich nicht nach höheren Zuständen. Sie folgte, als sie die Untat der Ratte sah, ihrer nützlichen Anlage. Dadurch rettete sie auf die ihr typische Art ihre ganze Umwelt vor Schaden und Zerstörung.

Man berichtet auch von einem riesigen buddhistischen Andachtsbild im japanischen Kioto. Es ist zwölf Meter hoch und stellt wiederum den Tod des erhabenen Buddha dar. Der Maler war mit seinem Kunstwerk schon fertig, da sprang ihm seine Lieblingskatze auf die Schulter. Mit viel Schmeicheln und Schnurren machte sie dem Mann deutlich, daß er sie auf keinen Fall vergessen dürfe. Also malte er sie sehr sorgfältig in die Ecke seines Riesenwerks. So lebt, bescheiden und doch entscheidend wichtig, das Sinnbild der Katze im asiatischen Buddhismus fort. Wenn wir ihm nachsinnen, begreifen wir viel vom Sinn einer ursprünglichen Seelenlehre.

Symbole der Natur

Für Kulturen, die offensichtlich die Katze sehr bevorzugten, stand ihr Tier in einer ganz besonders nahen und vertrauten Beziehung zum Schöpfungsgeheimnis. In ihrem Kreis ist sie im Mittelpunkt der sich jährlich wiederholenden »Bräuche, die man für sein Dasein braucht«. Wer diese Bräuche bewußt ausübt, findet in ihnen einen »Jungbrunnen«, wie er in den Sinnbildern der Märchen vorkommt.

Der Mensch wandert schließlich in der mündlichen Dichtung des Volkes, genau wie in der der mittelalterlichen Ritter, durch alle Wunder der Welt. In unzähligen Abenteuern sucht er seinen »Ort des Glücks«. Zuerst erscheint er selber als »närrisch«, ist ein kindlicher »Dümmling«. Findet er aber den ihm zustehenden Platz, lernt er auch seine Kräfte kennen, seine Gesundheit dauernd zu ergänzen und zu erneuern. Erst jetzt gilt er als weise und königlich.

In dem bekannten Märchen um den »Gestiefelten Kater« wird der Held, dank der Hilfe seines Wundertiers, zum mächtigen »Markgrafen von Karabas«. Eine unterhaltende esoterische Deutung dieses Namens lautet übrigens: »Kara« steht in den türkisch-tatarischen Sprachen für »schwarz«, »bas« aber soll auf die große Katzengöttin Bast hinweisen. Der Ehrenname des Helden würde also bedeuten, daß er in das für ihn zuerst »nachtdunkle« Katzengeheimnis eingedrungen ist.

In den »ägyptischen« Tarotkarten ist der »Narr« als Trumpf 22 (oder 0) abgebildet. Wir sehen einen Mann in orientalisch-bunten Kleidern, der sich in seiner Gegenwart nicht zurechtfinden kann. Er blickt selbstvergessen in den Himmel – er ist der »Hansguck-in-die-Luft« der Volksschwänke. In der Wirklichkeit torkelt er sinnlos durch Weiten und Wüsten, in denen er leicht verhungern oder verdursten kann. Viele Kartenbilder zeigen gar, wie er achtlos in einen mörderischen Sumpf oder in einen grundlosen Abgrund stolpert. Dies bedeutet: Wir dürfen ob unseren Sehnsüchten, Tagträumen und Idealen auf keinen Fall unseren Alltag vergessen.

Auf vielen alten Darstellungen des Tarot-Narren, der unser aller Sinnbild ist, wird er von einem Tier ins Bein gebissen. Auf einigen anderen scheint das Tier ihn eher freundlich, durch Umschmeicheln seiner Füße, »aufhalten zu wollen«. In dem sehr überlieferungsgetreuen Tarot von Marseille oder auch in dem von Court de Gébelin, dem Symbolforscher des 18. Jahrhunderts, ist dieses Tier eine Katze oder ein Kater. Der Mystiker Oswald Wirth zeichnete an derselben Stelle einen Luchs. Bei Aleister Crowley, der ebenfalls ägyptische Traditionen aufzufinden glaubte, ist es gar ein Löwe.

Aber ob hier Hauskatze, wilde Waldkatze oder eine Großkatze abgebildet ist, das Sinnbild scheint uns aus dem Vorhergehenden verständlich. Die Katze kämpft um einen bestimmten Lebenskreis ihrer Umwelt und versucht in ihm jedes Mauseloch in den Wurzeln, jeden Stein, jedes Kräutchen zu erforschen. Sie ist also auch für die Tarot-Überlieferung der Hinweis auf unseren Instinkt, unser ursprüngliches Gefühl für die Umwelt. Der Narr muß sein Glück nicht in weiten Fernen suchen. Er muß sich um seinen unmittelbaren Umkreis kümmern, vielleicht auch ein Mitgeschöpf suchen, mit dem er seine Erfahrungen vergleichen kann. Schauen wir »mit Luchsaugen« um uns, sind wir schon auf dem Weg des Überlebens. Wir sind keine Narren mehr und wandern nicht mehr ins Nichts, sondern in die reale Zukunft.

Frau Helena Blavatsky, geborene von Hahn, auf die sich viele neuzeitlichen Geheimlehren zurückführen lassen, erklärt die Katzenverehrung der weisen Ägypter so: »Einer von den mystischen Gründen war der, weil ihr (der Katze) Körper beim Schlafen kreisförmig eingerollt ist.« Für die Urvölker war sie damit das lebendige Sinnbild des für den Menschen unsichtbaren Kreislaufs der Lebenskraft, »mit der die Katze in hervorragendem Maße begabt ist«. Verschiedene Theosophen aus den fortlebenden Schulen der Frau Blavatsky halten gerade diese Hinweise sehr hoch. Sie nehmen an, daß viele der neuesten wissenschaftlichen Versuche, für diese Urkraft Beweise zu finden, gerade auf diese Anregungen aus der Katzenbeobachtung zurückgehen.

Auch in der vorchristlichen nordeuropäischen Dichtung Gylfaginning, also in der Prosa-Edda von Snorri Sturluson, ist das gleiche Tier das Sinnbild für wunderbare Vorgänge in der Naturwissenschaft der vorzeitlichen Weisen. Der Gott Thor, der Herr von Blitz und Donner, versucht eine geheimnisvolle Katze vom Boden zu heben. Sie ist eigentlich die gewaltige »Midgard-Schlange, die um die ganze Erde herumliegt«. In dieser magischen Geschichte ist also das niedliche Tier, das um die Beine der Menschen in der Festhalle herumstreicht, das Symbol der Urenergien unserer Welt.

IM HEILIGEN JAHRESKREIS

Das Jahr sahen die alten Völker als ein vollkommenes Bild »der sich in den Schwanz beißenden Schlange der Zeit«: Im Frühling erwacht das Leben mit neuer Kraft, nähert sich in Herbst und Winter dem Tod, um dann wiederum während der Ostertage den frohen Neubeginn zu feiern. Die Lebenskraft aller Wesen steigt und sinkt wie eine ewige Welle. Tausendfach sehen wir darum auf alten und neuen Darstellungen Sinnbilder des Krei-

Auf dieser Tarotkarte versucht eine Katze dem »Narren« die von ihm verschmähte Weisheit der Natur zu zeigen.

ses, des Rings – selbstverständlich auch Lebewesen, die wie die Katze an dieses Symbol erinnern.

Die Frühlingsbräuche von Januar bis März, die wir in der Regel unter dem Begriff Fasnacht zusammenfassen, kennen die nächtliche »Katzenmusik«. Sie vertreiben die gelegentlich als teuflische Ratten vorgestellten Todesmächte und wecken die Fruchtbarkeit in der Erde. In Stralsund hieß in den Frühlingsspielen der Besieger des bösen Winterdämons »Katzenritter«.

Der Zusammenhang zwischen den befruchtenden Gewittern und der Katze ist, wie wir schon sahen, im Volksglauben ebenso deutlich wie in der Sage um den Blitzgott Thor: Gewitterwolken werden im deutschen Sprachgebiet sehr häufig als »Wetterkatze«, »Murrkater« (Kater Murr), »Schwarze Katze« oder ähnlich bezeichnet. Der Ethnologe Schwartz versuchte zu belegen, daß die Alten sich den Blitz bald als aufleuchtendes Katzenauge, bald als hervorschießende Krallen-Waffe des himmlischen Katers vorstellten.

Bezeichnenderweise galt in Europa wie in Ägypten, Indien oder Griechenland die Zeit des Tierkreiszeichens »Löwe« als stärkste Entfaltung der Sonnen- und Lebenskraft. Der Schöpfer des astrologischen Volkskalenders aus Bayern, der aus dem 15. Jahrhundert stammt, versichert in diesem Sinn: »Gleich wie der Leo ein König aller Tiere ist, also übertrifft zu der Zeit (des Zeichens Löwe) der Sonnen Kraft und Hitze sämtliche Sternenkräfte (die krafft alles gestirns)...« Wer also unter dem Himmelszeichen des Löwen geboren wird, muß darum einen Überfluß an Lebensenergie besitzen: »Er ist stark, kühn, schön und wohlredend.« Wegen diesem Überschäumen der Kraft wird er zwar leicht zornig, ist aber durch sein ganzes Wesen so strahlend, daß ihm solche elementaren Ausbrüche nicht schaden.

Die von den Künstlern als besonders schön empfundene Wellenbewegung im reifenden Korn wurde entsprechend diesem uralten Weltbild gedeutet. »Die Lebenskatzen spielen und haschen sich«, sagte mir dazu der russische Dichter Alexej Remizow. Auch in verschiedenen deutschen und keltisch-westeuropäischen Landschaften gelten diese Bewegungen als von einem Katzen-Kobold verursacht: Er streicht durch die Felder oder durch das hohe Wiesengras und schenkt den Pflanzen ihre Wachstumskraft.

Manchmal stellte man sich sogar vor, dieses »Lebenstier« verstecke sich dann bei der Ernte in der allerletzten Garbe. In gewissen Gegenden bezeichnete man sogar den Landarbeiter, der beim Kornschneiden zuletzt fertig wurde, als Kater. Er wurde dann mit Stroh in eine wunderliche Gestalt verkleidet, die dem Korngeist gleichen sollte, womit wir bei den zahllosen herbstlichen Entsprechungen zu den wilden Maskenfesten des Frühlings sind.

Der menschliche »Kornkater« bekam auch einen langen geflochtenen Katzenschwanz angesteckt und verfolgte nun die fröhlich brüllenden Dorfkinder. Er mußte versuchen, sie mit einer mächtigen Rute aus dünnen Zweigen zu verhauen: Durch dieses Zauberding sollte er nach einer alten Deutung die Lebenskraft der Zweige auf die heranwachsenden Menschen übertragen, die sie ja im nahenden Winter so dringend brauchen.

Im Herbst schließt sich der Kreis des Daseins. Die Katzen hören nach und nach mit ihren leidenschaftlichen Liebesfesten und Mäusejagden in den nun kahlen Feldern auf. Sie treiben sich wieder in einem immer engeren Kreis um Haus und Hof herum. Meine Großmutter faßte hier folgendermaßen die einstigen Überzeugungen der ländlichen Ukraine zusammen: »Die Katzen sammeln in sich die Feuerwärme aus den goldenen Feldern, da sie aus der Natur immer mehr verschwindet. Sie bringen sie in unsere Stuben, damit der Frost nicht bis zu unseren Herzen dringen kann.« So besitzen wir in uns das innere Feuer, das jede Krankheit in uns »verbrennt«.

WEIHNACHTEN UND DIE TIERE

Die ländlichen Naturbräuche können auch in der Stadt lange nachleben und dort die Menschen beglücken. Obwohl unsere bescheidene Wohnung mitten in einer eng besiedelten Wohngegend lag, versuchte meine Großmutter Weihnachten so zu feiern, als wären wir in der hintersten ländlichen Ukraine. Die

Gibt es einen Zusammenhang zwischen der Katze unter dem Weihnachtsbaum und dem uralten Mythos vom »Kater auf dem Weltenbaum«?

Krippe, von den Zweigen des Christbaums beschattet, war wie eine Höhle gestaltet. Um sie herum sah man das heilige Paar sein Kind betrachten. Im weiteren Umkreis standen alle meine kleinen Spielzeugtiere. Wegen der dicht mit Nadeln bewachsenen Äste der Tanne, die sich auf sie niedersenkten, schienen sie alle wie aus dem Winterwalde zu kommen. »In der Höhle wohnen eigentlich die wilden Tiere«, erklärte mir die Großmutter, »Christus ist in ihrer Höhle auf diese Welt gekommen, weil er für sämtliche Geschöpfe Licht und Leben bringen wollte.«

Später wollte man mir in der Schule beibringen, diese Auffassungen kämen aus dem kindlichen Volksglauben des Ostens. Als ich aber dann selber in Büchern nachzulesen begann, merkte ich, daß es anders war: Durch die Bilder meiner Kindheit war ich sehr ursprünglichen Gedanken der Menschheit begegnet. Wurden sie von weisen Großmüttern jeder Generation weitervermittelt? Sind sie einfach tief in unserem Herzen? Steigen sie in uns auf, wenn wir uns ganz den Gefühlen und Träumen um den Weihnachtsgedanken hingeben?

Plato sieht die Welt als eine Höhle. Ebenso wurde sie in den Bräuchen um den iranisch-indischen Sonnengott Mithras empfunden, die sich in der Zeit des Urchristentums über das weite Römische Reich ausbreiteten. Porphyrius erwähnt in diesem Zusammenhang einen Ausschnitt bei Homer, in dem geschildert wird, wie der mit den Göttern verbündete Held Odysseus in seine Heimat zurückkommt: Er gelangt zu einer dunklen Höhle, dem »Heiligtum der Nymphen«, die bildlich für das Weltall steht, in dem die Menschenseele geboren wird. Durch ihre Geburt kommt die Seele sozusagen zu Besuch in die Tierwelt. Die Eingeweihten des Mithras-Kultes drückten diese Vorstellung nach Porphyrius aus, indem sie sich »Löwen« nannten und sich verschiedene Tiermasken aufsetzten.

Gerade die Ostkirche hat bekanntlich sehr viel aus der griechischen und auch iranisch-persischen Kunst übernommen. Sehr häufig sehen wir in ihren heiligen Bildern, wie das Christkind in einer gewaltigen Höhle auf die Welt kommt. In dem bereits erwähnten »Evangelium der Zwölf« oder »Evangelium des vollkommenen Lebens« finden wir eine Zusammenfassung solcher Legenden. Die Höhle, in der die Krippe steht, ist »mit vielen Lichtern erfüllt, hell wie die Sonne in ihrer Pracht«. Viele Tiere befinden sich dort: »Unterhalb der Krippe war eine Katze mit ihren Jungen.«

Das Evangelium hat gerade während und nach dem Zweiten Weltkriege sehr viele Kinder glücklich gemacht. Die Höhlengeburt wird in ihm oft als Sinnbild oder Gleichnis der ganzen Weihnachtsbotschaft gesehen: »So geschah es, daß er (der Heiland) inmitten der Tiere geboren wurde, die er von ihren Leiden zu erlösen kam, durch die Erlösung der Menschen von Unwissenheit und Selbstsucht...«

Ist hier echtes Urchristentum, wie es im ausgehenden 19. Jahrhundert in den Kreisen frommer Theosophen wiederentdeckt wurde? Ist dieses »Urevangelium« nur eine Nachdichtung, vielleicht als Trost in einer zunehmend materialistischen Zeit gedacht? Der Traum vom Erlöser, der eine neue Seelenbrücke zwischen Mensch und Tier baut, gehörte seit jeher zur Weihnacht. Viele volkstümliche Darstellungen der heiligen Geburt, aus Tirol und anderen Alpenländern, weisen auf alle Fälle genau auf diese Vorstellung hin!

Christus in der Höhle ist von den verschiedensten Geschöpfen umgeben. Die hinzugekommenen Hirten bringen noch weitere Tiere mit. Sie sind deren Begleiter oder werden von ihnen als Geschenke an die heilige Familie gebracht. Der Dichter Friedrich von Spee berichtet in seinem Werk »Trutz-Nachtigall« von dem Wechselgesang der beiden Hirten Damon und Halton, die dem göttlichen Kinde hübsche »Kätzelein« bringen. Friedrich von Spee war im 17. Jahrhundert ein kühner Gegner der damals in Deutschland abgehaltenen Hexenverfolgungen: Vielleicht wollte er durch sein schönes Krippenspiel den verirrten Menschen zeigen, daß die damals geschmähte Katze auch zur Schöpfung Gottes gehöre.

In den Darstellungen der Geburt dürfen auch die drei Könige oder Magier nicht fehlen. Sie bringen Tiere aus weit entfernten Ländern, sogar Löwen und Elefanten. Während also die meisten Menschen des römischen Weltreichs die erste Weihnacht nicht wahrhaben wollen, sind für die Künstler Vertreter des ganzen Tierreiches an der Krippe versammelt: Man nahm an, daß sie in ihrer Unschuld das große Wunder »gespürt« und auf ihre Art auch begriffen hätten.

DIE KATZE IN DER CHRISTNACHT

Ob urchristlich oder nicht, die Auffassung, »daß Weihnachten für *alle* Geschöpfe ist«, blieb bis in die Gegenwart ein Bestandteil der tiefen Volksfrömmigkeit. Von allen Seiten vernimmt man die Auffassung, »die die Alten noch allgemein hatten«: »Die Tiere erhalten in der heiligen Nacht um Mitternacht die Sprache. Sie erzählen dem Engel, der die Welt besucht, von ihren Leiden und Freuden. Werden sie von ihren Besitzern gequält und ungerecht behandelt, so kommen dem Boten des Himmels die Tränen. Er wendet sich von den bösen Menschen weg. Er kommt Weihnachten gar nicht zu ihnen, und sie erhalten für das ganze kommende Jahr keinen Segen.«

Man war darum beim Nahen der heiligen Zeit besonders lieb und aufmerksam zu den Tieren. Die Hauskatze war da sehr wichtig, weil man annahm, daß sie den Menschen besonders gut kannte und aufmerksam beobachtete. Der Hund war schließlich in der Regel als Wächter auf dem Hofe. Die Katze aber war im

Haus viel um den Menschen herum und schlief meistens »auf dem warmen Ofenherd«. In der Ukraine sagte man: »Dieses Tier hat die Augen geschlossen und hört doch alles. Durch seine Augen und Ohren weiß der Schutzengel alles über uns.«

In Bern erzählte mir, als ich noch ein Kind war, eine alte Frau ihre Vorstellung über das jährliche Fest der Tiere, das der Himmel jedes Jahr im Walde stattfinden läßt. Auf einer hohen Tanne entzünden sich in der heiligen Nacht »goldene Lichtlein«. »Von selber entstehen sie, funkeln den Sternen zu.« Menschen mit wachen Sinnen, die noch spät in der Nacht heimeilen, können sie sehen. Sie glauben gar, kleine Engelskinder zu erblicken, die auf den ewiggrünen Ästen sitzen.

»Wenn du zu Hause Kerzen am Baum anzündest«, sagte diese weise Frau, »machst du nur den Waldbrauch der Engel und Tiere nach.« Ist dies wieder eine der Volkssagen, die aus lange verkannten Naturerscheinungen entstand? Oder stehen die Kerzen am Baum stellvertretend für die seltsamen Lichter, die der Mensch mit empfindlichen Sinnen in der Dunkelheit so häufig zu sehen glaubte, und wohl gelegentlich auch tatsächlich sah? Brachte er nicht zuletzt deshalb immergrüne Pflanzen wie Tanne, Eibe oder Mistel im Winter in seine Wohnung, weil er mehr von der geheimnisvollen Lebenskraft bei sich fühlen wollte?

Eine besondere Bedeutung besitzt bei dieser Wald-Weihnacht wiederum die Katze. Sie ist sozusagen noch immer die Verbindung zwischen Menschenwelt und ursprünglicher Wildnis. Die anderen Haustiere sind ja auch zu Weihnachten in ihren Ställen eingeschlossen – auch der Hofhund liegt wachsam an der Kette seiner Hütte. Nur die Katze eilt in den Winterwald, um dort noch immer mit ihren ungezähmten Gefährten den Lichterbaum zu sehen. Ein Jäger versicherte mir einmal allen Ernstes, als wäre es kein Jägerlatein: »Ich streifte am 25. Dezember durch das nahe Wäldchen. Um die Tanne auf der Anhöhe fand ich viele frische Tierspuren, besonders die von Rehen und Hasen. Aber auch die Fährten von Katzen erkannte ich ganz deutlich im frischen Schnee. Vielleicht ist doch etwas an den Geschichten um das Fest der Tiere.«

In den fünfziger Jahren erzählte eine große Katzenliebhaberin aus der Gegend von Sigriswil am Thunersee von ihrem Haustier, das im kalten Winter noch so menschenfreundlich und häuslich sein mochte. Wenn aber am heiligen Abend die ganze Familie um den Christbaum saß und sang, zeigte es auf einmal zunehmende Unruhe. Die Katze störte nun die Anwesenden so lange, bis sie sie beachteten und in die Sternennacht hinausließen. Auch wenn der Wind noch so pfiff und die Schneeflocken dicht fielen, verschwand sie in den Wald. Doch kaum eine Stunde später, meistens während die Menschen noch ihre Geschenke auspacken, kratzte sie wieder am Fenster. »Früher glaubten die Alten«, versicherte die Frau, »daß die Hauskatze in der Christnacht zum Waldfest eilen muß, um die Himmelslichter auf der Tanne zu sehen. Zumindest wenn sie von allen ihren Wohngenossen ein Jahr lang vor allem Liebe empfing, eilt sie aber sofort zurück.« Kaum war sie mit nassen Pfötchen wieder im warmen Zimmer, schmeichele sie recht leidenschaftlich um die Beine »ihrer« Leute. Die Familie war darüber herzlich froh. Die Lebenskraft, der neue Segen, »die Gesundheit aus dem Walde« könne schließlich jedermann nur nützen.

Ich habe diese schöne alte Geschichte meinen Verwandten und auch vielen Freunden erzählt. Wir beobachten unsere Katze seither jedes Jahr, zumindest seit wir auf dem Lande wohnen. Sie mag sonst ganze Abende im Halbschlaf herumdösen, aber zu Weihnachten strebt sie jedesmal leidenschaftlich ins Freie und kommt dann munter und frohgemut zurück. Es ist also nicht verwunderlich, wenn immer mehr Kinder (und jung gebliebene Erwachsene) glauben, »daß an dem Märchen um die Tier-Weihnacht kaum zu zweifeln ist«.

In solchen Erlebnissen finden wir die zeitlose Überzeugung: Wer an allen bunten, sich jährlich wiederholenden Erscheinungen der Natur seine Freude hat, »der lebt wirklich«. Er sieht und fühlt, wie sich seine Umwelt dauernd erneuert. Wenn Weihnachten und dann der Frühling kommt, spürt er, wie frische Kraft in ihn strömt und ist jedesmal selber wie »neugeboren«.

4. Teil

GEHEIMPFADE
DER ALTEN HEILKUNST

Schutz vor den Seuchendämonen

Die Katze war den Alten in mehr als einer Hinsicht das Tier der Reinheit, putzt sie doch wie kein anderes Tier ihr Fell und vergräbt mit solcher Gründlichkeit ihren Kot. Man bewunderte die zärtliche Sauberkeit, mit der ein Muttertier mit so viel Sorgfalt seine Jungen umsorgte. Am wichtigsten erschien aber die Tatsache, daß die Katze mit leidenschaftlichem Eifer die menschliche Behausung von den Nagetieren säubert.

Während man die Katze häufig als einen wichtigen Bestandteil der göttlichen Schöpfung ehrte, sah man in Mäusen und Ratten eine Ausgeburt des Schmutzes. Man war überzeugt, sie seien durch einen unerklärlichen chemischen Vorgang aus den Abfällen der Urzeit entstanden, und die Mächte der Zerstörung hätten zu diesem Vorgang beigetragen. Den Teufel, Feind von allem bewußten Leben auf der Erde, stellte man sich als ihren »Vater« vor. Gelegentlich soll er sogar in ihrer Gestalt versuchen, die für unser Gedeihen wichtigen Nahrungsmittel zu vernichten oder zu verschmutzen.

Mäuse und Ratten durch starke Gifte zu bekämpfen, erschien einem solchen Denken als sinnlos. Auch wenn dies einmal gelingen sollte, könnten sie aus dem stinkenden Unrat von neuem entstehen. Wollte man die Nager wirklich in ihrem Lebenskreis besiegen, mußte man um sich eine gute, »gottgefällige« Ordnung entstehen lassen.

Die wohl wichtigste Bedeutung der Katze für die alte Medizin, war ihre »vorbeugende« Wirkung. Durch ihren ewigen Kampf gegen Ratten und Mäuse bewahrte sie Haus und Hof zuerst einmal vor dem Hunger. In den alten deutschen Traumbüchern findet man einen wichtigen Hinweis auf den Volksglauben: Sehen wir während des Schlafes das Bild von »essenden Katzen« – so hat dies gerade für einen armen Menschen eine gute Vorbedeutung; denn das Bild kündet ihm, daß er künftig genau das erhalten wird, was er zum Leben braucht. Die Katze war nun einmal im Bewußtsein unserer Vorfahren der treue Wächter der Lebensmittel. Die gutgenährten Katzen im Traum zeigten, daß in der eigenen Hütte ausreichend Speisen vorhanden sein würden. Keine noch so gierige Maus würde wagen, sie anzuknabbern. Indem die Katze den Menschen vor dem Hunger bewahrte, schützte sie ihn auch vor zahllosen Krankheiten, als deren Ursache man die Unterernährung erkannt hatte.

Aber auch den Zusammenhang zwischen dem vermehrten Auftreten von Ratten und der Ausbreitung von Seuchen hatte man schon sehr früh beobachtet. »Die Katze ist sehr bescheiden«, lehrte mich im Sinn des Volksglaubens meine Großmutter, »sie hilft uns hundertfach im geheimen, bevor wir dies ein einziges Mal merken.« Wo sie »ihren« Besitz durch die Felder und Wiesen abschreitet, da flieht alles Übel. Ihre leisen Schritte zeichnen auf dem Erdboden einen unsichtbaren Zauberkreis. In den Raum, den ihre weichen Pfoten umschritten haben, können keinerlei »unreine Kräfte« eindringen, zumindest ist ihnen dies »eine Nacht und einen Tag« unmöglich. So vernimmt man noch heute, es sei falsch und sogar gefährlich, die Hauskatze bei ihrem »Rundgang« zu stören.

Die alte Heilkunst des Orients scheint bereits unsere Forschungen über die verderblichen Bakterien und Viren vorausgeahnt zu haben. Die jüdischen Weisen, die den Talmud und die Kabbala verfaßten, hatten schon recht klare Auffassungen davon. Sie berichteten von unfaßbar winzigen »Massikim«, den teuflischen Erregern von Krankheit und Unglück. Ausdrücklich wird uns versichert, daß ihrer Tausend auf einer einzigen Nadelspitze Platz haben. Woher wußte man im alten Morgenland von solchen Dingen? Weist dieses Wissen auf Erinnerungen an die priesterliche Wissenschaft versunkener Hochkulturen hin? Besaßen schon in der fernsten Vergangenheit Menschen so vorzüglich gesteigerte Sinne, daß sie damit Einblick in die verborgensten Naturrätsel nehmen konnten?

Doch als die Hauptträger der großen Seuchen betrachteten

die Völker seit jeher Ratten und Mäuse. Sie galten als die Sendboten der Hölle und des Chaos, die Verbündeten des unerbittlichen Todes. In den Redewendungen hat sich diese Auffassung noch erhalten: So sprach man von einem »mausetoten« Gegner, davon, daß »viele Mäuse im Lande Krieg und den Einbruch von fremden Völkern« ankündigen, und glaubte, wenn »einem eine Maus am Kleide genagt hat, so bedeutet es nahes Unglück«. Erlebte man gleiche oder ähnliche Vorgänge im Traume, sollte es schlimme Dinge für die Zukunft bedeuten.

Von all den Vorstellungen um das »Getier im Unrat« hat zumindest deren Wichtigste eine Bestätigung durch die moderne Medizin erhalten: Gerade die Ratte ist zweifellos ein Träger der gefährlichsten Krankheitskeime. Ihre Wanderungen in der Vergangenheit wurden von allen Schrecken der Pest begleitet.

RATTEN UND KRANKHEITSKEIME

Für unsere weitere Betrachtung der volkstümlichen Seuchenmedizin ist folgendes Detail, das ich den vielseitigen Ausführungen von R. Riegler (Klagenfurt) verdanke, sehr wichtig: Die Bezeichnungen »Ratte« und »Maus« waren für das Sprachgefühl vergangener Jahrhunderte völlig austauschbar! *Wir* verstehen unter dem Begriff »Ratte« die großen Arten der miteinander sehr nahe verwandten Nager, die Hausratte (mus rattus) und die Wanderratte (mus decumanus). In den romanischen Sprachen und anscheinend auch im Englischen handelt es sich bei diesem Wort jedoch um einen Oberbegriff, unter den auch die kleinen Mäuse fallen. »Rat« und »raton« bezeichnet auch in den französischen Fabeln von Lafontaine die Hausmaus und ihre Jungen. Nach anglo-amerikanischem Volksglauben gelten Mäuse sogar als noch sehr junge Ratten. Im gleichen Sprachraum bewahrte sich auch eine weitere eigenartige Auffassung: Ratten und Mäuse sind demnach Männchen und Weibchen der gleichen Tierart. Auch im Katalanischen unterscheidet man beiderlei Geschöpfe, indem man dem gleichen Wort ein verschiedenes Geschlecht verleiht: »Rat« (männlich) wäre demnach die Ratte und »Rata« (weiblich) dagegen die kleine Maus.

Die verschiedenen Arten der Nager wurden also nur als die abweichenden Erscheinungen der gleichen Zerstörungsmacht angesehen. In ihrem Zusammenleben glaubte man, ein drohendes, teuflisches Spiegelbild der menschlichen Gesellschaft zu erblicken. Noch heute läßt man es sich nicht nehmen, von Mäuse- und Rattenkönigen zu berichten: Sie werden angeblich auf fast demokratischen Massenversammlungen wegen ihrer hervorstechenden Größe und Frechheit »gewählt«. Auf ihren Köpfen – mehrere auf einem Leib – sollen sie Goldkronen tragen. Gleichzeitig können sie nach mehreren Richtungen blicken. Ihre Hauptaufgabe besteht darin, bei der raschen Ausbreitung ihrer Horden den Oberbefehl zu führen. Wie viele ihrer Rassengenossen während solcher Feldzüge umkommen, ist ihnen völlig gleichgültig. Es geht ihnen nur darum, die Macht ihres Gesamtvolkes nach allen Seiten auszudehnen.

Von der Ukraine bis in den Alpenraum glaubt man übereinstimmend: Wo einzelne Familien oder auch ganze Völker »schlecht« leben, dürfen die Ratten eindringen. Ihre gewählten Führer geben dann den Befehl, in den Lebenskreis der Unglücklichen vorzustoßen. Sie fressen den Menschen und Haustieren nicht nur die notwendige Nahrung weg, sie können angeblich sogar sämtliche Lebensmittel »vergiften«. Es genügt schon, daß sie diese nur ein wenig anknabbern oder mit ihren kahlen Schwänzen berühren. Manchmal beschmutzen sie auch das Essen mit ihren ekelhaften Ausscheidungen, »in denen alle Krankheiten enthalten sind«.

»Nur wer eine gute Katze hat, darf selig schlafen.« Es steckt sicher eine Auffassung in diesem Satz, die sich unmittelbar auf die diesseitige Wirklichkeit bezieht. Das »gute« Haustier galt als der sichere Schutz vor den »Massikim«, den entfesselten Seuchendämonen! Der französische Arzt Loti scheint einer der ersten zu sein, der die vergeßliche Gegenwart auf solche zeitlosen Weisheiten hinwies. Er warnte mit vielerlei Gründen davor, Gifte als Kampfmittel gegen Ratten zu überschätzen und dabei die bewährten Katzen völlig zu vergessen. Englische Forscher haben gezeigt, wie sich die Liebe zu diesem Haustier auszahlt: »Katzenliebende« Dörfer in Indien bleiben von der Pest verschont. Dort aber, wo man das Geschöpf der Glücksgöttin Lakshmi nicht schätzt, kann die mörderische Seuche noch immer zum Ausbruch kommen.

Ich selber sah in den Elendsvierteln von New York, Marseille und Paris die rührende Liebe bestimmter Volkskreise zu ihren Katzen. Diese Menschen wußten auffallend viel über Ratten und Mäuse als gefährliche Seuchenträger. Unter dem notleidenden Volk wurden die Katzen damit wieder zu dem, was sie einst nach dem Volksglauben gewesen waren: Zu magischen Beschützerinnen, vor allem der noch wenig Abwehrkräfte gegen schädliche Keime besitzenden Kleinkinder.

DIE HEXEN ALS HEILERINNEN

»Besen und Katze machen die Hexe aus!« lautet ein allgemein verbreiteter Aberglaube. Der Besitz dieser beiden »Hausfreunde« hat oft genügt, eine Frau in Verdacht zu bringen und dazu geführt, daß sie als Zauberin vor den Richtstuhl geschleppt wurde.

Es gibt tatsächlich eine Reihe von Geschichten und Bildern um die Weisen Frauen des Mittelalters, in denen diese »magischen Dinge« niemals fehlen. Sie galten im Volk als mit den helfenden Kobolden und Elementargeistern sehr eng verbunden. Alle ihre wunderbaren Künste verrichteten die Hexen angeblich »dank Katze und Besen«. Sogar auf ihre heiligen Berge konnten sie mit ihnen fliegen...

Wie immer scheint mir auch hier im verworrenen Aberglauben eine wichtige Wahrheit über die Vergangenheit verborgen zu sein. Bei Besen und Katze handelt es sich zwar im ersten Augenblick um grundverschiedene Dinge, doch schon bald entdecken wir, daß in ihnen für das Volksbewußtsein etwas Gemeinsames steckt: Beides sind die alten und noch heute treuen Abwehrmittel gegen Unrat, Schmutz und deren Verursacher. Die Frauen, die Katzen und Besen gleichermaßen hochhielten, säuberten ihre ganze Umgebung. Der Nährboden für die Seuchen verschwand mit ihren tierischen Trägern.

Ausdrücklich wird der Besen auch als »magische« Abwehr gegen die Gefahren durch die Nager bezeichnet. Selbstverständlich hilft er gegen ihre Freßgier wie gegen die von ihnen verbreiteten Krankheiten. In deutschen Gegenden kehrt man am Karfreitag allen Schmutz aus seinem Haus. Ausdrücklich wird erklärt, daß dieser Brauch die Rattengefahr bannen soll. Karfreitag ist nun bekanntlich ein Sinnbild des drohenden Siegs der Todesmächte. Die Reinigung seiner Umwelt, genau zu dieser Zeit unternommen, steht stellvertretend für den ausdrücklichen Willen, dem Übel Widerstand zu leisten. In unseren Büchern wird dies meistens als kindlicher Aberglaube des Volkes bezeichnet, aber hatte der Mensch im Altertum und Mittelalter bessere dienstbare Schutzgeister gegen eine Unzahl von Bedrohungen als gerade »Besen und Katze«?

Der vielgeschmähte »Hexenglaube« kannte auch Musik und verschiedene Lärmgeräte als Abwehr gegen Ratten und ihre Seuchen. Wir erinnern hier nur an »das Schlüsselgerassel«, dem man seit jeher eine »abschreckende« Wirkung zuschrieb. Auch Schellen und Trommeln hat man ganz bewußt wider die Mäuseplage eingesetzt. Der entsprechende Lärm sollte genügen, das lästige Ungeziefer zumindest für einige Zeit zu vertreiben.

Im Zusammenhang mit solchem Volksbrauch in Deutschland, Böhmen oder dem Alpenraum können wir wieder auf Ägypten verweisen: An bestimmten Tagen zogen die Verehrer der Katzengöttin Bast durch das Niltal und erzeugten mit dem heiligen Sistrum klappernde Geräusche. Die durchdringenden Töne sollten den Herrn des Chaos, den bösen Typhon, verjagen. Die Katzenpriester waren überzeugt, daß ohne eine solche Abwehr – die teuflische Macht die ganze Welt in eine Schreckenshölle verwandeln würde.

Die Funde der Altertumsforscher beweisen uns, daß die Ägypter gerade ihr Musikgerät Sistrum sehr gern mit Katzendarstellungen schmückten. Ich glaube, daß wir diesen Brauch verhältnismäßig leicht erklären können: Das gegen Typhon und seine Geschöpfe schützende Sistrum und die Katze gehörten in der

Vergangenheit zusammen, wie in Deutschland oder Böhmen »Besen und Katze«! Das Instrument war wahrscheinlich nichts anderes als der Ersatz oder eine Ergänzung des schützenden Haustieres. Genau wie dieses sollte die Musik die Nager vertreiben – wie die klappernden Schlüssel, Schellen, Glocken oder Trommeln in Mitteleuropa. Wenn die kleinen Nager tatsächlich ein so feines Gehör haben, wie es ihnen das Volk zuschreibt, dann wären bestimmte Töne tatsächlich eine gute Unterstützung bei ihrer Vertreibung.

Unabhängig von ihrer unmittelbaren Wirkung haben demnach Katzen und Hausgeräte der Frauen einen entscheidend wichtigen Einfluß. Die Laute, die von ihnen ausgehen, lassen ein ganzes Haus »lebendig« erscheinen. Die Nagetiere hassen den Lärm bei der gründlichen Reinigung wie die leisen Schritte der Katzenpfoten. Bei dem Geräusch eines klappernden Schlüsselbundes spüren sie, daß Keller und Dachboden unter beständiger Aufsicht sind. Die Laute, die vom einigermaßen geordneten Dasein in einer Wohnung ausgehen, nehmen ihre empfindlichen Ohren als Drohung auf.

Dort, wo die Menschen viel abwesend sind und vielfach unter Alkohol stehen, ist das Paradies von Ratten und Mäusen. Jeden Gegenstand können sie hier ungestraft schädigen und damit auch der Verbreitung gefährlicher Seuchen Vorschub leisten.

TIERQUAL, SCHULD UND SÜHNE

Katzenfreunde betrachteten seit jeher das Auftreten der Pest als Strafe der Natur für die Verfolgung ihrer Lieblinge. Auch mein Vater vernahm von den Griechen auf der Krim eine entsprechende Geschichte. Selbstverständlich muß ich völlig offen lassen, ob es sich hier um eine volkstümliche Tradition handelt oder um eine spätere Dichtung.

In der Mitte des 14. Jahrhunderts tobte um die feste Stadt Kaffa eine Entscheidungsschlacht. Schließlich war Kaffa, das Theodosia der Oströmer, die eigentliche Grenze zwischen den Erdteilen. Der Handel der Genuesen und Venetianer mit den asiatischen Geschäftsleuten ging weitgehend über die Krim. Kaffa war der Knotenpunkt für den Warenaustausch des Mittelmeerraumes mit dem russischen Norden.

Die unabhängige Stadt Theodosia wurde nun von den vereinigten Heeren der islamischen Türken und Tataren berannt. Sie sahen hier die wichtigste Vorstufe zur Eroberung der Kaiserstadt Byzanz und damit des ganzen christlichen Abendlandes. Die einheimischen Bürger wehrten sich mit verbissener Kühnheit, doch wegen der erbitterten Belagerung gingen ihnen die Nahrungsmittel aus. In ihrer Mehrzahl stammten sie wohl nicht aus Ägypten, obwohl sie seit der Gründung ihrer Stadt auffallend enge Beziehungen mit Nordafrika pflegten. Also taten sie in ihrer Not etwas, was die Ägypter niemals getan hätten: Sie verspeisten ihre zahlreichen Katzen, die für sie ihre seltenen Waren gehütet hatten. Nun vermehrten sich die Ratten in rasender Geschwindigkeit. Obwohl die verzweifelten Menschen in ihrer Not auch Ratten aßen, erwiesen sie sich schon bald als echte Todesboten. Einige behaupten, daß die Pest in den verfaulenden Leibern und im Blut der sie verschlingenden Ratten entstand. Die festen Mauern der einst stolzen Stadt verwandelten sich nun in eine entsetzliche Todesfalle. Mit den Flüchtlingen und den Ratten aus der schließlich unterlegenen Stadt breitete sich die furchtbare Krankheit zuerst in den Hafenstädten des Balkan und von Italien aus. Überall begann nun an den Küsten das Sterben. Die Zahl der Opfer erreichte in den nachfolgenden Jahren eine Größenordnung der Weltkriege. Nicht viel hätte gefehlt, und ganz Europa wäre ein Friedhof geworden.

Ich weiß nicht, ob diese verhängnisvolle Katzenvernichtung von Kaffa einen geschichtlichen Kern hat. Ganz sicher hat aber die allgemeine Tierverfolgung in den Städten den Siegeszug von Ratten, Rattenflöhen und der Pest erleichtert.

Der Sage zufolge haben nur die Weisen Frauen ihre Katzen nach altem Brauch bewahrt. Überhaupt mögen sie durch ihr urtümliches Natur- und Heilwissen recht häufig gesund geblieben sein, wo andere krank wurden. Dies ermöglichte den Ketzerverfolgern und dem Pöbel, die Dinge auf den Kopf zu stellen: Die Hexen trotzten der Seuche – also verbreitete man, sie hätten sie durch ihre Zaubersprüche erzeugt. Hatte man schon seit dem 10. Jahrhundert die Katzen als Kobolde der Diana verfolgt, so richtete sich die Wut nun auch gegen die Weisen Frauen: Seit dem ausgehenden Mittelalter stanken in fast jedem Ort des westlichen Abendlandes die Scheiterhaufen, die man den Hexen und ihren Lieblingen errichtete.

Geschichtsurkunden zeigen, daß sogar in Paris die regelmäßi-

Dieses Bild ist zwar nicht authentisch, zeigt aber dennoch sehr anschaulich die durch Jahrhunderte sehr reale Katzenquälerei.

gen Folterungen und Hinrichtungen von Katzen von den Massen als allgemeines Fest begangen wurden. Wir verzichten auf die grauenhaften, wohlbezeugten Einzelheiten. Sie sind ein Lesestoff für die Ausbildung von Sadisten und eine Schande für die Kulturgeschichte. Die Grausamkeiten während der gleichzeitigen Religionskriege und bei der anschließenden Revolution finden durch eine solche Verrohung der Menschen eine teilweise Erklärung.

Hier doch noch etwas zu Ehren des abendländischen Menschen der beginnenden Neuzeit: Der vierjährige französische Kronprinz, der künftige Ludwig XIII., war gezwungen, bei den teuflischen Tieropfern zuzuschauen. Voll Mut störte er aber den allgemeinen »Genuß« durch die Zeichen seines kindlichen Entsetzens. Unermüdlich bat er für die gefolterten Tiere, bis der König seinem Flehen nachgab.

Der englische Schriftsteller Rudyard Kipling schildert in seinem »Dschungelbuch« eine entscheidende und zeitlose Erfahrung. Sie stammt noch aus den Urwäldern, und der Mensch vermag sie von den Tieren zu erlernen:

>»Doch willst Du als Jäger bestehen,
>halt glänzend den eigenen Pelz,
>denn Jugendstärke verkündet,
>des prächtigen Felles Schmelz.«

Das wohl schönste der Dschungeltiere bei Kipling ist eine Großkatze, Bagheera, der schwarze Panther von Indien.

Als abendländisches Symbol für die Sauberkeit von Leib und Seele dienten den Alten die verschiedenen Katzenrassen. Blütezeiten oder trauriger Verfall dieses Leitbildes entscheiden schon in der Vorgeschichte über die eigentliche Grundlage jeder Kultur: die Gesundheit ganzer Völker wie auch jedes einzelnen.

Wundermittel für das Übersinnliche

Die Überlieferung sagt: »Katzenaugen sind Fenster, durch die sie in eine andere Welt blicken.« Durch ihre reichen Erfahrungen mit den Tieren nahmen die alten Kulturen eine moderne Entdeckung vorweg: Die Augen der Katze sind um ein Vielfaches lichtempfindlicher als die des Menschen. Sie erfassen die Umrisse von Gegenständen auch dann noch, wenn wir nur Dunkelheit sehen. Katzen nehmen also ihre allernächste Umgebung ganz anders wahr als wir. Sie blicken buchstäblich in eine »andere Welt«.

So mag der Ausspruch, »Katzen und Hexen haben die schönsten Augen«, darauf zurückgehen, daß man den Menschen mit magischen Begabungen immer ein Sehen zuschrieb, »das die Sinne eines normalen Menschen übertrifft«. Sogar Kinder zeichnen Hexen, auch wenn sie ihnen sonst häßliche Gesichtszüge zuschreiben, mit besonders großen und »schönen« Augen. Sie sollen sie von ihren allerbesten Verbündeten, ihren Lieblingskatzen »entliehen« haben. Wenn man heute noch erzählt, daß sich Hexen gern in Katzen verwandeln, so hat dies angeblich einen sehr guten Grund: »Ein Dasein als Tier hat vielerlei Nachteile. Nach der Ansicht der Hexen werden aber sämtliche Unannehmlichkeiten von einem großen Vorteil aufgewogen. Wenn sie Katzen sind, lernen sie immer besser, wie man seine Augen braucht.« Die Katzen sollen darum Hexen herzlich schätzen, denn gefühlsmäßig erkennen sie, daß sie Menschen sind, mit denen sie »von gleich zu gleich« verkehren können. Sie sehen die Dinge so wie sie.

Das »Fest der Katzen und Hexen« wird in Sagen häufig wie das Eintauchen in eine andere Wirklichkeit geschildert. Sein Hauptgenuß ist eine Zunahme der Wahrnehmung. Um diese bei ihren Versammlungen zu erreichen, verwenden die Zauberer an-

Sogar auf sehr naturgetreuen Katzenbildern, wie auf diesem russischen Druck, werden die vielbewunderten Augen oft besonders betont.

geblich bewährte Naturmittel, auf die wir noch zu sprechen kommen. Darüber hinaus hilft offenbar der *gemeinsame* Wunsch nach dem »Nachtsehen« jedem der Anwesenden. Er kann nun aus sich Fähigkeiten herausholen, wie er dazu allein in seiner Hütte gar nicht imstande wäre.

Die Hexen in den Alpensagen versammeln sich immer an einem Platz, wo die Kräfte der Natur besonders »stark« sind. Das kann ein verwunschener Waldhügel sein oder die Ruinen einer alten Kultur. An solchen Orten »begegnet man dem Wunderbaren, weil man das Wunderbare erwartet«. Man macht zusammen Musik, zündet ein Freudenfeuer an und läßt es dann langsam ausgehen. Dann sitzen die Anwesenden im Kreis, schauen in die Dunkelheit der Nacht und warten, bis sich die Finsternis »aufzulösen« beginnt.

Wie das Gewebe von Schleiern löst sich nach und nach die Schwärze auf. Schritt um Schritt verdeutlichen sich die Umrisse der Umgebung; »sie tauchen auf«. Es ist, wie wenn eine leise goldene Dämmerung durch das Land zieht. Ein Auffunkeln streicht durch die Sträucher. Um die Felsblöcke spielt jetzt ein schwaches Eigenlicht. Bald ist um die versammelten Frauen und Männer alles von einem strahlenden Nebelglanz umhüllt. Wenn noch zusätzlich die Sterne und der Mond aufgehen, dann soll nach der Sage die Welt vielfältiger aussehen als am Tage. Dem entspricht ein alter Ausspruch, den ich in Salzburg hörte: »Es gibt wahrscheinlich für unsereinen nichts Schöneres, als einmal alles mit Katzenaugen sehen zu können.«

Der Glaube an diese gesteigerte Sehfähigkeit empfindsamer Menschen wird noch immer von der Sage bezeugt. Wie hätten sonst die Hexen, um ihre Verfolger zu täuschen, sich in so abgelegenen Gegenden versammeln können? Um zu ihrem Ziel zu gelangen, mußten sie schließlich häufig an gefährlichen Abgründen und Waldmooren vorbei. Da sie nicht auffallen durften, nahmen sie selbstverständlich keine Fackeln mit. Der Aberglaube, »daß die Hexen nicht nur in ihren Träumen, sondern auch leiblich fliegen«, sei gerade aus diesem geheimnisvollen Treiben entstanden: Man staunte, wie leicht sie mitten in schwarzer Nacht auf steile Berge kamen und noch vor dem Morgengrauen wieder herunter.

Durch meine Großmutter erfuhr ich von einem Brauch, dem die Weisen Frauen und Männer der Ukraine ihre Fähigkeit verdankten, »mehr zu sehen als andere Leute«. Entspannt und frisch gebadet setzten sie sich »am Wochenende« auf Stühle, in die alte Zeichen geschnitzt waren. Die Hausherrin, bei der die übrigen zu Gaste waren, hielt ganz ruhig ihre Lieblingskatze auf dem Schoß. Wenn sich nun die Anwesenden wirklich vollständig zu entspannen vermochten, konnten sie bald die Augen ihres tierischen Lieblings »als Nachtlampe« verwenden. Plötzlich wurde deren bekanntes Aufglänzen zu einem echten, immer mehr anwachsenden Leuchten. Es breitete sich nach allen Seiten aus und machte die Hütte zu etwas, »das den schimmernden, durchsichtigen Gemächern im Schloß der Nixen gleicht«.

Ganz ähnlich ist man in keltisch-englischen Gebieten davon überzeugt: Katzen stehen auf sehr vertrautem Fuß mit sämtlichen Bewohnern der unsichtbaren Welt. »Die Katzenaugen sind Fenster zum Palast des Feenkönigs.« Wenn die Menschen Katzen besitzen, können sie durch sie in unvorstellbare Pracht hineinblicken. Umgekehrt vermögen die schönen Elfen durch die Katzenaugen zu sehen, was wir so treiben. Diese Augen sind also eine Strahlenbrücke, die eine magische Beziehung zwischen den Welten der Schöpfung ermöglicht.

GLÜCKBRINGENDE SCHMUCKSTÜCKE

Ein Rezept der volkstümlichen Medizin, wie man es ähnlich überall nachlesen oder hören kann, lautet: »Läßt man ›Katzenaugen‹ drei Tage in Salzwasser und sechs Tage darauf in der Sonne, so kann man sie in Silber fassen lassen. Sie sind dann ein Amulett, das dazu verhilft, besser als andere sehen zu können.« Aus solchen Anleitungen können, wenn der Geist der alten Überlieferung tot ist, vielerlei Mißverständnisse und damit Tierquälereien entstehen. Macht- und geldgierige Menschen sollen Katzenaugen ausgerissen haben, weil sie hofften, dadurch Hilfsmittel zum Aufspüren von Gold und anderen im Boden verborgenen Schätzen zu erhalten.

Während meiner Kindheit und Jugend im Alpenraum erklärten mir die Kenner der Heiltradition den wahren Zusammenhang. Die »Katzenaugen«, die unser Sehvermögen steigern, sind die gleichnamigen Edelsteine. In einer gedruckten Quelle heißt es: »Katzen-Augen ... sind eine Art von Opal und haben als besonderes Merkzeichen, daß sie über dem Leib einen weißen

Strahl zeigen, nachdem man sie an einer gewissen Ecke gegen das Licht kehret... Die Schlechten (also die weniger wertvollen Katzensteine, S. G.) haben eine graugelbe Farbe...« Die besten der Wundersteine sind dagegen fast grün, »nicht anders als Katzenaugen«.

Für den Kenner gibt es »Katzenaugen« unter den Steinen von ziemlich verschiedener Herkunft und Entstehung. Gemeinsam ist ihnen, daß wir bei ihnen einen Lichtstreifen wahrnehmen. Dieser hat die Eigenschaft, sich, je nachdem wie man den Stein dreht und wendet, hin und her zu bewegen! Es gibt also unter anderem Quarz-Katzenaugen, Chrisoberyll-Katzenaugen, Saphir-Katzenaugen, Turmalin-Katzenaugen, Mondstein-Katzenaugen.

Wie wir soeben aus dem leicht mißzuverstehenden Rezept lernten, trägt man solche Glücksbringer in Silber gefaßt. Dieses Metall finden wir in alchimistischen Handbüchern sehr gern mit dem silbernen Mond und »dessen« Tier, der Katze, in Zusammenhang gebracht. Gerade das Licht Lunas soll die Strahlkraft der »Katzenaugen« zu besonderen Wirkungen steigern. Viele Anhänger dieser Amulette haben sogar die Angewohnheit, den neuen Schmuck zuerst bei zunehmendem Mond oder bei Vollmond zu tragen. Sie versichern, mit dem Wachsen und Schwinden »des Sterns der Diana« auch die Zu- und Abnahmen der Energien in ihrem Edelstein zu spüren. Gerade das »Katzenauge« empfinden sie als sehr nützlich, um sich in den Ozean der Kräfte, die uns umgeben, hineinzufühlen.

Von dem »Katzenauge« aus kristallinem Quarz ist es nach meiner Auffassung wichtig zu sagen, daß es außer in Indien auch im Harz und im Fichtelgebirge zu finden ist. Beide Gegenden werden seit jeher von deutschen, slawischen und zigeunerischen Freunden der traditionellen Naturkunde aufgesucht. Kraftsteine aus »von Hexensagen erfüllten« Gebieten sollen in besonders engen Beziehungen zu den unsichtbaren Energien stehen.

Wenn wir solchen Geschichten trauen, so lernen wir aus ihnen, daß wir das wirksamste »Katzenauge« nur durch einen bewährten Kenner der urtümlichen Überlieferung erhalten können. Solche Kenner haben angeblich ihre Kraftsteine stets von Orten bekommen, »deren außerordentlichen Wert sogar das wilde Getier herausspürt«. Langsam aber sicher soll der Kraftstein die Wahrnehmungsfähigkeit seines neuen Trägers steigern. Dieser sieht von nun an immer »praktischer«, er bemerkt immer rascher, auf was er zu seinem eigenen Vorteil im Lebenskampf achten muß.

Auch sonst sollen diese Kraftsteine dazu beitragen, uns das Dasein zu erleichtern. Im Morgenland sagt man über das »Kaderauge«, daß es Zwietracht zwischen den Geschlechtern in ihr Gegenteil zu verwandeln vermag. In Palästina wird behauptet, daß, wenn eine Frau ihn trägt, ihr Mann keine Ruhe mehr hat, bis er voller Leidenschaft zu ihr eilen kann. Dieser morgenländische Erzeuger der Liebe ist rot, mit einem weißen Fleck in der Mitte. Man vermutet, daß es sich bei diesem magischen Geheimmittel der Orientalen um einen Sardonix handelt.

Im islamisch-arabischen Kulturkreis ist nach Seligmann der Glaube verbreitet, daß man sich mit dem »Katzenauge« vor unerwünschter Nachkommenschaft bewahren kann. Auch hier war, genau wie in Europa, die Silberfassung des Steins besonders beliebt. »Getragen bringen sie Glück«, versicherten auch die alten Inder von ihren »Katzenaugen«. Sie verstanden darunter einen Stein, »der ein rötlichbraunes Aussehen hat«.

Es ist ganz offensichtlich, daß in verschiedenen Zeiten und Räumen ganz verschiedener Schmuck getragen wurde. Gemeinsam war aber in jedem Fall die Idee, durch ihn an die gepriesenen Eigenschaften von Kater und Katze erinnert zu werden. Man hoffte, mit Hilfe eines »Katzenauges« selbst nach und nach bessere Augen zu bekommen, um seine ganze Umwelt lockender, sinnlicher, neugieriger wahrzunehmen. Mit ihm wollte der Mensch jeden Tag »Katzenpfade und Katzenpförtchen« finden, die er sonst unachtsam übersehen hätte. Er sollte ihm immer besser den Blick für den Reichtum schärfen. »Wenn wir zum menschlichen Verstand noch Katzenaugen besäßen«, sagte mir der Apotheker, mit dem ich viel über die Forschungen der modernen Alchimisten plauderte, »wir würden auf Schritt und Tritt einen wahren Schatz finden.«

DER LUCHS UND SEIN KRAFTSTEIN

Einer der berühmtesten »Kraftsteine« steht sehr deutlich mit dem Katzenvolk in Verbindung. Die Sagen, die den vielgenannten »Luchsstein« in den Medizinbüchern der Vergangenheit umgeben, scheinen ausgesprochen dunkel und widersprüchlich. Er gilt als das fast unübertrefflichste Heilmittel der überlieferten Heilkunst, gleichzeitig ist er ein Glücksbringer »in allen Notlagen«. Gelegentlich wird er mit dem »Stein der Weisen« der Alchimisten verglichen oder diesem sogar gleichgesetzt.

Der einheimische Waldluchs galt, beinahe noch mehr als die Wildkatze, als ungekrönter Fürst der europäischen Wildnis. Die Eigenschaften seiner Rasse sah man in ihm noch gesteigert – den Wunsch zur Unabhängigkeit, den Willen zum Entfalten und Verteidigen seiner Eigenart, die Empfindlichkeit für die Wahrnehmung der Einflüsse aus der ganzen Natur. Sein unberechenbares Verhalten galt, noch mehr als das der anderen Katzen, als ein treuer Spiegel der herrschenden Wetterverhältnisse. Die heilige Hildegard von Bingen, diese Seherin der mittelalterlichen Naturwissenschaften, schreibt über den Luchs aus diesem Grund: »Er hat fast gar keine Beständigkeit, weil er sich fast nur nach der Temperatur der Luft richtet.« Dieses dauernde Hineinfühlen in die mächtigen Kraftfelder seiner Umgebung erfüllt ihn mit einer wilden Zufriedenheit. Die Helligkeit und Wärme des Sommers versetzt ihn in eine freudige Stimmung, nicht weniger aber auch der Schnee des kalten Winters.

Aus dieser »Freude« an den Energieschwankungen und Wechseln der Natur und aus seiner beinahe überschäumenden Eigenständigkeit deuteten die Beobachter des Mittelalters das ganze feurige Wesen des Luchses. So versichert die heilige Hildegard: »Er geht immer seinem Willen nach... Und weil er seinem Willen folgt, leuchten seine Augen gleich Sternen in der Nacht.« Auch diese weise Frau und Dichterin preist den Luchsstein (Ligurius) als das Geschenk, das die leidende Menschheit dem schönen Waldtier verdankt.

Der freiheitsliebende, in der wildesten Landschaft sich durchsetzende Luchs galt als die geballte Lebensenergie. Die heilige

Hildegard war überzeugt: »Seine Kraft ist so groß, daß er sogar Steine durchdringt; er hat einen scharfen Blick und büßt nicht leicht sein Sehvermögen ein.« Bis in die Gegenwart versichert der Volksglaube, daß Luchsaugen sogar durch dickste Wände hindurchzusehen vermögen. »Er kann durch eine Mauer sehen, ob im Zimmer ein Kerzchen brennt«, versicherte mir der Jäger aus dem Berner Oberlande. Im Dunkel seiner Bergwälder soll er sogar die Schätze der Urzeit sehen, die tief im Boden ruhen. Er erkennt sie an dem für uns nicht wahrnehmbaren Glanz, den sie in der Erdtiefe »ausatmen«.

Die heilende »Kraft«, die der Luchs in sich sammelt und abgibt, kommt, so erklärt die heilige Hildegard, »von der Reinheit der Sonne und der lauen Luft«. Die Elemente »berühren und umstrahlen« das Tier, das deren feinstoffliche Einflüsse über alles liebt. »Seine fromme Stimmung und seine große Kraft« seien unverwüstlich. Er nehme die Energien dauernd auf und genieße diesen Vorgang. Dadurch vollziehe sich in seinem Leib das Naturwunder: Es entstehen die Voraussetzungen zur Bildung des Steins, mit dem die Weisen so viel anfangen können.

Das Tier ist, wie auch seine anderen Verwandten vom Katzengeschlecht, auffallend reinlich. Es soll zuerst ein Loch in die Erde graben, bevor es seinen Harn auf den Boden rinnen läßt. Dieser sei nun bis in seinen letzten Tropfen von den eingesammelten und verdichteten Kräften der Sonne und der Luft erfüllt. Kaum sei er in der Höhlung, so beginne seine Kristallisation. Es entstehe ein wunderschöner Stein, von dem nach allen Seiten Strahlenwirkungen ausgehen.

Dem märchenhaften »Luchsstein« wurden darum, genau wie dem Katzenfell, leichte elektrische Einflüsse zugeschrieben. Lonicerus machte in seinem »Kräuterbuch« die Beobachtung: »Er zieht mit seinem Geist die in seine Nähe gebrachten Blätter und andere leichte Dinge zu sich.« Da man ihn gerne als »gelbfarbig« schilderte, wurde er gelegentlich mit dem Bernstein gleichgesetzt: Dessen gelbe Farbe erinnerte eben die Händler an den mit »Kraft« erfüllten Katzenharn. Funkelte er dazu noch goldfarben, dann glaubte man ganz besonders an seine »gesund und glücklich« machenden Eigenschaften. Schon der Name »Bernstein«, ursprünglich »Bornstein« oder »Börnstein«, hängt ja mit dem Wort »Brennen« zusammen. In ihm sah man also eine Verkörperung der Feuerkräfte.

Noch häufiger glaubte man, der Luchsstein sei ein in den Boden gefahrener Donnerkeil oder Belemnit. Diese sind die versteinerten Überreste der vorweltlichen Vorläufer der Tintenfische. Sie sehen wie Hohlkegel aus, etliche erinnern stark an Zigarren. Als echte Luchssteine gelten die Donnerkeile dann, wenn sie eine hellgelbe, durchscheinende Farbe besitzen! Dies soll vor allem in den Gebieten von Norddeutschland und den Niederlanden der Fall sein.

Die alten Gelehrten waren davon überzeugt, daß bei der Entstehung dieser »Steine« »Donner und Blitz« entscheidend beigetragen hatten. Sie galten damit, genau wie der Luchs selbst, als eine Verdichtung oder ein Sinnbild des Feuerelements im Wetter. Wer sie zu finden und zu gewinnen wußte, galt als großer Alchimist und Heilkundiger. Er konnte, mit der geballten Naturenergie in seinen Händen, wahre Wunder bewirken. Eine Gefahr sah man lediglich darin, daß ein kindlicher Zauberlehrling mit einem zu mächtigen Mittel herumspielte. Darum warnt die heilige Hildegard vor dem Luchsstein, weil die Folgen für einen Nichtkenner kaum abzusehen seien.

KATZENMEDIZIN UND ALCHIMIE

Was schrieb die alte Heilkunst nicht alles dem »Luchsstein« zu! Man mußte nur ein wenig von ihm abkratzen und diesen Staub einnehmen, oder man konnte das Wasser trinken, in das man ihn eingelegt hatte. So oder so sollte seine »Kraft« im Kranken eine Reihe von raschen Veränderungen auslösen: Verkrampfungen und Verstopfungen sollten aufhören, die Ausscheidung in das allerbeste Gleichgewicht kommen, und der Leib sollte ausgeschwemmt werden, so daß sich sogar die härtesten Gallensteine auflösten.

Nach der traditionellen, volkstümlichen Heilkunst brachte die Luchskraft einen Menschen in eine leichte und frohe Verfassung, gleich der des Waldtieres, nach dem man den Stein benannte. In ihm soll, wie in der Raubkatze, das reine Lebensfeuer brennen. Habe nun der Kranke durch die Verwendung des geheimnisvollen Heilmittels seinen Leib gesäubert, dann werde er zu einem Geschöpf, »dessen Gesundheit geradezu ansteckend wirkt«. Feuer durchfließe seine Adern, als wäre er neu erschaffen worden. Unternehmungslust und eine Lebensfrische »wie im Frühling« wehe um ihn. Nichts könne ihn aufhalten. Man sagte von dem, der durch die Luchskraft verjüngt sei, daß ihn keine Mauer aufhalten könne. Mit seinen gereinigten, scharfen Augen erkenne er, genau wie das sagenhafte Raubtier, was für ihn wichtig sei. Er habe zusätzlich genug Energie, um den erwünschten Gegenstand zu gewinnen und für sein Wohlergehen zu benützen.

Der Luchsstein ist seit dem Altertum viel genannt worden, aber er ist ebenso schwer zu bestimmen wie der »Stein der Weisen« unserer alchimistischen Bücher. Man hat ihn, wie wir schon sahen, mit den verschiedensten »heilenden Stoffen« gleichzusetzen versucht, etwa mit dem elektrischen Bernstein oder dem Belemnit. Für die Volksärzte war aber anscheinend seine genaue Herkunft und Beschaffenheit ziemlich gleichgültig. Der »Naturdoktor« vom Thunersee sagte mir seinerzeit dazu: »Der echteste Luchsstein, an dessen Macht niemand glaubt, ist nichts wert. Den kann man in den Abfallkübel schmeißen. Irgendein zweifelhafter Gegenstand, den die Allgemeinheit als Luchsstein bewundert und den niemand bezweifelt, wird aber die Kranken gleich reihenweise retten.« Dies scheint mir ein entscheidender Hinweis auf den Sinn des ganzen Sagenkreises zu sein.

Der polnische Wissenschaftler Dr. Georg Stempowski erzählte mir vom Bergvolk der Huzulen in den Karpaten: »Die Gebirgsbewohner sind überzeugt, daß der Luchs ›ganz für sich‹ haust, weil er eigentlich überempfindlich ist.« Wo viele Menschen oder auch andere Tiere sind, stört ihn die Menge der bestehenden Einflüsse. Er will in der abgelegenen Natur sein, weil die Luft und auch die anderen Elemente nur dort völlig »rein« sind. Dort wandert er tage- und nächtelang herum, mit seinen überwachen Sinnen scharf die für uns verborgenen Naturvorgänge beobachtend.

Wo er aus der Erde besonders »starke« Wirkungen herausspürt, dort gräbt er auch am liebsten herum. Es bereitet ihm Vergnügen, etwas zu spüren und damit zu spielen, »wenn viel der Kraft« in ihm ist. Der Luchsstein wäre demnach ein besonders stark strahlender Gegenstand, dessen Nutzen der Luchs mit seiner vielgerühmten Übersinnlichkeit entdeckt hat. Die Heiler und Heilerinnen der Huzulen sollen nun in keinem geringeren Maße die Natur durchstreift haben »als die Gebirgsjäger«. Wie von diesen glaubte man von ihnen die verrücktesten Geschichten. Sie sollten Rat von wilden Tieren empfangen, sich in diese verwandelt, ihre Sinne benützt haben...

Luchssteine waren demnach Gegenstände von unterschiedlicher Herkunft. Ihre gemeinsame Eigenschaft war jedoch, daß die Tiere, die die Heiler beobachteten, vielleicht auch diese selbst, »fühlten«, daß sich mit den Luchssteinen etwas Außergewöhnliches verband. Sie entdeckten in ihnen wahre Behälter »der Kraft, die allen Wesen Leben schenkt«.

Der Sagenkreis über den Luchsstein erfaßt zweifellos einen bedeutenden Teil des Abendlandes. Er bestand bereits vor dem christlichen Zeitalter und überdauerte die Hexenverfolgungen. Ich glaube, er ist in vielen dem »Stein der Weisen« ähnlich, nach dem durch Jahrtausende in Schlössern und Hütten gesucht wurde. Ein Schlüssel zu der ganzen verwirrenden Überlieferung der Alchimisten scheint die Tatsache zu sein: Das Lieblingstier der alten Goldmacher und Sucher nach dem Lebenselixier war die Katze. Im Dampf ihrer Laboratorien mußte ein ruhiges Plätzchen sein, auf dem »die beste Freundin des Naturphilosophen« ihrem gelehrten Meister zuschaute. Selbstverständlich weckte diese Zusammenarbeit zwischen Mensch und Tier das Mißtrauen von seiten der Abergläubischen. Sie sahen die Katze als Kobold aus den Reichen der Elementargeister, als Djinn, wie die Orientalen sagten, der seinem Meister half...

Selbstverständlich sind in solchen Sagen viele Alltagsweisheiten vergangener Zeiten verborgen. Wir bezweifeln keinen Augenblick, daß die Alchimisten als eigenwillige Menschen tatsächlich große Katzenfreunde waren. In den endlosen Nächten, die sie für ihre mutigen Forschungen brauchten, mögen ihnen ihre Lieblinge ein wenig Unterhaltung geboten haben. Auch glaubten sie, daß ihre Wissenschaften aus dem alten Ägypten stammten. Die Katze, »das heilige Tier vom Nil«, mag ihnen als Sinnbild und Brücke gegolten haben, als eine Verbindung zu ihrer geistigen Heimat.

Nur der kann die Geheimnisse der Natur nutzen, dies war ihre Lehre, der gleich der Katze die Gabe der Beobachtung besitzt. Wer aber die Kräfte seiner Umwelt erkennt, der findet auch sicher den »Stein der Weisen« oder den »Luchsstein«. Die Alchimisten wußten, daß es gar keine völlig toten Dinge gibt! Auch von einem scheinbar völlig starren Stein gehen wellenförmige Kräfte aus, die jedes Lebewesen für sein Fortbestehen nutzen kann.

Die Wildnis ist eine Apotheke

Buddha Sakjamuni verließ vor zweieinhalb Jahrtausenden den Prunk der indischen Städte. Er verschmähte den Luxus der Königsschlösser, der ihm als einem hohen Prinzen zustand. Er zog in Wald und Einsamkeit, um sich selbst zu finden. Einige der hinduistischen Überlieferungen gehen so weit, in seiner Naturverbundenheit den Hauptsinn seines Erdenwandels zu suchen, denn in seinen Tagen habe zwar eine sehr hohe Zivilisation bestanden, aber auch ein zunehmender seelischer Verfall. Die Völker hätten sich immer mehr den Grausamkeiten gegen die Tierwelt hingegeben. Blutige Opfer von schuldlosen Geschöpfen seien zu einer allgemeinen Gewohnheit geworden. Die Gottheit Vishnu nimmt nach dieser Auffassung die Gestalt Buddhas an, um solch sinnloser Grausamkeit Einhalt zu gebieten.

Einige entsprechende Gedankengänge finden sich in den Jataka-Geschichten, von denen bereits die Rede war. In einer von ihnen schildert Sakjamuni selber seine ferne Vergangenheit. Er war damals noch ein Naturgeist, der einen Baum beseelte. Über den Wald herrschte eine Gottheit, die über die Ordnung im ganzen Gebiet zu wachen hatte. Nun lebten in ihrem Machtbereich auch ein Löwe und ein Tiger.

Die beiden Raubkatzen suchten in ihrem Bereich nach ihrem Lebensunterhalt und belauerten und schlugen Tiere für ihre Nahrung. Gelegentlich ließen sie von ihren Jagden einige Reste zurück. Dies mag nicht immer schön ausgesehen haben, und das Aas roch unangenehm. Der ordnungsliebende Waldgott empfand das Treiben der beiden Großkatzen in seinem Reich als störend. In ihm reifte darum der Entschluß, die auf Beute ausgehenden Raubtiere endgültig zu vertreiben.

Doch Buddha wußte schon in seinem Dasein als Baumgeist von

der Notwendigkeit des Gleichgewichts in der Natur. Aus diesem Grund versuchte er, den für Sauberkeit im Walde schwärmenden Naturgott mit klugen Worten zu warnen. Die gefürchteten und von den Menschen geachteten Raubtiere sind ebenfalls notwendig! Dies versuchte er dem mächtigen Wesen zu beweisen. Vertreiben wir Löwen und Tiger, versicherte er, so hätten die Bäume keine Wächter mehr. Die Leute würden dann kommen, sie rücksichtslos fällen, und damit käme das Ende der prächtigen Wohnstätten für Götter und Geister.

Doch der Herr des Waldes wollte auf keinen guten Rat hören. Um seinen Bereich von den angeblich nutzlosen Raubkatzen zu reinigen, setzte er seine ganze Kunst ein. Der unbelehrbare Gott entfesselte die magischen Kräfte, die ihm zur Verfügung standen. Mit Schreckensbildern trieb er Tiger und Löwe in die Flucht. Nun war zwar die ganze Gegend von den wilden Jägern frei, die Freude über diesen Erfolg sollte aber nicht lange dauern.

Der weise Baumgeist, der Jahrtausende später als Mensch Buddha werden sollte, behielt mit seinen Warnungen recht: Als die Großkatzen verschwunden waren, verloren die Menschen jede Scheu vor dem Geheimnis des Waldes. Sie freuten sich über die durch das Wunder gebannte Gefahr. Nun waren sie da mit ihren scharfen Werkzeugen und begannen mit dem Fällen und Roden. Der arme Naturgott erkannte zu spät, ein Opfer seiner Kurzsichtigkeit geworden zu sein. Vergeblich versuchte er, die wilden Tiere zurückzulocken. Doch diese wollten trotz allen Bitten nicht mehr in sein ungastliches Reich zurück.

Also starb der Wald, und seine wunderbaren Märchenwesen verloren ihre Behausungen. Die Felder der Menschen dehnten sich immer mehr aus. Bald waren an den Stellen der grünen Baumriesen, die die Naturgeister bewohnt hatten, nur noch einträgliche Äcker.

Mit dem Bericht aus seinem früheren Dasein wollte der weise Königssohn Buddha den nachgeborenen Menschen eine wichtige Grunderkenntnis vermitteln: Alle Tiere, auch die wildesten, besitzen in der Weltordnung ihren entscheidend wichtigen Platz. Sie bewahren die ursprüngliche Natur vor übertriebener Nutzung. Sie schlagen zwar Pflanzenfresser, wenn der Hunger sie treibt, dafür erhalten sie aber gerade deren Herden die waldigen Gebiete, die nur so den Veränderungen durch die übermächtig gewordene menschliche Zivilisation trotzen können. Dies ermöglicht Pflanzen, Tieren und Naturgeistern die freie Entfaltung.

Auch der wahrheitssuchende Mensch kann in einer solchen Welt den Kreis seiner Weisheit erweitern. Buddha Sakjamunis Waldliebe beeinflußt noch immer seine Jünger. Während der »Tagung für Ganzheitsmedizin« (Wien 1988) sagte mir ein singhalesischer Arzt: »In der ursprünglichen Natur, in der einst Buddha um Wahrheit meditierte, finden wir alles, was wir brauchen. Es gibt immer noch buddhistische Familien in Sri Lanka, die bewußt in einer Ecke ihres Gartens eine winzige ungestörte Wildnis erhalten. Hier finden sie jedes Heilmittel, das sie für sich und ihre Tiere benötigen.«

DAS KRAUT FÜR DIE STRAHLENDE LÖWENMÄHNE

Die Katze entspricht dem Mond, der Kater der Sonne – dies lehren viele volkstümliche, wie die alten ägyptischen Astrologen. Wie der weiblich gedachte Mond die Sonnenkraft widerspiegelt und in der Nacht in Lebenskraft für die Erde umwandelt, so soll es auch die Katze tun. Die niedliche kleine Katze und die prächtigen und stolzen Großkatzen bildeten für die alten Weisen eine Einheit. Wir sahen schon, daß bei den Griechen der Sonnengott Apollo den Löwen schuf und die Mondgöttin Diana die Katze: Zweifellos überlebten solche Sagen das Mittelalter.

Als Erinnerung an griechische Weisheit trugen die Frauen von Odessa am Schwarzen Meer möglichst viel golddurchwirkte Seide. Ähnlich sollten nach Möglichkeit Kissenüberzug und Bettdecke beschaffen sein und die Haare luftig gekämmt, »elektrisch wie ein Katzenfell«.

Zu diesem »kosmetischen« Glauben der griechisch-ukrainischen Frauen erzählte man folgende Geschichte: Auch die Könige trugen früher langes Haar, »Löwenmähnen«. Der Goldschmuck diente ihnen vor allem, um den Eindruck von Sonnenglanz zu wecken. Man sei überzeugt gewesen, daß sie durch eine solche Körperpflege nicht nur »wie Löwen« aussahen, sondern auch vom Himmel die Sonnenkraft »anzogen«.

Als das bewährteste Kraut für eine strahlende »Löwenmähne« gilt seit jeher die Kamille. Man benützte sie gerne, um glänzendes und »katzenweiches« Seidenhaar zu erzeugen, wenn es einem nicht von Geburt an zu dunkel wuchs. Kamille galt auch sonst als echtes »Katzenkraut«: Darunter verstand man, wie ich es im Elsaß vernahm, nicht nur Pflanzen, die die Katzen besonders lieben. Man nannte so alle Gewächse, die im eigentlichen Umkreis der Wohnung wuchsen – »so weit, wie die Hauskatze ihr Gebiet hat« – und die der Mensch für sein eigentliches Wohlergehen fast wöchentlich braucht.

Im Alpenraum galt besonders die Kamille als Himmelsgeschenk, »die hoch oben in den Bergen wuchs«. Die für ihre geheimnisvollen Naturkenntnisse gerühmten »Bergkatzen« (Wildkatze, Luchs) sollten sie schätzen und sogar beschützen. Berufsmäßige Kräutersammler mußten sie bei besonders wichtigen Anlässen aus den Bergen holen, damit die Menschen, »etwa bei einer Hochzeit«, schön seien wie die Prinzessinnen und Prinzen in den Märchen.

Man rieb die Kopfhaut mit starkem Kamillentee ein, und in den alten Alpenbädern galt es als besonders wirksam, wenn Männer und Frauen sich gegenseitig mit der Tinktur behandelten. Die Bergkamille sollte ihre höchste »Kraft« um Mittsommer besitzen, wenn die Sonne am höchsten steht, also um die Zeit des Johannistages. Das gleiche Kraut lieferte auch den Zusatz zum Bad, der die Haut vollkommen reinigen sollte.

Sehr wichtig scheint mir der Hinweis von Gisela Kistler, die fleißig Material über die Volksmedizin und deren Kräuter sammelte: »Es schadet keinesfalls, wenn man (nach dem Kamillenbad) etwas feucht ins Nachthemd schlüpft.« Es diente als zuverlässiges Entspannungsmittel und damit dem tieferen Schlaf. Häufig erleben wir, nach einer solchen Vorbereitung der Entspannung, wunderbar ruhige Traumabenteuer.

Auch sonst sollte die Kamille den Körper für die guten Einflüsse der Gestirne öffnen und ihn erneuern. Sie galt als ein »Mutterkraut«, das die Periode der Frau in Ordnung brachte. Sie sollte, vorsichtig verwendet, den Schwangeren helfen und auch nach der Geburt guttun. Man trug sie als Amulett, um Augenleiden abzuwehren. Sie half auch, die schlechten Säfte des Trübsinns auszutreiben. Der heilige Albertus Magnus, der große Naturforscher des Mittelalters, versichert: »Sie stärkt das Hirn und nimmt aus dem Haupt dessen bösen Stoff (poes materi)...«

»Du sollst dich vor jeder Kamille verneigen, der du an deinem Wege begegnest«, sagten früher die Volksärzte. Wenn man ihren Aufzeichnungen glaubt, sollte sie dem Menschen all das bringen, was er am Katzengeschlecht bewunderte: Den starken Haarwuchs, die Kunst der Entspannung, die leichte Schwangerschaft und Geburt, die Stärkung des Sehsinns, die unbeschwerten Gedanken der Lebensfreude.

TIGERZORN AUS KATZENMINZE

Während die modernen Katzenbücher in der Regel die uns weit überlegenen, fast übersinnlichen Augen und Ohren des Tiers preisen, wird von ihnen deren Geruchssinn bedeutend weniger hoch eingeschätzt. Für die alten Schriftsteller war er aber ein Werkzeug des endlosen Genusses der Katzen: Sie schnüffeln unentwegt den angenehmen Duftstoffen nach und sind dadurch dem Menschen eine Anregung, was das Erkennen der Eigenschaften einer Unzahl von Kräutern angeht. Bei Krünitz finden wir, dies nur als ein Beispiel für viele, im Jahr 1786: »Räucherwerk ist ihnen angenehm; daher sie sich von Personen, die wohlriechende Sachen um sich haben, sehr gern greifen und streicheln lassen.« Wahrscheinlich ist es kein Zufall, daß Zeiten, die sich künstlerisch und wissenschaftlich besonders mit den Wirkungen von Duftstoffen befaßten, die Katzen liebten: Dies gilt für das Hofleben der Ägypter wie für das französische 18. Jahrhundert.

Als gutes Beispiel mag die Katzenminze (Nepeta cataria) gelten, von der Ritter von Perger behauptet, das Katzenvolk suche sie besonders fleißig auf, weil diesem ihr Geruch besonders angenehm sei. »Sie machen bei der Pflanze oft wunderliche und possierliche Sprünge, so daß sie wie verrückt erscheinen.« Wenn man dem Volksglauben vertrauen kann, benützen die Katzen diesen Geruchsrausch nicht nur als reinen Lustgewinn.

Katzen sind an sich recht beschauliche, verinnerlichte und den friedlichen Schlaf liebende Tiere. Vielleicht würden sie immer in der Nähe wohliger Wärme hocken, die Vögel könnten dann seelenruhig auf ihrem Fell herumspazieren und ihnen in die seidenen Ohren picken, und die frechen Mäuse würden an ihrem Schwanz nagen und ihnen wie im Volkswitz eine Schelle um den Hals hängen. Doch Katzen wissen nun einmal, wie sie sich die Flammen der Leidenschaft ins Blut holen können. Sie müssen nur an den richtigen Pflanzen riechen und in deren Schatten herumtollen. Dieser Rausch macht sie dann für Tage todesmutig und entsprechend unternehmungslustig. So jedenfalls erzählten es mir die Bauern des Emmentals, mit denen ich darüber sprach.

Es soll sogar früher in einer Badewirtschaft des Emmentals einen Kräutertrank gegeben haben, den man mit einem hübschen Ausdruck »Katzenwasser« nannte. Nahm man ihn zu sich, hatte man den rechten »Kater«. Flammen rannen einem durch die Adern, und man war auf einmal so aufgekratzt und unternehmungslustig, daß man fast »Funken versprühte«. Im Volk lebte also die Überzeugung, daß der Mensch – nach Vorbild der Katzen – sich in eine gewisse Wildheit hineinsteigern könne! Die an sich recht gutmütigen Emmentaler Burschen sollen solche Schnäpse benützt haben, um »auf Katzenpfaden« ihren Liebsten die Nachtbesuche abzustatten und sich bei solchen Gelegenheiten wider jeden Neider durchzusetzen.

War die Katzenminze ein Bestandteil dieses Trankes der Leidenschaft? Ich habe leider auch von alten Sagenkennern keine genaue Angabe bekommen können. Auch empfehle ich niemandem, der nicht einen guten Kräuterkenner zum Freund hat, entsprechende Forschungen mit vergessenen Säften zu unternehmen. So erwähnt Ritter vom Perger eine Aargauer Sage, nach welcher das bloße Kauen der Wurzel von Katzenminze »zornig mache«. Stammt nun aber dieser Volksglaube des Aargaus

aus einer allgemeinen Erfahrung, oder haben wir hier vielmehr eine Angabe aus dem Wissen der spätmittelalterlichen Alchimisten, die die Katzen liebten und aufmerksam beobachteten?

Noch Zedlers vielschichtiges »Lexikon« von 1737 verweist in diesem Zusammenhang auf die Lehren des Leonhard Thurneisser von Thurn, der besonders in Basel wirkte und ein Jünger von Paracelsus war: »Die Wurzel von dieser Minze zur besonderen Zeit ausgegraben, soll den Menschen zum Zorn und Grimmen erwecken.« Es soll auch nach diesem Alchimisten vollkommen genügen, daß man den verborgenen Teil der Katzenpflanze in den Mund nimmt und kaut. Dann werde man so richtig »blutgierig«, fast wie ein hungriges Raubtier.

Von einem Scharfrichter wird uns sogar berichtet, daß er außerordentlich gutmütig war und auch schlimme Verbrecher nicht zu töten vermochte. Also mußte der weiche Mann jedes Mal, wenn er zu seiner Henkerarbeit antrat, die vielgenannte Wurzel der Katzenminze in den Mund nehmen.

KATZENSCHLÜSSEL GEGEN DEN TRÜBSINN

Sogar gegen Teufel und Tod soll »Katzenwurzel« gewachsen sein: Wir nennen diese Pflanze Baldrian. Die Volksweisheit wird nicht müde zu erklären, daß sogar die Mächte des Bösen das Land meiden müssen, auf dem diese Pflanze wächst. Eine vom Ritter von Perger mitgeteilte Erzählung versichert, daß die große vorchristliche Erdgöttin »einen Baldrianstengel als Gerte trug«. Gelegentlich wird behauptet, daß dort, wo ein Hauskater mit Urin die Grenzen seines Reiches »markiert«, dieses für Katzen so anziehende Gewächs am besten gedeihen kann.

Kobolde, Erdleutchen oder Holzfräulein offenbaren in den alten Geschichten den Baldrian als sicherstes Rettungsmittel gegen Seuchen. Der Volks- und Heimatkundler Alfred Bärtschi erzählte mir eine entsprechende Legende aus seinem malerischen Bergtal. In der schlimmsten Pestzeit stieg ein Gebirgsjäger in den geliebten Alpenwald, um »dort die Todesfurcht zu vergessen«. Da sah er einen wilden Kater eine Baldrianpflanze beschnüffeln »und nahm dies, da das Kraut sonst sehr selten war, als Zeichen des Himmels«. Wahrscheinlich glaubte er, in der Tiergestalt verberge sich »eins der hilfreichen Bergleutchen oder eine gute Hexe«. Er und alle seine Angehörigen nahmen von da an den aus den Baldrianwurzeln gekochten Tee »zum Waschen und Trinken« und wurden von der mörderischen Krankheit verschont. Da sonst viele ihrer Nachbarn sterben mußten, breitete

Früher legte man Liebesbriefen oft Katzenminze (links) bei – als Zeichen für die besonders »feurige« Leidenschaft.
Baldrian (rechts) gilt als ein »Katzenkraut«, dessen Nutzen der Mensch von seinen Haustieren lernte.

sich ihre Sippe über die Gegend aus, »fast wie die Kinder von Adam und Eva oder des Patriarchen Noah«.

Anhänger des Volksglaubens sind überzeugt, daß Katzen das Kraut verwenden, um sich zu berauschen und in echte Liebesraserei zu kommen. Wie mir alte Katzenfreunde im bernischen, damals halbländlichen Stadtquartier Mattenhof verrieten: »Die Tiere, die sonst gegeneinander eher vorsichtig, mißtrauisch, zurückhaltend sind, verlieren durch das ›Katzenkraut‹ jede Vorsicht.« Sie vergessen ihre Umgebung und alle lauernden Gefahren und wagen sogar ihr Leben, um sich in Lust zu vereinigen.

Die Menschen, die Katzen schätzen, erklärten auch für sich die »Katzenwurzel« als mächtiges Aphrodisiakum. Ein Mann werde durch sie »wie ein wilder Kater im Frühling«. Er soll für alle sinnlichen Frauen unwiderstehlich werden, wenn er nur das Katzenkraut auf seinem Leib versteckt mit sich trägt. Wenn

Mann und Frau zusammen Baldrian in einem guten Wein genießen, entsteht nach den alten Quellen zwischen beiden eine starke Leidenschaft. Otto Brunfels schrieb zu diesem Thema in seinem im 16. Jahrhundert vielgenannten »Kräuterbuch«: »Macht (untereinander) holdselig, eins und friedsam, wo zwei des (aus Baldrian gewonnenen) Wassers trinken.«

Wie die meisten Arzneien, die man angeblich dem Katzengeschlecht verdankt, galt Baldrian auch als bewährtes Mittel, um die Sehkraft zu steigern. Beim Kräuterkenner Fuchs lesen wir: »Baldrian-Wurzel in Wein und Wasser gesotten und in die Augen getropft, macht ein klares Gesicht.« Solche Hinweise werden gern mit den Erfahrungen der Katzen bewiesen. So versichert uns Tabernaemontanus, noch immer einer der wichtigsten Gewährsleute der modernen Kräuterärzte: »Welches (die Wirkung des Krauts, S. G.) man auch von den Katzen wahrnehmen kann, die ihre besondere Kurzweil an diesem Gewächs haben, sonderlich aber mit dem gemeinen Baldrian ihren Sehsinn (Gesicht) damit zu stärken und zu schärfen.« Die Rauschzustände, in die Katzen durch das Schnüffeln an »ihrem« Kraut geraten, sollen also auch jedesmal ihre Augen verbessern.

Für die Volksmedizin ist der Baldrian ein Mittel gegen die Zustände des Trübsinns, der Verzweiflung, der allgemeinen Lebensfurcht. Durch Baldriantee oder ein Baldrianbad, anscheinend eine »Wunderarznei« der alten Bader in den Heilbädern, soll der selige Schlaf kommen. Durch diesen Schlaf können sich alle Zellen in unserem Leib »katzengleich« entspannen und »wie ein Schwamm« die notwendigen Lebenskräfte aus der Umgebung einsaugen. Die Theosophin Helena Roerich empfahl den Freunden der okkulten Überlieferungen, ein- oder zweimal täglich Baldriantee zu trinken: Auch für sie war hier ein besonders mächtiger »Lebensspender«, der das »innere Feuer« in unserem Leib erneuert.

Die Gefahren der mit diesem Mittel vertriebenen Melancholie waren namentlich in Künstlerkreisen der ersten Jahrhunderthälfte sehr verbreitet. Einige von ihnen erklärten später ihr zähes Ausdauern in düstersten Krisenzeiten mit der regelmäßigen Einnahme dieser »esoterischen Katzenarznei«.

Von der »elektrischen« Katzenkraft

Das Werk des unsterblichen William Shakespeare enthält eine einzigartige Zusammenfassung des Wissens aus keltischer, antiker und mittelalterlicher Weisheit. Durch fahrende Spielleute verbreitete es sich nach seinem Tode über West- und Mitteleuropa. Wegen seines vielseitigen Gehalts wurde sein Werk nicht nur in England, sondern auch in Deutschland und Frankreich zu einer Hauptquelle der romantischen Dichtung. Im »Kaufmann von Venedig« spottet der Dichter über das abergläubische Mißtrauen gegenüber der Katze. Wie wir schon sahen, zeigt er in »Macbeth« kurz die Beziehung der Katze zum überlebenden, wenn sicher auch teilweise entarteten Mond- und Hexenglauben der keltischen Länder.

Im Zaubermärchen »Der Sturm« zeigt sich dieser Meister aus dem 16. Jahrhundert als ein kluger Vorläufer einer vernünftigen Aufklärung. Sein Magier Prospero hat nichts von einem düsteren Hexenmeister, wie sie sich gewöhnlich die beschränkten Ketzerverfolger und Teufelsbündler unter den Puritanern vorstellten. Er ist in der Art der keltischen Druiden oder der ägyptisch-griechischen Neu-Platoniker ein Kenner der vertieften Naturwissenschaften. Sein Luftgeist »Ariel«, der ihm hilft, bewirkt nach seinen Befehlen sämtliche damals bekannten Erscheinungen der Elektrizität. Er erzeugt die geheimnisvollen Flammenerscheinungen in der Umwelt. Die wunderbaren Flammen können nächtlich an verschiedenen Stellen aufleuchten, sich teilen und dann wieder zu einer Einheit verschmelzen. Ganz offensichtlich kannte der Engländer die Beziehung zwischen den Himmelsblitzen, den Irrlichtern und den »Elmsfeuern«, wie sie die Matrosen gelegentlich an den Masten ihrer Schiffe aufflakkern sahen. Shakespeare scheint im Sinn der alten Traditionen überzeugt gewesen zu sein, daß gewisse Menschen durch ihre

Gedanken diese Kräfte der »Luftgeister« zu lenken vermögen: Sie können damit das Wetter steuern und das Gedeihen der Erde beeinflussen.

Wir verstehen nun immer besser, warum uns in den handschriftlichen und gedruckten Zauberbüchern so häufig katzengestaltige Kobolde als Schlüssel zur Magie erscheinen. Die elektrischen Erscheinungen des Katzenfells waren schon immer bekannt. Dies zeigt sich auch in dem umfangreichen Werk des Naturwissenschaftlers Johann Samuel Halle, der im 18. Jahrhundert in Berlin lehrte. Er stellte fest: »Bekannt ist es, daß an den Katzen die Haare, wenn man sie gegen den Kopf mit der Hand streicht, so wie die Augen leuchten. Wenn man nun ein seiden Kleid anhat und sie auf den Schoß nimmt, so erfolgen von der Berührung wahre elektrische Schläge.« Ich muß hier beifügen, daß die neuere Naturwissenschaft im nächtlichen Aufleuchten der Katzenaugen freilich keine Äußerungen der »Katzenelektrizität« sieht, sondern Widerspiegelungen. Immerhin versuchten noch im 19. Jahrhundert englische Forscher nachzuweisen, daß beim gelegentlichen »Zauberglanz« der Tier- oder Menschenaugen auch wenig bekannte Strahlen beteiligt sind.

Auch Gütle schrieb damals in seiner »Magie«: »Ein stärkerer Grad der Elektrizität läßt sich an seidenen Bändern erregen, wenn sie statt der Finger mit erwärmtem Katzenpelz gerieben werden. Hier erscheinen schon feurige Züge und knisternde Funken auf denselben.« Man sah damals die Katze fast wie eine natürliche »Elektrisiermaschine«. Sie sollte Wettereinflüsse mit ihrem ganzen Körper spüren und sie durch ihr ganzes Bewegungsspiel ihren aufmerksamen Beobachtern verraten. Wie der Volksglaube beweist, gingen die weisen Frauen noch über solche naturwissenschaftlichen Erklärungsversuche hinaus. In Salzburg wie in Osteuropa, in Paris wie in New York sagt man übereinstimmend: Hast du eine Katze, die schon lange in deiner Familie ist, dann kannst du das Wetter der nächsten Tage beeinflussen. Du mußt ihr einfach sehr ruhig und liebevoll sagen, was du ihr Gutes zum Fressen mitbringst, wenn sie etwa für morgen den gewünschten Sonnenschein »bringt«. Hier begegnet uns also das Gegenstück zur Auffassung der alten Elektrizitätsforscher:

Die Katze spürt nicht nur die Strahlungen der Luft und damit die klimatischen Veränderungen, sie kann sie sogar nach Wunsch und Laune beeinflussen.

In einer Abschrift des Buches von Doktor Johannes Faust, die aus dem Jahr 1728 stammt – das Original wurde angeblich 1511 verfaßt –, ist eine Abbildung eines mit Fell bedeckten Katzenkobolds zu sehen. Er hat sehr große aufgerichtete Ohren, in denen wohl die Abergläubischen Teufelshörner erblicken wollten. Unterhalb seines Brustkorbs ist ein Kreis eingezeichnet, von dem nach allen Richtungen Strahlen ausgehen. Seinen Freunden, so heißt es, werde dieser »Herr über Gold und Edelgestein geben, was er von ihm haben will«.

Auch an diesem Beispiel zeigt sich wieder: Der Volksglaube mit seinen phantasievollen Übertreibungen umgibt fast immer den harten Kern uralter Naturbeobachtungen.

GESUNDHEIT DURCH STRAHLEN

Sind die neu entdeckten günstigen Wirkungen der Katze auf Kranke »nur« seelisch? Die volkstümliche Heilkunst und die Gelehrten des 18. Jahrhunderts neigten dazu, hier an Strahlungen zu glauben: Gegenstände und vor allem Lebewesen unserer Umgebung haben demnach eine »Ausstrahlung« auf uns. Können wir unser Beziehungsnetz im guten Sinn verändern, bringt uns dies neue Lebenskraft und wachsende Gesundheit.

Johann Heinrich Helmuth war ein deutscher Prediger und Naturwissenschaftler, der nach natürlichen Deutungen der Magie suchte. Schon 1785 faßte er zusammen: »Der medizinische Wert derselben (der Elektrizität) wurde also damals (im 18. Jahrhundert) von den meisten Ärzten anerkannt.« Der bereits erwähnte Halle schrieb: »Daher kann eine von Zeit zu Zeit mitgeteilte Elektrizität den fehlerhaften Keim zu einer künftigen Krankheit frühe vernichten und der Verdickung des Blutes vorbeugen.« Man müsse dazu nur auf sein natürliches Gefühl achten und wissen, daß unsere Elektrizität im Abnehmen begriffen ist. Der Mensch müsse, um seine Gesundheit zu verbessern, aufs flache

Land hinaus oder in den Bergen spazierengehen, wenn dort gerade die Luft kühl und trocken ist. Diese enthalte nach alter Auffassung besondere elektrische Eigenschaften. Der Leib nehme nun die Strahlungen auf wie ein Schwamm das Wasser. Das Blut werde mit neuer Kraft aufgeladen und könne die eindringenden Krankheitskeime vorbeugend abwehren.

Das Interesse an der Erforschung der »Lebenselektrizität« verhalf in den Epochen von Rokoko, Aufklärung und Romantik

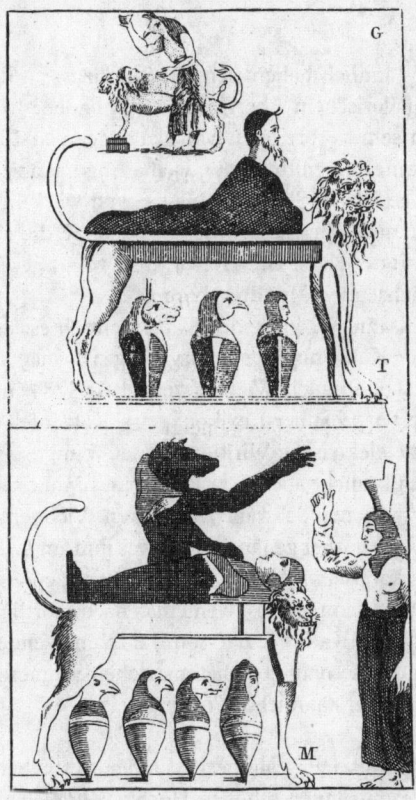

Die Ägypter schmückten ihre Betten gerne mit Abbildungen von Großkatzen und werden darin heute vielfach wieder nachgeahmt. Sie glaubten, so die negativen Einflüsse abzuwehren und die guten Geister der Nacht anzulocken.

der Katze zu neuer Hochschätzung. In der deutschen Volksmedizin wird dem Kranken, möglicherweise aus solchen Überlegungen heraus, als zuverlässiges Heilmittel bei Nervosität empfohlen, eine Katze möglichst nah bei sich zu haben. Sie solle am besten auf seinem Bett schlafen, und er sollte mit ihr spielen. In der Überlieferung wird betont, daß die Katze nicht nur durch ihr unterhaltendes und freundliches Wesen hilft, sondern vor allem durch die »Kräfte, die sie gleich einer unsichtbaren Wolke umgeben«.

Selbstverständlich haben sich alte Erfahrungen dieser Art mit viel tierquälerischem Aberglauben verbunden. In einem in Alpentälern sehr verbreiteten Volkskalender von 1874 lesen wir: »Man nehme eine mittelgroße, weiße Angorakatze. Man zwicke sie so lange in den Schwanz, bis sie wild wird und davonläuft. Laufe ihr nach, bis sie schwitzt, und reibe die schmerzhaften Glieder mit der Katze ein. Helfen tut's, vorausgesetzt, die Katze ist im wachsenden Monde geboren.«

Die heilsame Wirkung des Katzenschweißes, eine Reaktion, die bei der Katze nur wenig ausgeprägt ist, mag alte Überlieferung sein, denn auch Wiegleb versichert 1784 in seinem einst vielstudierten »Zauber-Lexikon«, das Katzenfell weise besonders starke elektrische Wirkungen auf, wenn es »stark ausdünstet«. Man braucht aber dazu kein armes Mondkätzchen in seinen empfindlichen Schwanz zu zwicken. Vielmehr ist es am besten, wenn es vorher genau das tut, was ihm am meisten Spaß bereitet: Es kann etwa Mäuse verfolgt oder auch einfach gespielt haben. Dann kann man es, wenn man nach sportlichen Übungen unter Muskel-»Kater« leidet, auf die schmerzende Stelle legen. Auch bei den so häufigen rheumatischen Schmerzen soll dieses »Mittel« eine erstaunliche Wirkung zeigen.

Von den polnischen Landbesitzern der westlichen Ukraine erzählte man mir einen schönen Hochzeitsbrauch. Die Braut erwartete in der Festnacht ihren »neuen« Mann auf Seide liegend. Aus Seide waren die Bezüge der Kissen und des Betts, aus reiner Seide war auch ihr langes Nachthemd. Sie streichelte in Erwartung ihre Lieblingskatze, was auch hier ein günstiges Vorzeichen für das Glück der Nacht bedeuten sollte.

Dr. Georg Stempowski, der mir von diesem Brauch erzählte, war überzeugt, daß er uralt ist, denn am Schwarzen Meer zog schließlich seit dem Altertum die »Seidenkarawane« vorbei, mit der ostasiatische Waren kamen. Nicht zuletzt wegen der prächtigen Kleiderstoffe versuchten die polnisch-litauischen Fürsten, nicht weniger als die normannischen Waräger, die Venetianer oder die Genuesen, diese »Seidenstraße« zu beherrschen. Das wunderbare Brautkleid kann also eine Erfindung des an die »Lebenselektrizität« glaubenden 18. Jahrhunderts sein oder auch ostasiatischer Weisheit entstammen. Seide und Katze sollen auf alle Fälle die erwartende Braut so »aufgeladen« haben, daß sie so richtig knisterte! »Sternenfunken« flammten dann wirklich zwischen den Liebenden auf und verwandelten sich im Kerzenschein und in ihrer Phantasie zu einem Flammenozean der Leidenschaften.

WIRKUNGEN ÜBER ZEIT UND RAUM

In der überlieferten Volksmedizin besteht noch immer die sehr verbreitete Überzeugung: »Die Katze zieht Krankheiten an sich.« Ein sehr gutes Beispiel dafür ist die Zaubermedizin der »Hexen« von Bearn, wie sie noch um die Jahrhundertwende ausgeübt wurde. Auch ihr lebendes und bewährtes Heilmittel waren »junge Tiere«: Sie legten diese in die Betten der Leidenden, die sie behandelten. Das helfende Geschöpf sollte dabei möglichst nah an den kranken Gliedern liegen, denen Linderung und Gesundheit gebracht werden sollte. Die Erfahrung dieser Weisen Frauen, die fest an Strahlenverbindungen zwischen den Lebewesen glaubten, erscheint uns wichtig. Das gesunde Tierchen übernimmt nach ihrer Meinung das Schlechte von dem Hilfesuchenden, freilich in einem viel geringeren Maß. Ist es noch jung und stark, so kann es die von ihm »angezogenen« üblen Kräfte spielend verarbeiten. Die »Hexen« lehrten, daß das Tier sie später an die guten Kräuter abgibt, wenn es durch sie hindurchstreift.

Die alten »alchimistischen« Ärzte, Paracelsus wie seine Anhänger, waren vom Bestehen unsichtbarer Beziehungen zwischen den Wesen überzeugt. Alles auf der Welt enthalte Lebenskräfte, gebe sie nach allen Seiten ab und nehme sie aus jeder Richtung auf. Als eine Stelle für diese »magische Naturwissenschaft« nehmen wir hier nur ein Beispiel aus dem Werk des englischen Edelmannes und Gelehrten Digby aus dem 17. Jahrhundert. Die Ärzte seiner Zeit prüften sorgfältig den Wert der Milch jeder Amme, die die Säuglinge stillen sollte. Zu diesem Zweck kochten sie eine kleine Menge Milch, bis sie vollständig verdampfte. Anschließend untersuchte man die zurückgebliebenen Überreste im Gefäß auf ihre chemischen Eigenschaften.

Die armen Frauen spürten aber in dem Augenblick des Aufkochens ihrer Milch sehr häufig Schmerzen in den Brüsten und wehrten sich verzweifelt gegen Proben dieser Art. Mißtrauisch geworden, verbaten sie sogar, daß man ihre Milch aus ihrem Gesichtskreis entfernte. Der englische Forscher erklärte dieses Phänomen durch eine unsichtbare Verbindung zwischen den noch mit Lebenskraft erfüllten Zellen in der Milch und dem Frauenkörper. Die Atome der aufkochenden Milch wandern demnach über eine unsichtbare Strahlenbrücke zurück in das Gewebe der Brüste. So können nach Digby auf diese Weise bei einer empfindlichen Frau tatsächlich Schmerzen und Schädigungen auftreten.

In den Schriften des Paracelsus stößt man immer wieder auf das Wort »Mumie« als einen Begriff seiner geheimnisvollen Heilkunst. Dieser Ausdruck macht viele Texte der alchimistischen Ärzte für uns unverständlich. Einerseits verstanden sie darunter, offensichtlich genau wie wir, eine kunstvoll einbalsamierte Leiche von Mensch oder Tier, wie man sie aus dem alten Ägypten kannte. Andererseits bezeichneten sie damit einen wunderbaren, das Dasein der Wesen erhaltenden Stoff, für den wir ruhig unseren Ausdruck »Lebenskraft« verwenden können.

Paracelsus sah sich als Wiederentdecker der ägyptischen Weisheiten. Wenn wir seine zahlreichen dunklen Schriften über dieses Gebiet lesen, besitzen wir damit einen weiteren Schlüssel zu dieser alten Kultur: Bewahrten die Ägypter die Leichen ihrer geehrten Toten und auch ihrer liebsten Tiere so sorgfältig auf, um mit ihnen weiterhin in enger Verbindung zu bleiben? Die dauernde gegenseitige Bestrahlung der Wesen zu ihren Lebzeiten wurde nach ihrer Überzeugung auch durch den Tod nicht vollkommen unterbunden. Daher balsamierte und mumifizierte man gerade am Nil die geliebten Hauskatzen sorgfältig ein, weil ihre Besitzer noch nach ihrem Tode ihre Kräfte verspüren wollten. Sie glaubten so nicht nur die kleinen Leichen der Tiere, sondern auch deren strahlende Kräfte für Jahrhunderte zu erhalten und sie als gute Geister in ihren menschlichen Familien zu bewahren. Auch noch nach ihrem Tod sollten sie auf ihre menschlichen Angehörigen ihre günstigen Wirkungen ausüben.

Solche Vorstellungen mögen nachträglich viel des sehr verbreiteten Aberglaubens erzeugt haben. »Ägyptische Katzenmumien«, ob nun echt oder gefälscht, tauchten im 19. Jahrhundert vermehrt in Apotheken auf. Man war fest überzeugt, daß die Strahlenkraft der »einst heiligen Katzen« durch den Kräuterbalsam der Ägypter bis in die Gegenwart erhalten wurde. Auch kleine Teile der Mumien sollten kranke Körperteile heilen, genauso wie es die lebendigen Katzen vor vielen Jahrtausenden getan hatten.

In der Nähe alter Schlösser sollen sich häufig kleine Friedhöfe für die liebsten Haustiere ihrer Besitzer befunden haben. Gerade Katzen werden noch immer regelmäßig von Kindern beerdigt, weil diese glauben, daß ihnen dadurch ihre Lieblinge »noch lange nahe bleiben«, sie zumindest im Traum besuchen. In Nordamerika wird sogar behauptet, daß das Tier, mit dem man lange zusammenlebte, seine Lebenskraft nach seinem Tode an seine Nachfolger abgibt: »Du hast darum immer die gleiche Katze, nur ist sie manchmal alt und dann wieder jung.«

Nach diesem modernen Volksglauben ist das lebende Tier sozusagen ein Kanal (channel), durch den sich die Lebensenergien auch von dessen Vorgängern auf die befreundeten Menschen »ergießen«.

WÄCHTER DER UNSICHTBAREN ERDSTRÖME

Die positive Wirkung, die Katzen auf die Erforscher elektromagnetischer Erdströme hatten, kann nicht hoch genug eingeschätzt werden. Im deutschen »Versuch einer Katzengeschichte« aus dem 18. Jahrhundert finden wir etwa: »Es ist auch nicht unbekannt, daß Sommerszeit, wenn große Gewitter entstehen, es gefährlich ist, sich um eine Katze aufzuhalten, weil der Blitz gern nach ihnen zu schlagen pflegt.« Diese »Naturkunde« auf der Grundlage der Katzen-Elektrizität hat der romantische Dichter Ludwig Tieck auf köstliche Weise in seinem Theaterstück »Der gestiefelte Kater« eingebaut. Das treue Tier dient hier wie im Märchen dem Müllerburschen mit all seinen natürlichen und magischen Kräften und liebt ihn schon darum, weil er es nie, wie sonst jedermann, gegen den Strich streichelt, um so die elektrischen Funken zu beobachten.

Seit jeher glaubte das Volk an die günstigen oder auch schädlichen »Kräfte« im Erdboden. Endrös versichert, »daß ehedem kein Baumeister einen Bauauftrag bekam«, wenn er nicht vorher den Baugrund »beurteilen« konnte. Man tat dies, gerade auch im Alpenraum, mit Hilfe einer Wünschelrute oder eines Strahlenpendels. Das Fahrende Volk kannte vor allem die uralte Kunst des Pendelns, und übte sie aus, indem es goldene, silberne oder kupferne Fingerringe an den langen Haupthaaren seiner Frauen über dem Erdboden kreisen ließ. Eine weitere Methode zur »Prüfung« eines Ortes war, dort eine Nacht zu schlafen. Hier kann uns aus Platzgründen jedoch nur eins der zahlreichen Verfahren beschäftigen: Die Beobachtung des Verhaltens der besonders strahlenempfindlichen Haustiere.

Nach uralter Überzeugung folgt eine Katze besonders gern den unterirdischen »Kraftströmen«, ja läßt sich in ihrem Bereich fröhlich zur Ruhe nieder. Gerade die Plätze der berühmten nächtlich-geheimen »Katzenversammlungen« sollen sich vielfach im Umkreis der Strahlenfelder des Bodens befinden. Diese einst zum »kindischen Aberglauben des Volkes« geordneten Beobachtungen finden heute unter modernen Forschern vermehrt neue Anhänger. Der katholische Priester Ernst Hoch stellt zum Beispiel fest: »Sehr zu beachten ist auch, daß die Katze als Strahlensucher sich am liebsten auf bestrahlten Boden legt.« Wer also merkt, daß seine Katze besonders gern auf seinem Bett ruht, kann fast sicher sein – sein Bett ist stark bestrahlt.

Das große Interesse an der Erforschung der Erdstrahlen bringt es mit sich, daß die Katze wieder als liebenswürdiger Schutzgeist empfunden wird.

Es gibt eine Reihe zeitgemäßer Untersuchungen, die wahrscheinlich machen, daß gerade solche Plätze für den Menschen sehr ungünstig sein können: Sie führen zu unruhigem Schlaf, machen vermehrt nervös und bewirken eine erhöhte Krankheitsanfälligkeit. In vielen Fällen konnte bereits eine Besserung des Zustandes von Kranken nur dadurch erreicht werden, daß ihre Betten umstellten. Sogar die moderne Krebsforschung beschäftigt sich immer mehr mit der seltsamen Häufigkeit der mörderischen Erkrankungen in gewissen »Todeshäusern«.

Leider scheint dieses neue Interesse an Erdstrahlen auch zur Entstehung eines »neuen« dummen Vorurteils gegen Katzen zu führen, da diese Tiere ja gerade die Stellen lieben, die »für uns« besonders gefährlich sind. »Wo die Katzen sich herumtreiben«, kann man nun hören, »ist es für uns besonders schädlich. Es zieht sie zu unsichtbaren Strahlen, die uns krank machen.« Ist es bei einem solchen Blödsinn noch weit zum gesteuerten Verfolgungswahn der Ketzerrichter des 15. bis 18. Jahrhunderts, die die so empfindsamen Geschöpfe als »Freunde der bösen Nachtgeister« haßten?

Ein volkstümlicher Naturforscher und Heiler aus der Gegend des Beatenbergs gab mir schon um 1950 eine ganz andere Erklärung. Ein bewährter Wünschelrutengänger oder Strahlenpendler, der einen Ort für eine gesunde Alphütte sucht, würde wegen der »Katzenplätze« noch lange nicht erschrecken. Sogar wenn sein handliches Werkzeug hier »böse« Bodeneinflüsse zu verraten schien, fragte er etwa seine Kunden: Habt ihr eine Hauskatze im Besitz? Wurde dies, wie wohl die Regel, bejaht, war er völlig beruhigt, denn er war sicher, daß die Katze jeden rätselhaften »Schaden« in sich zu ziehen oder abzuwehren vermöge.

Die neuen Vertreter der Kosmobiologie haben hier vielfach Bestätigungen gefunden. Gerade nach dem erwähnten Forscher Endrös ist ein Katzenfell ein natürlicher »Mikrowellenstrahler«. Es wirkt in einem für Pflanze, Tier und Mensch besonders günstigen Frequenzbereich von 1,5 bis 6 Gigahertz. Die Katze wählt auch nach den Beobachtungen dieses Forschers Stellen mit besonders starker Bodenstrahlung – wie die Ränder der Störstellen durch unterirdische Wasserläufe – zu ihrem Lieblingsaufenthaltsort.

Das Ungünstige und Gefährliche an solchen Orten kann unser lebendiges physikalisch-biologisches »Instrument« demnach deutlich beeinflussen, abschwächen oder ausgleichen. So bestätigt sich ein alter Spruch des katzenliebenden Volkes in den Tälern des Wallis: Eine Katze, die ihr Haus und dessen Bewohner liebt, verwandelt drohendes Unglück in dessen Gegenteil.

5. Teil

GEMEINSAM IN GEGENWART UND ZUKUNFT

Mein Kater ist mein Psychiater

Hier noch eine Legende, wie sie mir meine Großmutter erzählte: Die Gottesmutter Maria hatte drei der Jungen von ihrer Hauskatze zu verschenken. Sie besaßen ein schönes »M« auf der Stirn und stammten wohl noch von dem Tier ab, das im Stall von Bethlehem geboren worden war und das die heilige Familie nach Ägypten mitgenommen hatte. Um festzustellen, wer ein solches Glücksgeschenk besonders benötigte, schwebte Maria zum Himmel empor, denn von den Sternen aus konnte sie besonders gut sehen und hören, was die wahren Herzensanliegen aller Wesen waren.

Als erstes vernahm sie, wie eine einsame Mutter klagte: »Mein Kind hat keinen Vater, ich habe keine Anverwandten, die mir helfen. Den ganzen Tag kann ich nicht daheim sein. Ich muß in die Ferne wandern, um für mein Brot arbeiten zu können. Spät komme ich erst am Abend zurück. Heilige Gottesmutter, kannst du nicht einrichten, daß mein Kind sich unterdessen nicht langweilt und dann unter schlechten Einfluß gerät?«

Als zweites vernahm die Himmelsfrau die verzweifelten Bitten einer Jungfrau: »Mein erster Liebster hat mich grausam verlassen. Ich habe ihm mein ganzes Herz geschenkt und Gott für das strahlende Glück gedankt, ihn getroffen zu haben. Ich war überzeugt, unser ganzes Leben würde nun wie die Wanderung auf einer Brücke aus Regenbogen sein. Jetzt ist aber alles aus. Es ist mir unmöglich, mich gegen die düsteren Gedanken zu wehren. Es gibt nichts, was mir nicht sinnlos erscheint. Heilige Gottesmutter, sende mir den raschen Trost, sonst gehe ich noch heute nacht ins tiefe Wasser.«

Drittens hörte sie einen Mann mit weißem Vollbart: »Heilige Gottesmutter«, bat dieser, »ich habe mich in die Einsiedelei des Klosters am Waldsee zurückgezogen, um über die wilden Taten meines Lebens nachzusinnen. Wenn die Stunde des Sterbens langsam in die Nähe rückt, ist es höchste Zeit, mit sich selber ins reine zu kommen. Doch in der Einsiedelei ist es einsam! Wenn man immer an viele Menschen gewohnt war, fühlt man sich traurig allein, wenn man nur noch das Gezwitscher der Vögel hört. Die Verwirrung schleicht sich darob in der Seele ein. Man kann bald nichts anderes mehr denken, als daß man in den Lärm der lauten Welt zurück muß. Wenn ich nicht einen Weg finde, um mit mir selber fertig zu werden, fahre ich schon morgen mit meinem früheren Sündenleben in der Stadt fort.«

Die Himmelsfrau erhörte die Bitten der drei und schenkte ihnen die Katzen. Das verlassene Kind hatte nun einen zuverlässigen Freund, der ihm den Tag bis zur Rückkehr seiner Mutter kurz werden ließ. Die Jungfrau sorgte für das hilflose Tierchen. Sie vergaß ihre bitteren Tränen. Sie war überzeugt, es sei ein gutes Vorzeichen, daß sie bald auch zu andern liebenden Mitgeschöpfen kommen werde, zu Kind und Mann. Endlich freute sich auch der Einsiedler über das Geschenk. Die kleine Katze tröstete ihn, wenn er sich wirklich allein fühlte und ihn unruhige Gedanken verlocken wollten, zu seinem früheren Leben zurückzukehren. So hatten alle drei Tierchen den Menschen, die sich schon am Abgrund glaubten, in der richtigen Stunde Glück gebracht. Sie sorgten für die Kätzchen, und es wurde, durch die guten Taten, gleichzeitig für sie gesorgt.

Es gibt sicher unzählige Legenden dieser Art, die Kinder Tierliebe lehren sollen. Ich glaube, manche Völker sind ganz vom Geist solcher Geschichten durchdrungen. Auch wenn sie ihre klugen und gütigen Worte vergessen haben, leben sie noch immer ganz in ihrem Geiste. Ich erfuhr davon, als ich etwa vier Jahre meiner Jugend in Abbruchhäusern und Baracken der Armenviertel von Paris verbrachte. Staunend hatte ich festgestellt, wie damals in diesen Armenvierteln unzählige, häufig sogar sehr gut gefütterte und gepflegte Katzen herumstrichen. Es war mir aus traurigen Begebenheiten wohlbekannt, wie häufig in viel »zivilisierterer« Umgebung schöne Tiere verschwanden – wahrscheinlich in Kochtöpfen... Wieso waren sie dagegen hier so sicher, obwohl die Bewohner den Hunger aus nächster Nähe kannten?

Ein zigeunerischer Handwerker, ursprünglich aus dem Balkan stammend, erklärte es mir so: »Die Leute hier wollen fast alle ihre schwere Vergangenheit vergessen. Aber es ist nun einmal so, irgendwie verfolgt sie uns bis in die Träume hinein. Ich weiß noch sehr gut, daß es bei meinem Stamm als Sünde galt, Katzenfleisch zu essen. Es gab sogar unter den alten Leuten die Vorschrift, daß man mit niemand eine Nacht unter einem Dache verweilen soll, der solches Fleisch zu sich nimmt. Ich weiß, viele Flüchtlinge hier, aus dem Osten oder auch aus Nordafrika, hatten Vorfahren, die solche Dinge fest glaubten. Noch immer flüstern in ihnen die Erinnerungen an die alten Bräuche.« Dieser kluge Mann sah die Bedeutung der Katzen im Elendsviertel weniger in ihrem Abwehrkampf gegen die Ratten. Er fand sie vor allem darin, wie sehr sie Menschen trösten können, die sich verlassen fühlen. Als entscheidend wichtig sah er die Liebenswürdigkeit der Katze, »die uns Gott selber und die Gottesmutter geschenkt haben«: Sie sei ein Seelenarzt, ein wunderbarer Freund.

Auch die größten Rohlinge, dies war die Überzeugung des Stadtzigeuners, würden nicht die große Sünde begehen, den einzigen Gefährten eines einsamen Menschen zu töten. Ich erinnere mich sogar, daß hier der gleiche vielerfahrene Gewährsmann eine genaue Schätzung anknüpfte: »Mit Katzen muß man schon sehr genau achtgeben. So jede sechste von ihnen tut einem Menschen so viel des Guten, wie er es zur Zeit von keinem Zweibeiner empfangen könnte.«

In dem Leserbrief einer Zeitung las ich dann die Worte, die ich über dieses Kapitel gesetzt habe. Auch sie enthalten die uralte Erfahrung über die Katzen, die wie bewährte Seelenärzte die nötige Entspannung bringen. Darüber, wie sie uns diese Entspannung bescheren, kann man sehr viel schreiben. Eigentlich bleibt es aber ein unaussprechliches Geheimnis zwischen Katzen und Katzenfreunden.

FÜRSTENARZNEI GEGEN MELANCHOLIE

Die schwarze Verzweiflung, der Trübsinn der Seele galt den alten Ärzten als giftiger Nährboden von sämtlichen Körperleiden. Aus Freudlosigkeit, Bedrücktheit, kummervollem Weltschmerz entstand nach ihrer Erfahrung eine folgenschwere Störung der gesamten Alchimie unseres Leibes. Blieb der Mensch nach dieser Lehre zu lange in seiner Niedergeschlagenheit, verloren die ihn durchrinnenden Kräfte nach und nach ihre wunderbaren Fähigkeiten. Sie hörten auf, die unverdaulichen und verderbten Stoffe zu verarbeiten und fortlaufend auszuscheiden. Erst dadurch sollten in den verschiedenen Organen die gefährlichen Ablagerungen von giftigem Abfall entstehen.

Ein jedermann aus der Weltgeschichte bekannter Melancholiker war gleichzeitig zweifellos einer der gefeierten Förderer der Neuzeit, Armand von Richelieu (1585–1642). Der kluge Kopf der französischen Regierung unter Ludwig XIII. regte einen großen Teil dessen an, was sein Land zur Weltmacht werden ließ: Dazu brauchte es selbstverständlich kühne Entdecker und Eroberer, die mit ihren Segelschiffen auf sämtliche sieben Weltmeere vorstießen. Dem gleichen Ziel dienten die mächtigen Söldnerarmeen, die die Grenzen blutig ausdehnten. Als wichtig erwies sich aber für Richelieu die folgerichtige Bekämpfung der mittelalterlichen Staatsordnung im eigenen Reich: Die Rechte und Eigenarten der einzelnen Landschaften mußten hart eingeschränkt werden. Im gleichen Zuge wurde auch der halb unabhängige Adel entmachtet. Diese stolzen und selbstherrlichen Herren und Damen verloren nach und nach ihre uneinnehmbaren Burgen. Sie verwandelten sich in demütige, modisch gepuderte Hofleute.

Um seinen Zweck zu erreichen, waren Richelieu alle politischen Mittel recht und billig. Er verwendete List, Erpressung, Bestechung, nackte Gewalt. Ketzerverfolgungen und Religionskriege dienten dem Zuwachs der Zentralmacht. Aus dem blutigen Chaos des Dreißigjährigen Krieges erhob sich Frankreich als ein Beamtenstaat, der von einem Mittelpunkt aus immer straffer verwaltet wurde. Der große Planer galt darum bald im ganzen

Kardinal Richelieu wußte schon, was man heute erst wieder langsam entdeckt: Wo Katzen zu Hause sind, ist für den schwarzen Trübsinn kein Platz.

Abendland als vorbildlich. Überall wurden jetzt Versuche unternommen, ebenfalls diese neue Ordnung einzuführen. Aus der Vielfalt der einheimischen, ziemlich locker verbundenen Stämme begannen sich nun die Nationen der Gegenwart zu entwickeln.

Doch der vielgepriesene Richelieu mußte für solche Ziele nicht nur mit dem Glück und Leben von anderen spielen. Vieles scheint zu beweisen, daß seine ganze Härte auch auf seine eigene Seele einen schwarzen Schatten warf. Den Zeitgenossen waren die Abstürze des gefürchteten Mannes in gedrückte, unfrohe

Launen bekannt. Sie ließen ihn seine rastlose Tätigkeit zweifelhaft erscheinen. Auf ihn vertrauten wie auf einen Felsen alle seine Untergebenen, doch er spürte die Drohung, plötzlich die Kontrolle über sich selber einzubüßen. Rutschte er in einen solchen Zustand, nützten ihm weder die Drogen seiner gelehrten Doktoren noch die Witzchen der vor ihm kriechenden Hofschranzen.

Es wird berichtet, daß der so gefürchtete und gleichzeitig mit der trüben Verzweiflung ringende Mann nur ein einziges Heilmittel kannte, das ihm die rettende Heiterkeit brachte: Es war eine Schar von jungen Kätzchen, die ihm seine Diener in das Arbeitszimmer zu tragen hatten. Sie tollten und balgten sich um die Beine seines Sessels herum. Sie beschnüffelten alles mit einer Neugier, die nichts ganz zu befriedigen vermochte. Selbstvergessen pendelten sie an den schweren Vorhängen herum oder wetzten ihre Krallen am Holz der teuren Möbel. Ihr Treiben ließ Richelieu seine Sorgen vergessen, die hinterhältigen Ränke der eigenen Minister wie die der ausländischen Gesandten. Plötzlich konnte er wieder unbeschwert lachen, die Welt erschien ihm ein wenig heller und freundlicher. Der überschäumende Lebensmut und die munteren Späße der Kätzchen ließen in ihm den Gedanken aufkommen, daß das Dasein auch ein paar sehr lustige Seiten besitze. Nur auf diese Weise fand er die für ihn notwendige Abwechslung, nach der er wieder mit seinem schweren Tagwerk fortfahren konnte.

Viele echte Katzenfreunde fanden die Berichte über den herrschsüchtigen Tatmenschen eher verwirrend. Die meisten unter den Liebhabern des Tieres hatten ihrer Meinung nach etwas Gemeinsames: Sie schätzten alle ganz offensichtlich die eigene Unabhängigkeit, achteten sie aber auch bei den Männern und Frauen ihrer Umgebung. Die Katzen waren ihnen sozusagen die Symbole der glücklichen Freiheit. Dieser Vorstellung widersprach jedoch Richelieus Wesen. Er war hart zum Volke und gönnte auch sich selber nicht gerade ein freudvolles, »hedonistisches« Dasein.

Man hat richtig ergänzt, daß der Staatsmann und Kardinal gar kein richtiger Freund unseres Tieres war: Er liebte es nur, wenn es noch in den lustigen ersten Monaten seines Lebens steckte. Die weitere geistige Entwicklung der Katzen war ihm offenbar ziemlich gleichgültig, genau wie die Art der Entwicklung der Beziehung jeder einzelnen von ihnen zum Menschen. Er besaß keinerlei Interesse für das Erwachen der glühenden und zielstrebigen Leidenschaft im Kater. Er verschwendete auch keinen Blick auf die zärtliche Mutterschaft bei der weiblichen Katze.

Richelieu wollte Katzen eben nicht lieben. Er brauchte die Tierkinder nur als heilsame Unterhaltung. Kaum sahen sie nach ein paar Wochen ein wenig erwachsener aus, schon wurden sie von den aufmerksamen Dienern weggebracht. Sie wurden sofort durch jüngere ersetzt, die noch ganz mit dem Erforschen der eigenen tollpatschigen Bewegungen beschäftigt waren. Richelieu suchte als aufgeklärter, praktischer Mann im Reich der Katzen keinerlei Freunde für lange Jahre, sondern nur eine Art ausgezeichneter Hofnarren, die ihm sein inneres Gleichgewicht wiedergeben sollten. Er betrachtete sie als nicht mehr, freilich auch nicht als weniger denn als lebendige Medikamente gegen seine schlimmen Seelenqualen.

Hat dann der französische, anscheinend viel weniger kalte Staatsmann Colbert (1619–1783) die Erfahrungen seines Vorgängers benutzt? Anscheinend hat er jedenfalls kleine Katzen ganz ähnlich als Heilmittel und Erholung verwendet. Sei es, wie es wolle, die fröhlich Arznei der Minister von Paris wirkt noch immer: Man genieße doch selber, wie sich die arglosen Tierchen eines jeden Augenblicks und Atemzugs ihres Daseins freuen. Sie leben leichten Herzens nur in ihrer bunten Gegenwart. Jede leichte Bewegung, jede winzigste Überraschung in ihrer Umgebung bereitet ihnen Spaß und Unterhaltung. Sie zeigen noch heute vielen Menschen, daß es schön ist, gelegentlich seine angeborene Schwerblütigkeit zu vergessen.

Wollte man ein sichtbares Sinnbild für uneingeschränkte Lebensfreude haben, man könnte dazu ein Kätzchen nehmen.

ZÄRTLICHE KRANKENPFLEGE

Daß die Katze und andere liebenswürdige Haustiere dem Menschen Ruhe und Entspannung bringen, wußte man immer. Als die Zeitschrift »Spiegel« (Nr. 8, 1988, S. 201) über die Aufwertung unseres Hauslieblings in der modernen Krankenpflege schrieb, verwies sie sogar auf die Auffassung des mittelalterlichen Ritters und Minnesängers Walther von der Vogelweide: »Das Tier macht dem Herzen wohl.« Auch die Mönche des englischen Klosters York empfahlen im 18. Jahrhundert: »Dem in der Seele und am Körper Beladenen hilft ein Gebet und ein Tier.«

Schon die irisch-schottischen Glaubensboten, diese unerschrockenen Gründerväter der europäischen Christenheit, lebten nach gewissen Legenden diese Auffassung.

Das Geheimmittel für das seelische Gleichgewicht, wie es Staatsmänner wie Richelieu und Colbert priesen, wird soeben wiederentdeckt. Fachwissenschaftliche Untersuchungen scheinen bereits den Beweis zu erbringen, daß Tierfreundschaften die Hoffnung auf eine vollkommene Gesundung erhöhen. Zeitgenossen, die aus dem Krankenhaus heimkommen, erholen sich viel rascher, wenn sie wissen, daß ihr Liebling auf sie wartet. Die nordamerikanische Biologin Erika Friedmann verfolgte sehr gründlich den Krankheitsverlauf von vielen Herzleidenden. Dabei stellte sie fest, daß die »Ein-Jahres-Überlebensrate« bei den Besitzern von Haustieren deutlich – um 3 1/2 % – höher lag.

Eine Umfrage in Deutschland, die ich dem gleichen »Spiegel«-Artikel entnehme, versichert uns sogar, daß 75% der deutschen Mediziner ihren Kranken, zumindest gelegentlich, zur Anschaffung eines Haustieres raten.

Unter den Psychologen kommt darum die »Haustier-gestützte Heilkunde« (Pet-facilitated Therapy) zunehmend in Mode. Nicht zuletzt wegen solcher Lehren, die sich rasch ausbreiten, besitzt heute allein das Volk der Vereinigten Staaten nicht weniger als 56 Millionen Katzen. Die Jugendbewegungen der sechziger und siebziger Jahre, wir erwähnten schon die Hippies, wirkten hier ganz sicher bahnbrechend. »Kein Mensch vermag ohne die Freundschaft mit einem anderen Lebewesen zu sein«, hatten sie verkündet. Sie verließen vor allem aus diesem Grund die Großstädte mit ihrer oft wenig tierfreundlichen Bauweise. Trotz der Opfer, die sie dazu an Bequemlichkeit und Luxus machen mußten, zogen sie in Blockhütten, Wohnwagen, Tipis, Tataren-Jurten.

Die sterilen Alterssiedlungen, nach altmodischen Vorstellungen erbaut, entsprechende Kinderheime, Anstalten, Krankenhäuser werden in Amerika jetzt zunehmend von Anhängern der Tier-Therapie offen bekämpft. Wenn sie sich gegen den erbitterten Widerstand der Ewig-Gestrigen durchzusetzen vermöchten, würden sich die gemeinnützigen Einrichtungen in freundliche Wohnheime verwandeln. Sogar bei den Drogenabhängigen und in Gefängnissen soll sich die Einführung von Haustieren immer häufiger bewähren. Hier bestätigt sich die Auffassung des Erziehers und Künstlers Rudolf Müller (1899–1986), die ihn zur Gründung der Heimschule im Schloß Vallamand bewegte: »Mir versicherten unzählige Eltern und Psychologen, daß in vielen Fällen die Entfernung von der Natur in den jungen Mitmenschen Verzweiflung erzeugt. Aus dieser Zwangsvorstellung, verlassen in einer fremden Welt zu stehen, entsteht dann erst die asoziale Handlungsweise.«

Auf eine neue Art und Weise wird jetzt der Gegenwart gezeigt, was in allen Zeiten die Lebenskünstler aller Stände aus zuverlässigen Erfahrungen wußten: Das Haustier, zu dem man eine enge Beziehung aufbauen kann, gibt Freude. Niemand kann den Wert einer Freundschaft, die zwischen verschiedenen Wesen entsteht, mit Geld aufwiegen. Die gefühlsmäßige und wissenschaftliche Wiederentdeckung der Zuneigung und Liebe zu den Geschöpfen und ihres Werts für unsere Gesundheit, ist möglicherweise für unser Jahrhundert entscheidend. Die Erkenntnisse der Menschen von grundverschiedener Ausbildung, von Psychologen, Ärzten, Volkskundlern, Künstlern, ergänzen sich hier gegenseitig. In schönster Eintracht weisen sie auch den hartnäckigsten Zweiflern ein Tor zur guten Hilfe für eine Unzahl von Notleidenden.

Menschen, die sich verzweifelt an den Rand der Gesellschaft gedrängt glauben, finden dank den ihnen gemäßen, »irgendwie wesensverwandten« Haustieren etwas von ihrer natürlichen Umwelt wieder. Dank einer wirklich fortschrittlichen Wissenschaft beginnen sie zu erkennen, daß viel von ihrem Unglück gerade aus dem Verlust eines Lebensstils stammen kann, der ihrem ganzen Wesen entgegenkam. Frauen und Männer, die sich in eine neue Gemeinschaft zu Tieren und Pflanzen einfühlen können, finden damit gleichzeitig zu einer Reihe der in ihnen schlummernden schöpferischen Anlagen zurück. Wie es schon die erwähnten Katzenfrauen, die königlichen Minister und die frommen Einsiedler wußten: Viele Bestandteile unseres falschen Verhaltens gegen Nachbarn und Leidensgenossen, des Unwohlseins in der Zivilisation, der zunehmenden Altersbeschwerden, können aus den verlorenen Beziehungen zur Schöpfung stammen.

Der Mensch entstand in der fernsten Urzeit als Teil der Natur. Doch eine falsche Entwicklungsauffassung führte dazu, daß er zu seiner Umwelt möglichst viele trennende Grenzen aufbaute. Die Natur sollte für ihn nicht mehr die große Mutter sein, die ihn von allen Seiten, von der Wiege bis zum Grabe, umfängt. Sie sollte bedingungslos besiegt werden und ihm als eine erbärmlich unterdrückte Sklavin dienen.

Die Erfahrungen der Kulturgeschichte beweisen uns immer deutlicher: Ein wirklich menschenwürdiger Lebensstil und reiche Kunst entstehen nur, wenn wir zu einem für beide Seiten erfreulichen Zusammensein mit den andern Geschöpfen unserer allernächsten Umgebung finden.

HAUSKOBOLDE UND SCHMERZLOSE GEBURT

In unseren Märchen kann jede Hütte ein Heiligtum sein. Der liebe Gott und seine Heiligen wandern unerkannt durch die Welt. Wo man sie als Besucher einläßt, herrscht Gesundheit, werden glückliche Kinder geboren, die Lebensdauer der gastfreundlichen Sterblichen wird länger. Dies ist der Ausdruck des religiösen Empfindens des Urmenschen: Der große Gott, der Erhalter des Weltalls, Vishnu-Krishna, steht dem Inder himmelhoch über unserer ganzen Schöpfung. Doch er ist im Volksglauben der Himalajaländer gleichzeitig auch Hausgeist oder Kobold, der in der Behausung jeder Sippe wohnt.

In der Ukraine und in anderen osteuropäischen Ländern war der Hausgeist ebenso wichtig. Wie man mir noch als Kind erzählte, war er zwar nicht, wie bei den Indern, mit dem lieben Gott identisch, er war aber dessen enger Vertrauter. Wenn dieser von seinem »goldenen Sonnenthron im siebenten Himmel« niederstieg, um bei uns nach dem Rechten zu sehen, plauderte er stets gern mit den Kobolden in Hütten und Palästen. Kein gedankenloses Unrecht, begangen an einer stummen Kreatur, blieb ihm so verborgen. Ob der Hausgeist (domowoj) sich wohl fühlte, entschied, nach der Auffassung der russischen Völker – das Benehmen des Menschen gegen seine Tiere.

»Ohne Katze und ohne Frau gibt es in einem Haus kein Wirtschaften«, meint eine Redewendung in diesem Geist, »ohne sie geht auch der Kobold vom Hofe.« Die Lebensgemeinschaft einer Familie betrachtete »gute« Tiere als ihre selbstverständlichen, beinahe gleichberechtigten Mitglieder: »Wenn eine Katze sich in ein Haus eingelebt hat und zu dem Hausherrn eine Bindung empfindet, so wird sie das erste Wesen sein, das ihn im Jenseits empfängt.« Gelegentlich glaubte man sogar in Spaß oder Ernst: Die Katzen sind nicht nur die Lieblinge der guten Hausgeister, sondern diese selbst nehmen die Gestalt einer Katze oder eines »katzenähnlichen Menschleins« an, wenn sie einem Angehörigen der Sippe auch sichtbar erscheinen wollen.

Nach den Berichten meiner Mutter und Großmutter erkundigten sich die erfahrenen Hebammen bei den erwartenden Frauen, ob und wie gut sie ihre Hauskatze hielten. Hatten die künftigen Mütter in dieser Beziehung ein schlechtes Gewissen, dann mußten sie es noch »gutmachen«. Sie mußten ihr Tier gut füttern, besonders natürlich mit möglichst frischer Kuhmilch. Sie sollten es auch streicheln und mit ihm freundlich sein. »Dann sieht der Kobold, daß sie in sich viel Liebe haben und also auch zu ihrem eigenen Kind gut sein werden. Er tut nun alles, daß sie möglichst glücklich zu einem Kind kommen.«

Wenn eine Katze auf dem Hofe Junge bekommt, fast zur gleichen Zeit, in der die Menschenfrau gebärt, ist dies ein besonders erfreuliches Vorzeichen. Die junge Tochter wurde häufig aufgefordert, beim Gebärvorgang ihrer Katze nur recht fleißig zuzuschauen: So sollte sie lernen, wie es dabei zugeht. Sie könnte dann auf keinen Fall den Kopf verlieren, wenn die Reihe an sie selber käme. Ganz sicher würde sie dann auch fast keine

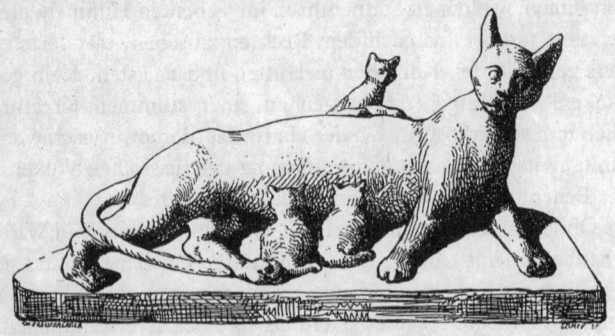

Wie diese ägyptische Bronzestatue zeigt, war die Katze schon immer ein Symbol für glückliche Mutterschaft.

Schmerzen haben. Ihr Gebären könnte dann nicht schwerer sein, als das bei einer gewöhnlichen Hauskatze. Auch für ihr Kind sei es die allerbeste Voraussetzung für das ganze künftige Leben, wenn seine ersten Eindrücke von der Erde »leicht wie bei einem neugeborenen Kätzchen« seien.

Eine gut in einer Wohnung »eingehauste« Katze kann tatsächlich auch bei einer Geburt dabeisein und nur ungern die Stube des Ereignisses verlassen. Die Hebamme aus dem Geist der großen Volksüberlieferung sieht dies sehr gern. Wenn das Tier »dabei« gar auf seinem Plätzchen ruhig und freundlich schnurrt, ist dies in jeder erdenklichen Beziehung ein sehr gutes Vorzeichen. Im übrigen war man sogar überzeugt, daß sie auf eine unerklärliche Weise bei der Geburt »hilft«. Sie gibt der Gebärenden von ihrer Kraft, »die sie in Wiese und Wald einsammelt«. Auch soll sie »unreine Energien« abwenden.

Die moderne Forschung, die sich von materialistischen Dogmen zu befreien beginnt, ist auch hier daran, den überlieferten

Volksglauben zu bestätigen. Was die schmerzlose Geburt angeht, so versichert einer ihrer Bahnbrecher, der russische Arzt Dr. Igor Tjarkovskij: Viele Kinder, die sie nach sehr alten oder neuzeitlichen Verfahren erleben durften, haben in ihrem späteren Leben eine Reihe von Fähigkeiten, die wir noch immer für »übersinnlich« halten. Sie besitzen häufig »Anlagen zu Hellsichtigkeit, Telepathie und Telekinese«. Tjarkovskij und seine östlichen Schüler finden daran überhaupt nichts Ungewöhnliches. Solche Gaben seien bei allen Menschen in den »sensiblen Gehirnfunktionen« enthalten. Es scheint nun nach den Forschungen der Parapsychologen, daß durch zu große Schwierigkeiten und Schmerzen bei der Geburt die Anlagen zu feinen seelisch-körperlichen Vorgängen entscheidend gestört werden.

Selbstverständlich erwähne ich die Gedankengänge des erfolgreichen Arztes der Gegenwart nur darum, weil sie uns die Philosophie der alten Hebammen besser verstehen lassen. Meine Großmutter hat eine solche Frau noch auf ihren nächtlichen Gängen begleitet und ihr sogar beim Ausüben ihrer Künste helfen dürfen. Als deren wichtigsten Grundsatz berichtete sie mir: »Die Frauen haben vor dem Sündenfall ihre Kinder nicht schwerer geboren als die Katzen.«

Das Rätsel der Lebenswärme

Hier noch eine wichtige Antwort auf die Frage, warum die Katze so häufig der Liebling von großen Künstlern und Wissenschaftlern war und sicher auch heute ist. Viele von ihnen mußten bis zu ihrer Anerkennung lange Jahre in recht bescheidenen Verhältnissen verbringen. Unbeachtet von der Öffentlichkeit lebten sie dann in Räumlichkeiten, die zwar wohlfeil waren, aber das Nötigste vermissen ließen. Ein Trost war die Katze, die sie in ihren Dachzimmern oder Kellerwohnungen besuchte. Sie gewannen durch sie eine wichtige Erfahrung, die sie kurz etwa so zusammenzufassen pflegen: Das ist oft gar kein Tier, sondern es ist ein schnurrender Ofen auf vier Pfoten. Die Katze nimmt Lebensenergie auf und gibt sie wieder ab.

Für den ersten Teil dieses Satzes nur ein schönes Beispiel aus dem sonnenarmen, häufig nebeligen England. Es wird als die Erfahrung eines Mannes aus der Königsfamilie und seines klugen Beraters erzählt. Wie bei vielen der alten Katzengeschichten wird mal der eine und mal der andere Name genannt. Oberflächliche Kritiker sehen schon in dieser Tatsache den Beweis, daß alle Berichte dieser Art nur hübsche Fantasien der begeisterten Katzenfreunde seien. Ich glaube nicht! Es gibt nun einmal Erfahrungen und Beobachtungen, wie sie sich ähnlich für neugierige Menschen jeder Generation wiederholen.

Der Prince of Wales schlenderte einmal an einem ausnahmsweise außerordentlich schönen Sommertage durch die Straßen seiner Hauptstadt. London besaß damals, wie aus allen Zeugnissen hervorgeht, eine ausgesprochen ländliche Seite. Die Wege gehörten noch weniger den durchrasenden Fahrzeugen, sondern menschlichen oder tierischen Spaziergängern, bei denen jede ihrer Körperzellen nach der lange vermißten Lebenswärme hungerte. Lord Dunham begleitete seinen königlichen Freund

und schlug ihm schon bald eine hübsche Wette vor. »Königliche Hoheit!« sagte er, »bis zum Ende der Straße, in die wir jetzt einbiegen, werden Sie weniger Katzen sehen als ich. Die einzige Voraussetzung zu diesem Versuch ist, daß wir auf verschiedenen Straßenseiten gehen. Sie dürfen sogar die Straßenseite wählen, auf der Sie zählen werden.« Der Prinz wunderte sich über den sonderbaren Vorschlag, ging aber auf ihn ein. Man beschloß auch, daß man um ganze hundert Pfund wetten wolle, was damals ein ganz schöner Betrag war.

Doch als der britische Thronfolger seine Straßenseite durchschritten hatte, war er ganz enttäuscht. Keine einzige der so zahlreichen englischen Katzen war ihm begegnet! Viel glücklicher war der kluge Lord Dunham, nicht weniger als dreizehn Tiere waren ihm über den Weg gelaufen. »Wie geht das zu?« fragte staunend der Prinz. Sein Freund lachte: »Sie wählten zuerst. Also war es Ihr Wunsch, auf der angenehmeren Straßenseite, nämlich auf der schattigen, zu gehen. So fiel mir die Sonnenseite zu, welcher die Katzen immer den Vorzug geben.«

»Die Katze liebt die Sonnenseite«, hörte ich mehrfach als deutsche Redewendung. Ganz ähnlich sagt man etwa im Russischen, wenn es sich jemand angenehm zu machen versteht: »Die Katze liebt das schöne Sönnchen« (koschka krassnoje solnyschko ljubit). Doch nicht weniger glaubt man in verschiedenen Ländern eine ergänzende Erfahrung gemacht zu haben. Ich selbst hörte sie gerade von den erwähnten hochbegabten Menschen, die ihre eigenwillige Kunst in kalten Räumen ausüben mußten: Die Katze gibt auch gerne Wärme ab. »Katze und Hitze ist das gleiche Wort« (Chat et chaleur – c'est un mot).

Junge und alte Künstler von Paris, einheimische Franzosen und osteuropäische Flüchtlinge, erzählten mir: Kaum sei ihr Liebling von seinen geheimnisvollen Spaziergängen zurück, wolle er schon zu seinen menschlichen Freunden. Solches gerade, wenn diese in ihren kalten und feuchten »Wohnungen« zittern müssen. Die heimkommende Katze reibt sich höflich schnurrend an den Beinen ihrer Besitzer. Sie tut alles, um auf deren Knie zu kommen oder sich gar auf ihren Schultern niederzusetzen. Sie kriecht zu den Ruhenden ins Bett und will überhaupt in möglichst nahe Beziehung zu den Menschenkörpern kommen. Streichelt man sie dabei zärtlich und dankbar, so ist es, als wenn von ihr ein ganzer Wärmestrom ausstrahlt. Wohlverstanden, ein zutrauliches Tier tut dies nicht etwa, weil ihm selbst kalt ist. Es strebt gerade dann zu seinen Besitzern, wenn es vorher selbst auf hohen Dächern oder in der Nähe der Heizung im Keller »besonders viel Wärme aufnahm«. Wenn sein Fell »fast zu glühen scheint«, ist es ihm offensichtlich ebenso ein Genuß, ein wenig von seiner Wärme abzugeben, wie für uns, ein wenig davon zu empfangen.

Von Bewohnern der vernachlässigten Altbauwohnungen hört man darum Worte der herzlichen Dankbarkeit. Sie glauben, wegen ihrer »schnurrenden Öfen« manchmal gefährlichen Erkältungen ausgewichen zu sein.

DIE ENTDECKUNG
DER »ALTEN JUNGFERN« VON ENGLAND

Doch die Wärme, die die Katze aufnimmt und abgibt, ist nicht ganz die des Ofens. Es ist fast, als sei sie ein Ausdruck einer rührenden, hingebungsvollen Liebe. Meine Großmutter pflegte zu sagen: »Sie ist der strahlenden Wärme des Teekochers (Samowar) vergleichbar, wenn er im Kreis einer friedlichen Familie brennt.« Gelegentlich vergleicht man auch die »Katzenwärme« mit dem Eindruck, den man von der Hand einer Mutter hat, wenn diese auf der Stirn eines Kindes liegt, um ein leichtes Kopfweh zu vertreiben.

Ich glaube, hier befindet sich der Hauptgrund für die sprichwörtliche Katzenliebe einer der verspottetsten Volksgruppen des 18. und 19. Jahrhunderts, die der Engländerinnen, die keinen Mann fanden. Sie aßen häufig zusammen mit ihren tierischen Freunden am Tisch, schliefen mit ihnen in einem Bett, erzählten ihnen ihre geheimsten Träume. Viele der unzähligen Spielereien der modernen »Katzenkunst« scheinen zuerst in der Handarbeit dieser verkannten Engländerinnen entstanden zu sein: Ich meine all die vielfältigen Webereien, Stickereien, die

Malereien auf dem Festgeschirr, die alle die Bilder der Lieblinge enthalten. Heute wird all dies mit industriellen Mitteln hergestellt, und diese freundlichen Sinnbilder des Lebens gelangen deshalb in zunehmender Zahl in moderne Wohnungen.

Hier müssen wir nur kurz den Spott der Spießbürger durch die alten Zeugnisse widerlegen. Bei den englischen »alten Jungfern« handelte es sich offenbar in den wenigsten Fällen um Geschöpfe mit seelischen oder körperlichen Mängeln. Im Gegenteil: Die Beobachter vom europäischen Festland fanden, daß in den erwähnten Jahrhunderten auf den britischen Inseln häufig gerade die wunderschönsten, klügsten, sportlichsten, künstlerisch begabtesten Mädchen nicht heirateten. Was war die Ursache dieser Erscheinung, die so häufig bestaunt wurde? Der russische Reisende Karamzin (1766–1826) nennt als Grund »Lebensüberdruß« der englischen Männer, den Reichtum der Oberschicht, den diese in den Kolonien erwarb. »Man ist unglücklich vor lauter Glück.« Höchstens »aus Langeweile« habe man sich eine Gattin genommen – und im übrigen seltsamen »Genüssen« nachgestrebt.

Die Wärme der Katzen scheint den vielen vernachlässigten Frauen dieser Jahrhunderte ein wenig das Familienleben ersetzt zu haben. Gegenüber den Machtspielen der »Herren der Schöpfung« entwickelten sie eine geheime Welt des seelischen Reichtums. In ihren Kreisen lebte manche Tradition aus keltischer Urzeit auf. Es scheint fast, daß hier die übersinnlichen Augen der Katzen durch ihre menschlichen Beschützerinnen übernommen wurden.

Wenn wir für das 19. Jahrhundert die märchenhaften Berichte über das Erscheinen von lieblichen Blumenelfen und ähnlichen Wesen zusammenstellen, stoßen wir auf eine eigenartige Tatsache. Wie mir dies auch 1958 Prof. Dr. Julius Pokorny (Wien) mündlich bestätigte: Sie stammen in Westeuropa mehrheitlich aus keltischen Gebieten und namentlich von englischen Frauen. Wohlverstanden, es handelt sich hier nicht um »abergläubische Bäuerinnen«. Die Seherinnen des Märchenhaften in der Natur waren sehr häufig besonders hochgebildete Damen.

Aus dieser »Katzenwärme« verstehen wir jetzt noch besser, warum Hexen, die während den Verfolgungen immer einsamer wurden, ihre Tiere fast wie ihr Leben liebten. »In der Katze ist Höllenfeuer«, sagt dazu ein boshafter Aberglaube. Aber auch im Umkreis der christlichen Kirche finden wir die gleichen Zuneigungen, zumindest dort, wo sie den tiefverwurzelten Traditionen

»Alice im Wunderland« wurde nicht zuletzt wegen der zärtlichen Liebe des Mädchens zu seiner Katze zu einem Lieblingsbuch der Engländer, besonders der Engländerinnen.

treu bleibt. Martin beobachtete noch in der Mitte des 19. Jahrhunderts: »So viel steht fest, daß das Klosterleben ohne Katzen nicht gedacht werden kann.« Mönche beobachteten und liebten sie nicht weniger als die frommen Nonnen, die das ganze Mittelalter hindurch als leidenschaftliche Katzenfreundinnen galten. Die Abteien waren oft in kaum vorstellbarer Weise mit unseren Tieren bevölkert.

Katzen schützten die wertvollen alten Buchbestände vor Ratten und Mäusen. Sie schnüffelten in den liebevoll gepflegten Kräutergärten herum. Mit rätselhaften Augen saßen sie bei den langwierigen alchimistischen Arbeiten, in denen das Klostervolk seine berühmten Heilsäfte herstellte. Gerade Martin erklärt aber die Zuneigung zwischen Katzen und Klosterbewohnern aus dem ganzen beschaulichen Wesen der kleinen »Ägypter«: Deren ganzes anmutiges, würdevolles Ausharren erinnerte die christlichen Brüder und Schwestern an ihre eigenen Bräuche der Selbstversenkung, der seelischen Einkehr, der Meditation.

Martin überlegt sich auch, ob die aufmerksamen Mönche und Nonnen, die häufig große Naturbeobachter waren, von ihren Haustieren deren Haltungen der inneren Schau erlernt haben könnten. Oder war es etwa umgekehrt? Übernahmen viele Katzen durch das Leben ihrer Vorfahren an den heiligen Stätten der Christenheit viel von der würdevollen Hoheit ihrer menschlichen Hüter?

Sei es, wie es wolle. Überall wo Menschen außerhalb der lauten Welt lebten, brauchten sie die Lebenswärme, die von den Katzen ausgeht. So war es in den Einsiedeleien und Klöstern. So war es bei den Weisen Frauen in ihren Waldhütten. So war es noch bei den verspotteten englischen Frauen, die auf ihre Weise dem materialistischen Zeitgeist trotzten.

MEDITATION ÜBER WILDE WALDBERGE

Hier stoßen wir nach und nach auf Bräuche, die in ihren Wurzeln uralt sind – und heute wieder modern werden. Wir brauchen sie, um uns im Strom der Schlagworte selbst zu finden und um auf der eigenen Grundlage bestehen zu können. Gerade auf dem Gebiet der täglichen Meditationen strömen zu uns aus Ostasien oder dem traditionellen Nordamerika Praktiken, wie man sie einst ähnlich auch im Abendland kannte.

Ich erzähle hier nur eine Übung, wie mein Vater sie mich in Paris lehrte. Sie stammt von einem taoistischen Mönch, der in den Grenzräumen der Mandschurei und Koreas seine Tempelhutte besaß. Er lehrte sie auch sibirischen Flüchtlingen, wie sie nach der »marxistischen« Verfolgung des Schamanismus und Buddhismus in der Mongolei alle Grenzländer überschwemmten: Über solche Schüler, die dann weiterwandern mußten, kam diese Methode in den dreißiger Jahren in den Westen. Heute braucht man sie nach meiner Auffassung nicht weniger, als jene Menschen im Sog der unzähligen Massenkriege unseres Jahrhunderts. Wie wir schon aus den Geschichten um die vernachlässigten Frauen lernten: Seelische Kälte kann ebenso gefährlich sein wie die eisigen Stürme des asiatischen Nordens. Die traditionellen Seelenpraktiken gewinnen nach übereinstimmenden Untersuchungen von Psychologen an Wichtigkeit. Sie erlauben gerade dem sensiblen, sensitiven Menschen, einen schützenden »Zauberkreis« der Lebenswärme um sich zu schaffen.

Nun die Grundlage für die Übung mit dem »Meditations-Berg«. Für die ostchinesische Überlieferung wohnte im sagenhaften K'nen Lun-Gebirge, das im Land des Sonnenuntergangs liegt, die göttliche »Königsmutter des Westens« (Hsi-wang-mu). Sie brüllte wie ein wilder Tiger, hauste wie ein solcher in einer geheimnisvollen Höhle, besaß auch das erschreckende Gebiß dieses Tieres und, obwohl sie die allerschönste Dame war, einen Leopardenschwanz. Dem Fell des Tigers gleichende Gürtel waren darum auch das Abzeichen ihrer feenhaften Dienerinnen. Sie kannte das in den verschwiegenen Gebirgen wachsende Unsterblichkeitskraut. Gelegentlich schenkte sie ihren Günstlingen einen »Roten Pfirsich«, der seinem glücklichen Besitzer ein fast endlos verlängertes Erdendasein gewährte. »Wer immer davon kostet, der überdauert Himmel und Erde. Er ist Sonne und Mond gleichgestellt!« Man deutete diese Frucht, die im Garten der Tigerkönigin gedieh, als Sinnbild des großen Naturgeheimnisses, nach dem die Alchimisten und Zauberärzte von ganz China suchten. Bedeutete diese rote Frucht die Erneuerungsfähigkeit des Blutes? War sie ein Sinnbild der Gebärmutter, aus der die Geschöpfe dauernd neu entstehen?

Der Tiger, der zu dieser Hüterin der Unsterblichkeit in so enger Beziehung stand, gilt den Ostasiaten als König aller Bergtiere. Ist er rot, so sieht man ihn nach ihrer Religion als Verkörperung der männlichen Schöpfungsenergie (yang), ist er auf den chinesischen Bildern weiß, weist er auf die weibliche Urkraft (yin) und die Himmelsrichtung Westen! Es ist nach der östlichen

Lebensphilosophie die »Tiger-Energie«, die das Leben siegen läßt und sämtliche schlechten Einflüsse in die Flucht jagt.

Einige Züge aus den urtümlichen Göttersagen um die Bergkönigin übernahm der chinesisch-japanische Buddhismus ins Bild der vielverehrten Kuan-yin. Auf diese Göttin wird das in allen Zeitaltern wirkende Versprechen zurückgeführt, den in sie vertrauenden Geschöpfen zu helfen: »In allen Ländern, in allen Himmelsrichtungen werde ich Frieden und Glück verbreiten. Ich werde Berge, Flüsse und Land verändern, auf die Pflanzenwelt einwirken.«

Für die Meditation auf die »das Leben erhaltende Tigerkraft« verwenden nun die Weisen verkleinerte Nadelholzwälder. Winzige Bäume, wie sie nun auch bei uns als »Bonsai« Mode geworden sind, wachsen in ihrem Gefäß auf bemoosten Felsstücken. Wenn wir nur diesen Zimmerschmuck betrachten, werden wir schon nach wenigen Minuten der Entspannung in die Welt unserer Fantasie entrückt: Es ist uns, als wären wir im fernen Märchengebirge, wo zwischen Bergriesen die »Unsterblichen« lustwandeln.

Neben den Bonsai kann man als dessen Wächter einen Porzellantiger aufstellen. Auch die hübschen japanischen Glückskatzen, die stets ihre linke Pfote erhoben haben, erfreuen sich zu diesem Zweck großer Beliebtheit. In China wie in Japan gelten diese Geschöpfe als Sinnbilder eines langen Erdenwandels »ohne Altersbeschwerden«. Das kleine verspielte Kunstwerk ist mit all seinen Bestandteilen eine Anhäufung von asiatischen Lebenssymbolen geworden: Berge der Unsterblichkeit, Nadelbäume, die zähen und weisen Katzentiere. Das »Tischgebirge« ist ein Gleichnis der geistigen und leiblichen Gesundheit.

Selbstverständlich finden wir auch hier moderne Überlegungen, die ähnliche Ideen verraten. Helena Roerich versichert beispielsweise, daß die »Ausstrahlungen« der Nadelbäume unersetzlich sind. Wie elektrische Apparate seien sie echte Speicher der Lebensenergien. Auch ihre Schüler haben in ihren Wohnräumen »kleine Nadelbäume«. Sie sollen unser Umfeld von allen schlechten Einflüssen reinigen.

Man setze sich nun jeden Morgen und Abend vor das kleine Abbild des Lebensberges. Man schalte kurz seinen gewöhnlichen Gedankensturm aus. Mit jeder Zelle gebe man sich, stets gleichmäßig atmend, einem hohen Genuß hin: Man fühle, wie unsere verbrauchte Energie zum »Tigerwald« hineinströmt und gereinigt zurückkommt. Tun wir dies regelmäßig, so ist es uns auf einmal, als wären wir tatsächlich im Wald der »Königin des Westens« spazieren gegangen. Zumindest hilft uns diese Meditation, wieder an die enge Verbindung mit den heilenden Naturkräften zu denken, von der auch unsere Märchendichtungen so viel erzählen.

ARCHITEKTUR IM EINKLANG MIT DER NATUR

Sehr viele nützliche Beobachtungen, über die wir heute vermehrt nachdenken müssen, finden sich bei den alten Naturforschern. Martin und andere kluge Köpfe entdeckten eine ihnen wichtige Tatsache: Nach »längerem Liegen in der Sonne« sammelt sich im Pelz der Katze besonders viel Elektrizität.

Solche Gedankengänge mögen die Forscher des 17. bis 19. Jahrhunderts dazu angeregt haben, über die Sonnenenergie nachzudenken. Die bekannte deutsche Theosophin Alice Sprengel (1871–1949) erzählte mir, fast wie ein schönes Märchen, die Geschichte des französischen Erfinders Augustin Mouchot (1825–1912). Er war für sie, die ihn flüchtig kannte, der Beweis, wie uraltes Wissen in die Zukunft weisen kann.

Wenn man der klugen Dame glauben darf, war der aus dem burgundischen Semur-en-Auxois stammende Mann ein Freund der ägyptischen Weisheiten. Aus ihrer Sonnen- und Sternenverehrung habe er die Überzeugung gewonnen, daß in der Kenntnis der »Kosmischen Energien« das Glück der Menschheit liege. Als Zeichen seiner Liebe zum einstigen Reich am Nil habe er sogar einen sehr schönen und starken Kater besessen, dem er den Königsnamen »Ramses« gegeben hatte.

Mouchot sei überzeugt gewesen, daß durch solche Ideen eine viel menschlichere Gesellschaft entstehen könne, denn viele ge-

In der Überzeugung der Ostslawen gehören »Frau, Ofen und Katze« untrennbar zusammen: »Ohne diese Dreieinigkeit (troiza) ist im Sommer sogar der Kaiserpalast im Kreml eine kalte Eishöhle«.

fährliche Arbeit, so die in Kohlekraftwerken, werde durch die Sonnenkraft mehrheitlich überflüssig.

Leider wurden Mouchots Gedanken erst fast ein Jahrhundert später wiederentdeckt. Die unmittelbare Voraussetzung dazu war die Kette von Unruhen und Kriegen von Libyen bis Afghanistan, die 1973/74 die Ölkrise auslösten. Ich selber lernte die gedruckten Werke des genialen Mannes durch Rudolf Weber kennen. Es ist tatsächlich auffallend, wie sehr er sich in ihnen mit den antiken Quellen der Lehre von der Bedeutung der Sonnenwärme beschäftigte. Er benutzte ganz offensichtlich die wichtigen Vorstudien des Athanasius Kircher, der im 17. Jahrhundert die altägyptischen und griechischen Wissenschaften wiederzuentdecken versuchte. Auch war der geniale Burgunder fest davon überzeugt, daß das moderne Ägypten wegen seines Reichtums an Hitzeenergie zu neuer Kulturblüte aufsteigen könne. Sein in Armut dahindämmerndes Volk sollte nach seiner Meinung in der kommenden Zeit »zumindest« einen erfreulichen Wohlstand erreichen.

Fand der verkannte Mouchot ebenfalls in den Beobachtungen des »heiligen Tiers der Ägypter« Bestätigungen für seine Theorie? Dies ist kaum auszuschließen, weil ja doch einige seiner Zeitgenossen die Katze bereits als einen lebendigen »Wundermotor«, als eine Art nachahmenswerter Kraftquelle ansahen. Ein »Bio-Triebwerk«, das wir täglich studieren dürfen. Ein Wesen, in dem seinem Schöpfer das Kunstwerk gelang, fortlaufend Sonnenlicht und kosmische Hitze in Elektrizität umzuwandeln.

Vor allem theosophische und andere Wahrheitssucher dachten über solche Gedanken im Umkreis der Friedensinsel von Ascona nach. Dort wurden schon vor dem Ersten Weltkrieg Versuche mit sonnenlichtreflektierenden Flachdächern unternommen. Dies geschah, erklärte Alice Sprengel, um nach dem Vorbild nordafrikanischer Bauweise die Sonnenhitze in jeder Beziehung zu nutzen. Ein Paar, das besonders über die Zukunftsarchitektur nachdachte, soll ungefähr das folgende erzählt haben: Es gebe keinen größeren Genuß, als nackt an einer günstigen Stelle in den Tessiner Waldbergen zu liegen, die ja von der Himmelswärme besonders gesegnet sind. Man kann dabei oft das Vergnügen haben, die Nachbarschaft seiner Hauskatze zu genießen. Sie führen uns durch ihr lustvolles Herumwälzen vor, wie wir mit jedem Härchen den Strom der Energie aufnehmen können.

Daß es unter diesen »Bergleuten von Ascona« auffallend viele gab, die auch im vorgerückten Alter schlank blieben, galt als Beweis dafür, daß sie auf dem richtigen Weg waren. Schließlich gibt es nur wenige beleibte Katzen, zumindest wenn sie sehr viel in der Natur sein können und nicht kastriert wurden. Die richtig aufgenommene Sonnenwärme galt darum als wahres »Lebenselixier«.

All diese Erfahrungen begeistern heute die Jugend, die an die Zukunft glaubt. Wie früher wird uns die Beobachtung des natürlichen Verhaltens der uns nahen Tiere helfen, auch für den Menschen eine schönere Umwelt zu erschaffen. Sie wird auf den besser verstandenen Lebensgesetzen beruhen, wie sie schon vor uns kühne Bahnbrecher zu erkennen begannen.

Ritt auf dem Tiger im trauten Heim

Die sagenhaften Magier zwischen Tibet und der Mongolei können auf wunderbaren Traumreisen alle Welten besuchen. Sie entfesseln und steigern die ursprünglichen Energien ihres Wesens und vermögen sogar von den himmlischen Göttern Rat einzuholen. Auf den volkstümlichen Darstellungen sehen wir diese »Maha-Siddhas« ihre märchenhaft aussehenden Großkatzen als Reittiere benützen.

Auch die große Göttin der Inder, ob sie nun Parvati, Kali oder Durga heißt, fliegt auf ihrem Löwen, Tiger oder Panther durch die Lüfte. Sie überwindet alle Räume, um ihre Dienerinnen und Schülerinnen »das Wissen« zu lehren. Ihr Gatte, Shiva, ist ebenfalls ein Meister aller Weisheiten. Er ist um die Hüfte mit einem Tigerfell bekleidet und denkt, auf einem Tigerfell stehend, über alle Geheimnisse der Schöpfung nach.

Menschliche Wahrheitssucher folgten bis in die Gegenwart diesen Beispielen. Vor ein paar Jahren besuchte ich in Zürich den Besitzer einer riesigen Bibliothek über die Geheimlehren. Sein Wohnzimmer ist mit wunderschönen Tigerfellen geschmückt, wie sie noch heute bei den Tantrikern für Meditationen verwendet werden. Auch in den Vereinigten Staaten schätzt man »als Werkzeug der Erkenntnis« diesen edlen Pelz heutzutage fast noch mehr als das Fell einheimischer Großkatzen, wie Puma und Jaguar. Sogar von dem sowjetischen Diktator Josef Stalin erzählte mir ein geflüchteter Schriftsteller aus dem Kaukasus, er habe seit seiner Kindheit als Quelle der Anregungen die wunderbare georgische Dichtung »Der Held im Tigerfell« immer wieder gelesen. Er soll während der Revolutionskriege auf dem Fell eines sibirischen Tigers gelegen sein und dadurch jedesmal »wilden Mut« gewonnen haben.

Ich habe einige Male auf Tiger- oder Löwenfellen zu meditieren und zu träumen versucht und fand es jedesmal sehr anregend. In einer Zeit, in der die Großkatzen von der Zivilisation fast ausgerottet sind, würde ich mir aber nie eine solche Bettdecke kaufen. Darum finde ich es sehr schön, daß viele Mystiker und Meditationslehrer den Umgang mit einer lebendigen Katze als mindestens so günstig für eine Beziehung zu den »Energien der Urzeit« erachten, wie den Besitz eines teuren Pelzes.

Schon von den mittelalterlichen Alchimisten und Ärzten wissen wir, daß sie Katzen hoch schätzten. Der russische Esoteriker Peter Ouspensky (1878–1947) schildert in seinem okkulten Roman einen orientalischen Magier. An der Stelle, wo der Autor die mystische Wohnung seines Helden beschreibt, lesen wir den bezeichnenden Satz: »Auf der Stuhllehne sitzt eine schwarze sibirische Katze und schaut ins Feuer.«

Immer wieder begegnen wir in West und Ost der Auffassung, wie gerade die Anwesenheit der Hauskatze in einem Raum und bei dessen Bewohnern, die schlechten Einflüsse zu zerstören, »aufzulösen« oder zu vertreiben vermag. Die einen erklären dies mit ihrer Wirkung auf die Seele. Andere sehen es eher naturwissenschaftlich: Auch vom Fell der kleinen Katze gehen elektrische Wellen aus, die feindlich wirkende Strahlen abwehren.

Viele Erforscher der Grenzgebiete sind sich sicher, zahlreiche Beweise für solche Wirkungen und Wechselbeziehungen zwischen Mensch und Tier beibringen zu können. Der französische Schriftsteller und vorbildliche Katzenfreund Robert de Laroche ist überzeugt, daß dieses Tier in der Wohnung »den Schläfer behütet«. Ähnlich wie Manfred Kyber oder Lovecraft glaubt er, daß die Katze ihm auf Astralwanderungen in den Träumen aktiv durch die anderen Welten hilft. Auch ihm ist sie »der Reiseführer durch die andern Welten«.

Seine Katze Cléo besitzt noch eine andere wunderschöne Begabung: Sie teilt mit ihm nachts das Bett, ohne ihn aber jemals zu stören oder zu wecken. Nur wenn er Alpträume hat, gibt sie ihre angestammte Höflichkeit auf. Sie erwacht durch die quälenden Gedanken ihres Freundes, miaut kläglich und versucht ihn durch Stöße mit ihrem Schnäuzchen aus seiner Qual zu wecken.

Noch heute sind viele Menschen davon überzeugt: Wer Katzen haßt, wird schlecht träumen, wer sie liebt, dem schicken sie »wundersam erholsame« Träume.

BEGEGNUNG MIT DEM EWIGEN

Die französische Ärztin und Tierfreundin Dr. Nicole Guiot-Tabernat erwähnt eine schöne Redewendung, die berufenen Katzenzüchtern sehr häufig über die Lippen kommt: »Man verliert sich in den Augen einer Katze.« Der Moment, in dem der Blick eines Menschen dem seines Lieblings begegnet, vermag ihm das Gefühl der inneren Ruhe zu schenken. Er vergißt den Wirbel der alltäglichen Gedanken und wird von einem genußvollen Gefühl erfüllt: Er hat auf einmal den Eindruck, in einer engen Beziehung zum Zeitlosen zu stehen. Die erfahrene Ärztin faßt darum zusammen: »Ob sie nun grün, orange oder blau sind, Katzenaugen üben eine wohltuende Macht aus.«

Gerade heute ist die Zahl der Menschen groß, für die der abendliche Besuch ihres Lieblings, wenn sie sich bereits zum Schlafen niedergelegt haben, eine glückliche Nacht zu versprechen scheint. Das Tier springt auf ihr Bett, wie er das schon hundertfach vorher getan hat. Mensch und Katze sehen sich gegenseitig in die Augen – was gerade in der sich verdichtenden Dämmerung oder im Kerzenschein eine märchenhafte Stimmung erzeugt. Ob die Katze nun gestreichelt wird oder sich nur am Fußende zusammenrollt, sie läßt ihr melodisches »Schnurren« ertönen, über das schon so viel nachgedacht und geschrieben wurde.

Das Muttertier beginnt zu schnurren oder zu murren, wenn es bei seinen neugeborenen Jungen liegt. Wahrscheinlich gibt dieser freundliche und gleichmäßige Ton ihren Säuglingen das sichere Gefühl, daß alles in ihrer Umgebung in bester Ordnung ist und keine Gefahr droht. Werden die Kleinen groß und erwachsen, kann man bei ihnen eine eigenartige Erscheinung feststellen: Sie schnurren nicht nur, wenn sie in einer für sie angenehmem Verfassung sind. Wenn sie eine schmerzhafte Verwundung haben, also körperlich leiden müssen, reagieren sie auf die gleiche Weise. Bringt sie der einschläfernde Klang sozusagen in ihre Kindheit zurück? Kommt dann das beruhigende Gefühl über sie, sie seien noch immer in der Nähe ihrer Mutter, die ihnen einst alle Sorgen wegnahm?

Auch der Mensch fühlt seit jeher die Magie des Schnurrens,

Murrens oder »Spinnens«. In alten Büchern findet sich sogar das hübsche naturwissenschaftliche Märchen, nach welchem von diesem Laut wunderbare Klangwellen ausgehen und feines Glas zerspringen lassen. Der Vermutung, daß der leise »Katzengesang« auf dem Bett in seinem Umkreis »alle schlechten Einflüsse« zu verbannen vermag, hängt man im Volksglauben noch heute an.

Daß das Spinnen des entspannten Tieres dem Schläfer ruhige Träume schenkt, ist ebenfalls eine häufig anzutreffende Überzeugung. Ich bin sicher, daß hinter diesem Glauben mehr steckt, als nur die Erinnerung an uralte Völkersagen: Irgendwie versenkt uns gerade dieser Laut in die eigene Kindheit, als die Katze für uns alle nicht nur ein Geschöpf aus der Tierkunde war, sondern ein echtes Märchenwesen. Die vertrauensvolle Nähe, der leise Atem, das Murren des kleinen Körpers »hypnotisiert« unser einschlummerndes Gemüt.

Geben wir uns dieser harmlosen Magie hin, kommt gelegentlich ein wunderbarer und gleichzeitig erholsamer Traum zu uns. Es ist uns auf einmal, als ob wir gar nicht schlafen, sondern plötzlich sogar recht wach sind. Wir erheben uns von unserem Lager und stehen geschmeidig, jung, schwerelos in einer »feenhaft« verwandelten Umwelt. Es ist gar nicht mehr finster um uns, wie es doch eigentlich sein sollte. Überall im Raum wogt die Flut von schwer zu beschreibenden Farben.

Dieser »Traum vom Erwachen« scheint auch heute sehr häufig zu sein. Die Mitmenschen, die sich am Morgen noch an ihn erinnern können, schildern »den plötzlichen Besitz von Katzenaugen«. Wir träumen, daß unsere Blicke mühelos die Dunkelheit durchdringen, als könnten wir jetzt die geringsten Lichtspuren wahrnehmen. »Die Seele kann sich im Schlaf von ihrem Leid trennen«, lehren schließlich viele der alten Sagen. Bei dieser Gelegenheit soll sie nach den Erzählungen aus der Volkserfahrung viele ihrer wunderbaren Fähigkeiten zurückgewinnen, die wir, wie es scheint, im Alltag völlig vergessen haben.

Frau Prof. Dr. Anna Kamensky von der Universität Genf war vor dem Weltkrieg die Vorsitzende der Theosophischen Gesellschaft in Rußland. Sie erzählte mir, als ich noch sehr jung war:

»Wir haben damals solche Berichte wohl dutzendfach bekommen. Wären nicht ihre Aufzeichnungen mehrheitlich durch die Vertreter einer materialistischen Pseudowissenschaft bewußt vernichtet worden, die echte Wissenschaft wäre heute noch näher bei gewaltigen Neuentdeckungen.«

PRAXIS DER SEELEN-REISEN

Von einem alten Mann im traditionsreichen bernischen Stadtteil Mattenhof bekam ich es noch während meiner Schulzeit zu hören: »Katzengeschichten« betrachtete man einst im Oberen Aaretal im wörtlichen Sinn als eine Art »Fahrkarte« für Seelenreisen im Schlaf. Das Fahrende Volk lauschte am abendlichen Lagerfeuer liebend gern solchen Sagen und erzählte sie dann auch gern gegen Speis und Trank in den Wirtschaften. Unter denen, die sie gern anhörten, war mancher, der dann in der darauffolgenden Nacht »richtige Tierträume« hatte. Es war ihm am nächsten Morgen, als wäre er eben als Katze über Dächer und durch Hinterhöfe gerannt. Das Seltsame daran – er wußte dann plötzlich aus diesen Wanderungen »Sachen« über Pflanzen, Tiere und Nachbarn, »von denen er vorher keine Ahnung hatte«.

Die auf dem Bett »schnurrende« Hauskatze sollte die Neigung zu solchen Träumen angeblich besonders verstärken. Hier ist die im Volk erhaltene Auffassung enthalten, daß die Katze, »wenn sie spinnt, ganz geheimen Dingen nachsinnt«. Der Dichter der Romantik, E. T. A. Hoffmann, scheint ebenfalls diesem Glauben angehangen zu haben. Seinem Freund Friedrich Speyer schrieb er am 1. Mai 1820 von seinem »höchst weisen und tiefsinnigen Kater Murr«. Er überlasse sich gerade »den außerordentlichsten Gedanken und Phantasien, denn er spinnt schrecklich!«

Ich bin, wie sicher viele meiner Leser, schon häufig in angenehmen und klaren Träumen gewandert und habe dabei ein Gefühl der Freude und des echten Glücks empfunden. Die Anleitungen der alten fahrenden Märchenerzähler sind für die Förderung solcher Zustände sehr hilfreich. Man darf vor dem Einschlafen seinen Magen nicht mit Speis und Trank überlasten, und sein Gemüt nicht mit Eindrücken, etwa eines spannenden Films, überschwemmen. Natürlich soll man sich auch nicht von irgendwelchem Aberglauben aus der Zeit der Hexenverfolgungen beeinflussen lassen, die solche »Traumfahrten« für Zauberei halten. Es ist wichtig, körperlich gesund zu sein und sich nach den Stunden der nächtlichen Erholung »so richtig zu sehen«.

Im Gegensatz zu dem, was als »Selbsterlebnis« in modernen Büchern steht, fühle ich mich bei den »Wanderungen« dieser Art nie in eine Katze verwandelt. Doch ich begreife sehr gut, wie die Vorstellung »von der Seele, die als Katze herumstreift«, von der keltischen Bretagne bis zu den ukrainischen Siedlern in Sibirien so allgemein werden konnte. Der Träumer, der seinen stofflichen Leib verläßt, fühlt sich wirklich federleicht und schwerelos »wie die Katze auf dem Dach«. Er fühlt von allen Seiten die für ihn sonst unwahrnehmbaren Kräfte auf sich einfluten. Die Luft scheint sein Gesicht und seinen ganzen Körper zu umkosen, als wäre sie ein stärkendes und köstliches Bad. Das erzeugt häufig den Eindruck, als trage man auf einmal etwas wie ein schwereloses, alle schlechten Einflüsse abwehrendes, wohligwarmes Fell.

An die Katze erinnert auch die Fähigkeit unseres »Traum- oder Sternenleibs«, die mannigfaltigen Strahlen aller Dinge zu sehen. Es war offenbar zu allen Zeiten naheliegend, die gesteigerten Wahrnehmungen dieser Art mit den stets bekannten »Übersinnen« der Katzen zu vergleichen. Die Tatsache, daß schon die Römer ihr Wort für Katze (cattus, catta) von dem Verb »sehen« (cattare) ableiteten, spricht für diese Vermutung.

Die neue Naturwissenschaft hat dieses alte Wissen bestätigt. Der gelehrte Katzenfreund Gerhart Waeger (Zürich) faßt zusammen: »Die Katze sieht mit ihren Augen sechsmal schärfer als der Mensch. Wie neueste Forschungen ergeben haben, kann das Katzenauge sogar akustische Signale aufnehmen, deren Frequenzbereich für den Menschen nicht wahrnehmbar ist.«

Die wohltuende Strahlenflut, die man mit den »Katzenaugen der Seele« sehen kann, erklärt uns eine Fülle der sagenhaften

Nachrichen unserer Vergangenheit. Von dem weisen König Salomo glaubte man im Mittelalter, er habe für seine frommen Studien das Licht verwendet, das seine kluge Lieblingskatze in den Pfoten hielt. Ähnliches sagte man von dem großen Dichter Dante. Sein Kollege Tasso versicherte, nachts beim Licht der Augen seiner Katze zu arbeiten, genauso wird es auch von dem Minnesänger Petrarca berichtet.

Diese Legenden um die großen Mystiker, Poeten und Philosophen der Juden und Christen scheinen uns zumindest zwei sehr wichtige Hinweise zu enthalten. Erstens galten diese bedeutenden Schöpfer unserer Kultur ihrer Nachwelt offenbar als besondere Freunde und Kenner des Katzenwesens. Zweitens nahm man es einst wohl als Selbstverständlichkeit an, daß sie alle die für sie helle Nacht und die Anregungen aus deren Traumwelten liebten.

FERIEN IN DER »ANDEREN WIRKLICHKEIT«

Für Europa hat die Deutschrussin Helena Blavatsky-von Hahn viele der uralten Wissenschaften wiederentdeckt. Sie liebte, wie mir die erwähnte Frau Professor Kamensky mitteilte, die Katzen und schrieb später sehr geistreich über ihre mystische Bedeutung. Sie hatte schon als Kind den Ruf einer »Wildkatze«, weil sie bereits in der heimatlichen Ukraine »stets ihre eigenen Wege ging«.

Sie behauptete, in ihren Traumgeschichten genaue Bilder aus uralten vorgeschichtlichen Kulturen zu erhalten, genau wie es die Meister der indischen und tibetanisch-mongolischen Völker von sich behaupten. Ich will hier ihre Bücher, die auf die Dichter und Wissenschaftler des 19. Jahrunderts viele Einflüsse ausübten, gar nicht bewerten. Ich will nur feststellen, daß ihre Beobachtungen ziemlich genau mit denen übereinstimmen, deren Spuren ich auch im Alpenraum fand. Die Hexen hätten sich stets an Orten getroffen, an denen einst heilige »Plätze der Kraft« waren, Burgen weiser Geschlechter oder gar »heute völlig verschwundene Städte« standen. In der Regel hätten sie es bei ihren Traumwanderungen »als Katzen« getan und die Welt mit »Nachtaugen« gesehen.

Sollen sie dann diese vorgeschichtlichen Siedlungen mit ihren Bauwerken und ihren Bewohnern gesehen haben, »als seien sie noch immer wirklich und ganz lebendig«? Der Volksglaube neigt zur Annahme, daß »nicht entartete« Katzen wegen ihrer »übersinnlichen« Augen Dinge »sehen«, können, »wie sonst nur Hexen auf ihren geheimen Fahrten«. Der englische Theosoph und Schüler der Frau Blavatsky, Leadbeater (1847–1934), erwähnt eine alte indische Lehre, die zu diesem fast vergessenen Glauben der Abendländer eine hübsche Deutung zu liefern scheint. Die Tierarten hätten nicht wie die Menschen eine Einzelseele, sondern eine Gruppenseele. Die Inder vergleichen sie mit dem Wasser in einem Kübel oder Teich. Die Seele des Einzeltieres würde dem Inhalt eines Bechers entsprechen, den man dem gewaltigen Behälter entnimmt. Den Tod des Geschöpfes könnte man mit dem Zurückschütten des Wassers aus dem Gefäß in den Kübel vergleichen.

Wenn wir nun aber in unser in dem Becher befindlichen Wasser einen starken Farbstoff mischen, so entspricht die Einfärbung den starken Erfahrungen, die das Einzeltier in seinem kurzen Leben macht. Wie nun die Flüssigkeit aus dem Becher, wenn man sie in den Kübel zurückgießt, die Farbe des darin befindlichen Wassers ändert, so vollzieht sich ein ähnlicher Prozeß beim Sterben des Tieres: Seine stärksten Erfahrungen seines Daseins sind zum Besitz der Gruppenseele geworden und schwingen von jetzt an in der Gesamtheit der Tiere der gleichen Art mit.

Wenn wir unseren poetischen Katzenfreunden Glauben schenken, dann sind ihre Lieblinge besonders empfänglich für das Spiel mit Bildern aus der Welt ihrer Rasse. Wenn wir meinen, daß sie einen Großteil ihrer Zeit faul verschlafen, wandern sie nach dieser Auffassung in den Wundern, die einst ihre Ahnen umgaben. Das stolze und wahrlich fürstliche Auftreten mancher Katzen käme nach dieser Auffassung aus der Erinnerung an die Zeiten, in denen man sie in Tempeln vergötterte. Auch auf den Betten der Armen träumten sie noch immer davon, die Lieblinge von Kaisern, Haremsdamen oder des Sultans zu sein. Wenn sie auf einmal wie Tiger herumzuspringen versuchen, sehen sie sich als ihre fernen Vorfahren, die Wildkatzen waren. Sind sie manchmal, auch bei der allerbesten Behandlung, »falsch«, mißtrauisch oder sogar boshaft, dann erwachen sie vielleicht gerade aus einem quälenden Alptraum, in dem sie sich als jene un-

Nach alten Traumbüchern und aus eigener Erfahrung: Man fühlt sich nie besser als nach einem glücklichen Flugtraum.

glücklichen Tiere, die man einst als »Hilfsgeister der Hexen« folterte, erlebten.

Wenn sich zwei Katzen, besonders in der Morgendämmerung, zur Begrüßung sanft mit ihren kühlen Näschen berühren, erklärt man sich dies gar als eine »Realitätskontrolle«: Das eine Tier will das andere nicht mit einem Wesen aus seiner »Traum- und Geisterwelt« verwechseln. Die beiden sagen sich nach einer solchen »Prüfung«: Ich kann dich sogar spüren und riechen, also bist du materiell, ganz und gar wirklich.

Die Vorstellung von wunderbaren Bildern während einer Seelenwanderung enthält nun einmal einen wahren Erlebniskern: Ich erlebte ihn mehrfach selber und habe entsprechende Bestätigung von wesensverwandten Menschen erhalten. Wenn der

Mensch während solchen »Abenteuern im Bett« im Traum aus seiner Wohnung geht, können auf einmal recht unerwartete Landschaften erscheinen. Wo am »realistischen« Tag unser gewohnter Garten ist, stehen auf einmal vor dem Haus die bemoosten Riesensteine eines urkeltischen Heiligtums oder der mit Goldlöwen geschmückte Eingang in eine Pyramide. Kommen diese Sagenbauten in unseren Schlaf aus unserer eigenen Phantasie? Entstammen sie der Erinnerung aus früheren Leben, geweckt durch das »Spinnen« des magischen Tiers auf der Bettdecke? Stellt unser Unterbewußtsein eine Verbindung mit dem des Tieres her, also dem Schatz der Erinnerungen seiner ganzen Art?

Ländliche Heiler, Dichter und Parapsychologen haben da Ansichten, auf die man besser hören sollte. Jeder dieser Träume ist eine köstliche, stärkende Feriennacht »jenseits« unseres Alltags.

Spielgefährtin meiner Phantasie

Katzenfreunde sind überzeugt davon, daß in Gestalt der Katze eine ursprüngliche Welt in unserer allernächsten Umgebung lebt. Sie ist unter den Haustieren dasjenige, welchem der Mensch am meisten Zugang zu seinem Haus gewährte. In den Märchen schläft sie ebenso, wie in den Wohnungen der Gegenwart, auf dem warmen Ofen oder auf dem Bett. Sie hat sich an uns gewöhnt und wir uns an sie. Und doch ist ihr eine gewisse Wildheit erhalten geblieben, die den Beobachter entzücken oder manchmal auch erschrecken kann.

Man hat versucht, die Katzen durch Zucht und Strafe zu gefügigen Dienern des Menschen zu machen und ist damit kläglich gescheitert. »Unter sämtlichen Geschöpfen Gottes gibt es nur eines, das nicht zum Sklaven der Peitsche gemacht werden kann«, so die Ansicht des nordamerikanischen Schriftstellers Mark Twain, »dieses Geschöpf ist die Katze.« Wünschen wir uns eine liebe, freundliche Katze, dürfen wir sie auf keinen Fall zu irgend etwas zwingen. Wir müssen sie beobachten und auf ihre zahlreichen Eigenarten liebevoll eingehen. Erst dann besitzen wir eine echte Freundin, die uns alle Mühen mit viel Freuden zurückschenkt.

Schon der bedeutende Politiker Kardinal Mazarin versicherte, ebenfalls auf der Grundlage der Sagen um die europäische Völkerwanderung: »Die Katze ist ein Zeichen der Freiheit und wurde von den alten Schwaben wegen dieser Deutung in den Fahnen geführt, weil sie, wenn sie eingesperrt ist, sich zu Tode schreit, wie sie auch nicht Essen und Trinken mag.« Vielfach hat man die Tiere in einem Haus voller Mäuse und Ratten eingesperrt. Die Besitzer waren fest davon überzeugt, daß sie dann ihre Zeit besser für das »nützliche Jagen verwenden würden«. Doch die Katzen bewiesen, daß sie in ihrem Grundwesen freie

Krieger sind. Sie kämpfen gern für uns gegen das schädliche Ungeziefer, doch sie wollen dabei keinen Augenblick in ihrer Unabhängigkeit eingeengt sein. Auch in dem deutschen Katzenbuch von 1772 steht die Erfahrung, daß eine in einem Raum festgehaltene Mäusefängerin ihre Arbeit viel schlechter verrichtet, »als wenn sie frei herumspazieren kann«. Selbstverständlich ist es durchaus möglich, die Katze durch Zwang zu einem gefügigen Untertan zu machen. Aber solche Unterwerfung geht in der Regel auf Kosten all jener ihrer Eigenschaften, die wir schätzen.

Auch eine malerische Zierkatze, deren Vorfahren in Schlössern verhätschelt wurden, hat Leidenschaften wie ein echter Dschungelkobold. In seinem Katzenbuch aus dem 19. Jahrhundert versichert Martin, wie eine lange Reihe von andern Tierforschern und Schriftstellern: »Zweifellos stammt diese Musik (die liebestolle Katzenmusik, S. G.) noch aus urweltlichen Zeiten her, wie ja alle sonstigen Eigenschaften der Katzen höchst konservativer Natur sind...«

Die meisten Katzenfreunde, mit denen ich in meinem Leben reden konnte, lieben ihr Haustier vor allem auch wegen seines »konservativen« Wesens. Sie sehen in ihm eine endlose Fülle von Trieben und Empfindungen erhalten, wie sie die Geschöpfe einst in Waldbergen und Wüsten für ihren Daseinskampf brauchten. Sogar in die Stadtwohnung bringen unsere Lieblinge noch immer einen Hauch von Wildnis und von unseren fernen Höhlenzeiten hinein: Sie erziehen uns, die Türen zwischen den Zimmern offen zu lassen oder Katzenpförtchen einzubauen – sie wollen sich eben möglichst ungehindert bewegen. Sie verlangen, damit sie gesund bleiben, nach möglichst frischen Speisen. Die Räume müssen nach Möglichkeit gut durchlüftet sein, und sie wollen genug ins Freie gelassen werden. Sie sind sauber, müssen aber ihre Ausscheidungen noch immer wie in der Wildnis vergraben können. Sie wollen in ihrer Umgebung grüne Pflanzen, an denen sie lekken oder die sie anknabbern dürfen. Gelegentlich behauptet man: »Sie sind einfach unglücklich, wenn sie nie Grünes sehen.« Wie wir schon feststellten, brauchen sie sogar Holz, an dem sie ihre Krallen schärfen können, sonst tun sie es einfach an teuren Möbeln oder Teppichen.

Nicht-Katzenfreunde verwundern sich, warum sich die Katzenfreunde solche Dinge bieten lassen, sich also der Erziehung durch ihre Haustiere unterwerfen. Die Antwort darauf ist verhältnismäßig einfach: Sie glauben eben, daß die Katze nicht nur an ihrer Ursprünglichkeit festhält, sondern uns dadurch auch dauernd auf unsere ureigenen Neigungen hinweist. Das an sich in seinen Bedürfnissen recht bescheidene Tier hilft uns, die Natur um uns und in uns nicht zu vergessen.

Die neue Bewegung zur vermehrten Katzenhaltung geht heute nachgewiesenermaßen von Menschen aus, die ihren Tieren dankbar sind, daß sie sie stündlich auf ihre Bedürfnisse hinweisen, die auch die ihren sind: Als Gegengewicht zu den Anforderungen einer allgegenwärtigen Zivilisation erinnern sie uns, daß wir eine lebendige Umwelt ebenso brauchen wie die mannigfaltigen Spiele der freien Phantasie.

WELCHE KATZE GEHÖRT ZU MIR?

Sehr viele Katzenfreunde achten bei der Wahl ihrer Tiere auf die Farbe des Fells. Die meisten von ihnen lieben eine bestimmte Tönung, einen bestimmten Glanz. Eine ältere Dame aus Paris sagte mir: »Ich liebe nun einmal das Weiße, das Reine, das Saubere. Im Leben hat man es so nur recht selten. Den Schmutz kann man nie endgültig herausbringen. Aus seiner Wohnung oder aus seiner Wäsche nur vorübergehend. Aber auch im übertragenen Sinn, aus dem grauen Alltag noch weniger... Was muß man nicht alles machen, was man nicht ganz richtig findet! Da bin ich froh für mein weißes Kätzchen. Wenn es zu mir kommt, dann fühle ich mich in einer anderen, einer reineren Welt. Es ist wie im Himmel, wie in einem Feenmärchen, wo alle einander mögen und lieb zueinander sind.«

Diesen Worten entsprechend gelten weiße Katzen als sehr vorsichtig. »Sie scheinen geradezu Angst zu haben, ihr festliches Fellkleid zu beschmutzen.« Man muß sich für sie richtig Zeit nehmen, sie streicheln und kämmen. Angeblich lieben sie besonders, von menschlichen Freunden bewundert zu werden.

Nach ihrem Äußeren beurteilt zu werden, hat besonders die schwarzen Katzen unglücklich gemacht. Oft wird von ihnen behauptet, ihr »nächtliches« Aussehen verrate ihr dunkles, bösartiges Wesen. Der Abergläubische erschrickt noch immer, wenn ihm auf seinen abendlichen Gängen ein solches Geschöpf begegnet. Von einem Alkoholiker aus der Stadt München hat man mir erzählt, daß er wegen diesen »Teufelstieren« seine Sucht aufgab: »Jedesmal, wenn er aus der Gaststube gröhlend heimtorkelte, liefen ihm an den seltsamsten Stellen schwarze Katzen über den Weg. Er erschrak immer mehr, weil er sich bald von Teufeln verfolgt glaubte. Zuletzt hat er einen Psychiater aufgesucht und wurde ein ziemlich nüchterner Mann.« Hier hat also das dunkle Fell stark auf ein Gewissen gewirkt und damit eigentlich ein gutes Verhalten ausgelöst. In den Jahrhunderten der Hexenverfolgungen nahm man einfach an, man müsse die »Höllenboten« ausrotten. Nach allen Angaben wurden darum von dummen Menschen die »nachtschwarzen Kobolde« noch mehr gequält und ins »reinigende Feuer« geworfen als die andersfarbigen Kätzchen.

Dabei sind solche Tiere recht häufig besonders scheu. Einige Beobachter ihres Verhaltens erklärten mir dies als Folge der schlechten Behandlung, die sie vielfach noch heute erdulden! Doch gegenüber dem, der sie schon seit ihrer Kindheit freundlich behandelt, zeigen sie oft eine erstaunliche Treue. Wenn sie nicht gerade mit ihrem Geschlechtstrieb, Kindbett oder Mäusefangen beschäftigt sind, können sie fast »hündisch« treu wirken. Von ihrem menschlichen Freund lassen sie sich dann fest drücken, schmusen, herumtragen, fast kneten – und zeigen darüber erst recht noch Freude. Ein Fremder kann sie füttern und lieb locken, aber ihm gegenüber zeigen sie die kalte Schulter. Ist diese Eigenschaft ursprünglich? Dies würde uns noch mehr erklären, warum nach dem Volksglauben die einsam am Waldrand hausenden Kräuterfrauen und Heiler »fast immer« ein schwarzes Tier besaßen. In einer ihnen gegenüber oft undankbaren Welt brauchten sie erst recht einen treuen Freund...

Fast ebenso bekannt wie die weißen und schwarzen Hausgenossen scheinen mir auch die gelben. In Pommern glaubte man sogar, daß sie häufig etwas Übernatürliches haben, und sie gelten daher oft als Verkörperungen des »Hausgeists«. Als Glückskobolde sollen sie ihren Besitzern Gold und anderes Gut zutragen. »Eine gelbe Katze bringt Geld in die Truhe«, hörte ich auch aus dem bernischen Emmental. »Die Alten behaupten, daß sie die Schätze im Erdboden riecht. Sie zieht dann, man weiß nicht wie, Reichtum in die Hütte, die sie schätzt.«

Darüber hinaus sollen diese Tiere, ob mehr von einem leuchtenden Orangegelb oder Gelbbraun, sehr menschenfreundlich sein. Sie schnurren auch den lieben Gästen entgegen und helfen durch ihre ganze Freundlichkeit, daß sich diese in einer Wohnung wohl fühlen. »Wo eine Katze von der warmen (orangen) Farbe ist«, meinte meine Großmutter, »da haben wir Frauen eine große Hilfe. Die schnüffelt überall herum und schaut, daß alles in Ordnung ist.« Frauen und Männer, die solche Tiere besonders schätzen, sollen auch gut auf ihren Besitz achten und diesen nach Möglichkeit mehren. Sie sollen aber dabei in keinem Fall geizig werden – dazu sind sie, genau wie ihre Katzen, viel zu gastfreundlich.

Hier finden wir auffallende Übereinstimmungen mit vielen Farbenlehren, wie wir sie aus Ägypten, Indien oder Griechenland kennen. Einen Zusammenhang zwischen der Farbe Gelb und dem materiellen Besitz stellt noch der moderne Wiener Künstler Hans Vetter her:

> Den Sand, den Strand,
> das sichere Land,
> das Feste der Welt
> nennen wir Gelb.

WAS DIE FARBE DES FELLS BEDEUTET

Eigentlich besitzt überhaupt jede Katzenfarbe ihre besonderen Anhänger, die über sie wahre Wunderdinge erzählen. Diese Tatsache bringt uns auf den Gedanken, daß eine solche Neigung etwas über das Wesen der betreffenden Menschen aussagen kann. »Sage mir deine Lieblingsfarbe, und ich sage dir, wer du bist«, ist schließlich eine alte Volksweisheit. In manchen Fällen könnten dann Lieblingskatzen sehr viel über den Charakter ihrer Besitzer und ihren ganzen Lebensstil aussagen.

Ein gutes Beispiel geben uns in dieser Beziehung die roten Katzen. Unter Engländern, Franzosen, aber auch im südlichen und westlichen Deutschland traf ich auf den Glauben, »daß die alten Kelten, die sehr viel über die Naturgeheimnisse wußten, häufig rote Haare hatten«. Man verweist auf Sagen, nach denen auch Hexen sich nicht selten »flammenfarbige Haare« wachsen ließen. Gelegentlich sind heute Menschen mit dieser Haarfarbe stolz, darin ein Merkmal der alten Stämme zu besitzen.

Die roten Katzen sollen außerordentlich aktiv und besitzergreifend sein. Sie gelten als voll der inneren Kraft und dazu als überdurchschnittlich kämpferisch. Man hält sie auch für sehr neugierig, wiederum eine Eigenschaft, die man gern auch den rothaarigen Menschen zuschreibt. »Willst du wissen, was auf der Welt stattfindet, dann frage einen Rothaarigen«, sagte man in der alten Ukraine. Zumindest bei zwei überdurchschnittlich neugierigen und scharfsinnigen Frauen sah ich auch rötliche Katzen. Beide erklärten ihre Zuneigung aus der unbestreitbaren Tatsache, daß es sehr malerisch sei, ein gleichfarbiges Tier zu besitzen. Beide zeigten sich aber auch gleichermaßen überzeugt, daß zwischen ihnen und ihren Lieblingen seelische Übereinstimmungen und entscheidende Wesensverwandtschaften vorhanden seien.

Rot erzeugt ja in uns die Gedankenverbindung zu einer überschäumenden Lust und Freude am Dasein. Es ist die Gier nach Erlebnissen. Freilich kann man sich der Neugier, den Leidenschaften nur dann ohne Enttäuschung und Schaden hingeben, wenn man nicht fein, überempfindlich, sensibel und leicht zu beleidigen ist »wie ein schneeweißes Kätzchen«. Über die Farbe Rot schrieb der bereits erwähnte Wiener Hans Vetter in seiner kleinen »Farbenlehre«:

> Das Blut und das Feuer,
> Geburt und Tod,
> Leben, Liebe
> und Geist sind rot.
>
> Drum tragen gemeinsam
> das rote Mal:
> Der König, die Dirne,
> der Kardinal.

Nicht nur als leidenschaftlich und freundlich sondern auch als »besonders klug« gelten die Tigerkatzen. Ein alter »Katzennarr« erklärte mir dies so: »Es ist, als wenn diese Geschöpfe schon durch ihr Aussehen die Weisheit der Natur zeigten. Ist eine solche Katze ursprünglich und besitzt sie einen weiten Lebensraum, dann huscht sie fast traumhaft durch Sonnenglanz und Schatten. Ihre dunkleren Streifen auf dem oft fast goldig-rötlichen Fell, ihre Behendigkeit und List helfen ihr jeden Tag im Lebenskampf. Wenn sie durch Büsche oder Gräser streift, dann verschmilzt sie fast mit dem Hintergrund. Sie wählt – zumindest nach meinen Beobachtungen – bewußt oder aufgrund eines entsprechenden Triebes ihren Weg. Sie macht es so geschickt, daß sie für unsere schwachen Augen fast unsichtbar wird. Sie kommt und geht wie ein guter Geist.« Von einigen dieser kleinen, niedlichen »Haustiger« hörte ich, »daß sie viel mehr von der menschlichen Sprache verstehen, als wir meinen«. Mit einem Wort: Sie sind so listig, daß man glauben könnte, sie hätten ihre Tarnfarbe selbst erfunden.

Zuletzt erwähne ich noch die bunten, mehrfarbigen Tiere, weil sie im Volksglauben eine besondere Bedeutung haben. In der Vorstellung der traditionell keltischen Briten ist eine gefleckte Katze *das* Sinnbild des Sonnengottes: Als besonders wichtig gel-

ten die dreifarbigen Katzen, deren Fell gleichzeitig weiße, schwarze und gelbe (oder »fuchsrote«) Flecken besitzt. Wie ich es von einem Polen hörte, »bringen sie Glück – und sie wissen es auch!« Angeblich soll sich daraus ihre »stolze Selbstsicherheit« erklären. Ein erfolgreicher Schauspieler aus Paris gebrauchte in meiner Gegenwart einmal den bezeichnenden Spruch: »Er kommt daher, ganz als wäre er ein dreifarbiger Kater.«
Sehr verbreitet ist der Volksglaube, daß dreifarbige Katzen »ihr« Haus vor Feuer und anderen Gefahren beschützen. Ein Bauer aus dem bernischen Dorf Heimiswil versicherte mir: »Eine dreifarbige Katze in der Wohnung schützt oft besser vor Dieben und Unfällen als jede Versicherung.« Zumindest erhielt ich durch diesen Ausspruch eine Bestätigung für meine Auffassung: Die Verehrer solcher Tiere sind optimistischer und selbstsicherer als andere; sie sind auch dann noch überzeugt, daß alles gut wird, wenn andere bereits den Kopf verlieren.

Neuere Beobachtungen scheinen tatsächlich gewisse Zusammenhänge zwischen Fellfarben und Charaktereigenschaften zu bestätigen. Dazu kommt die nachgewiesene Vorliebe einzelner Menschen für Tiere mit bestimmten äußeren Eigenschaften, die ganz sicher tiefe Ursachen besitzen. Erschwert wird die genaue Beobachtung auch durch die Tatsache, daß Katzen nur bei guter und erfahrener Behandlung durch ihre menschlichen Freunde ihre inneren Eigenschaften und Begabungen offenbaren. Jede von ihnen besitzt erstaunliche Eigenheiten, die einzigartig sind und jeder Verallgemeinerung und Regel trotzen.

ASTROLOGISCHE WESENSVERWANDTSCHAFTEN

Es gibt, wie wir schon sahen, allerlei Bräuche, sich die »richtige« Katze nach der Fellfarbe oder nach ihrem Herkunftsland zu wählen. Recht alt ist die »Kunst«, es mit dem Tier zu versuchen, das eine gewisse Beziehung zum eigenen Tierkreiszeichen besitzt, denn nach einer alten Sage sind die Katzen »Glückssterne auf dem Boden«. Das ist es ja, woran uns ihre nachts aufflammenden Augen und ihr »elektrisches« Fell erinnern.

Zum Frühlingszeichen der Fische rechnet man die »Wasserkatzen«. Sie sind gern die besinnlichen Begleiter der »Fische«. Fische und anderes Wassergetier sind ihre liebste Beute, für die sie sogar ihre sprichwörtliche »Wasserscheu« vergessen. »Fisch-Katzen« können gelegentlich in den verschiedensten Rassen auftauchen, doch ihre Hauptvertreterin ist die Türkische Katze, die vom Van-See stammt. Sie schwimmt leidenschaftlich gerne und badet freudvoll in Wasser, das etwa ihre Körpertemperatur besitzt.

Zum Zeichen Widder gehört der rote »Kampfplanet« Mars. Sein sind auch die wild-kämpferischen, feurigen Tiere, wie die kriegerischen Pantherarten. Unter unseren Haustieren »regiert« der Widder die vorzüglichsten Krieger: Etwa diejenigen, die mit den mächtigsten Ratten anbinden.

Das Zeichen Stier ist stark von der Venus beeinflußt. Viele Stier-Menschen gelten als maßlose Bewunderer und berufene Kenner der Tierschönheit. Von Venus beeinflußt sind auch die hochgezüchteten Rassekatzen, vor allem die langhaarigen. Wie »ihre« Göttin besitzen sie häufig wahre Wunderaugen in Grün oder Blau.

Die Zwillinge sind das Zeichen des Merkur und dementsprechend der gefleckten, »bunten« oder mischfarbigen Großkatzen, wie etwa des Leoparden oder des Jaguars. Vor allem unsere »dreifarbigen« Hauskatzen, die man als »Glücksmagneten« preist, werden von Merkur regiert.

Zum Mondzeichen Krebs gesellt man alle »mondfarbigen«, weißen, silbergrauen Tiere, natürlich auch den amerikanischen Silberlöwen, den Puma. Für die italienische Sage ist sogar der

Mond selbst die Katze der Göttin Diana, die die »schlechten Einflüsse« von ihren menschlichen Freunden verscheucht, als wären sie Ratten und Mäuse.

Im Sonnenzeichen Löwe versammeln sich der königliche Löwe selbst, der Luchs mit seinen gerühmten Augen und das »fürstliche Jagdtier« Gepard. »Kleine Löwen« sind vor allem auch die Hauskatzen, die ein »goldig-strahlendes« Aussehen besitzen, wie die Birma-Katze, »diese Sonne auf vier weißen Pfötchen«.

Für den glücklichen Besitzer ist seine Katze immer ein Wundertier – kaum weniger als die »fliegenden Katzen« der alten Naturwissenschaftler.

An das weiblich-merkurische Zeichen Jungfrau denkt man bei Katzen, die sich dank ihrer Tarnfarben besonders geschickt durch ihre Umwelt schleichen. Von den wilden Arten erinnere man sich an den wundervoll gemusterten Ozelot oder an die Nebelkatze (Nebelparder) in Indien, auf Borneo und Sumatra. In den Dschungelnebeln sollen sie sich, wie der Zauberkater in »Alice im Wunderland«, fast vollkommen unsichtbar machen können.

Die Waage ist das Energiefeld der aktiven Venuskräfte. Zu ihr gehören unter den Rassetieren die verschiedenen kurzhaarigen »Edelkatzen«. Freilich nicht weniger die »Gewöhnlichen«, wenn sie einen deutlichen Hang zu »künstlerischen Selbstdarstellungen« besitzen. Sie haben ein auffallend schönes Bewegungsspiel und klettern sehr geschickt, namentlich, wenn ihnen dabei ihr menschlicher Freund seine ungeteilte Aufmerksamkeit und Bewunderung schenkt.

Dem weiblich-marsischen Zeichen Skorpion ordnet man vor allem die einheimischen Wildkatzen zu. Verständlicherweise auch jene Haustiere, die nach der Sage Blut dieser »Freunde der Waldkobolde« besitzen und ihnen mehr oder weniger ähneln.

Zum jupiterischen Zeichen Schütze gesellt man im Orient den Tiger – bei den Chinesen, Thais, Mandschus, Ost-Sibiriern und Iranern trägt es sogar seinen Namen. Die Schütze-Menschen haben viel von Katzen, die nach Fellzeichnung und Charakter stolz »wie Königstiger« wirken.

»Geheimnisvolle« Katzen stehen unter dem Zeichen Wassermann, man traut ihnen nicht selten »geheimnisvolle PSI-Kräfte« zu. Hierher setzen wir den Liebling der mystischen Para-Zoologie, die bisher noch nicht entdeckte »Flugkatze«. Athanasius Kircher hat diese rätselhafte Bewohnerin der Wälder Kaschmirs schon im 17. Jahrhundert abgebildet. Sie soll richtige Flughäute zwischen ihren Pfoten besitzen, ähnlich den Fledermäusen oder den Flug-Eichhörnchen...

Der Steinbock gilt als das weibliche Gegenstück zum »saturnischen« Wassermann. Als seine Tiere bezeichnet eine Tradition die »Traumkatzen«. Es sind Geschöpfe, die besonders gern und lang auf den Betten ruhen und ihren menschlichen Freunden »einen glücklichen Schlaf schenken«. Auch die schwarzen Tiere gelten als »saturnisch«, besonders wenn ihr Fell ins Bläuliche schimmert und dadurch an den nächtlichen Sternenhimmel erinnert.

Bei all den schönen Überlieferungen und Regeln darf man aber niemals vergessen: Meistens sind es gar nicht wir, die die liebste Katze unseres Lebens finden, sie findet uns! Auf einmal haben wir sie, obwohl sie oft gar nicht genau so aussieht, wie wir es uns vorher gewünscht haben.

ALLE WEGE DES MENSCHEN FÜHREN ZUR SPHINX

Wie ich überhaupt für dieses Buch zu sammeln begann? Als Zwanzigjähriger hatte ich schon mein erstes »Büchlein für die Katze« verfaßt. Der Kreis um eine sehr lebendige Studentenzeitschrift fand die Sage von den »Cat-People« lustig. Ich kam dadurch in einen Poeten- und Philosophenkreis, für dessen erste Veröffentlichung der Dichter und Filmer Jean Cocteau ein Vorwort verfassen sollte. Ich wagte es, mich mit dem großen alten Mann zu verabreden.

Wir trafen uns in der Nähe der Metrostation von St. Germain. Was dem anderen an mir vor allem Spaß machte, war, daß ich das Schlüsselmärchen vom »Gestiefelten Kater« kannte und es sogar in Originalbüchern des 18. Jahrhunderts nachgelesen hatte. Also überschwemmte er mein Bewußtsein mit einer Springflut von bunten Gedanken und Bildern, die mich noch sehr lange bald beunruhigen, dann wieder bestätigen sollten. Er warnte mich aber davor, vor allem in Bibliotheken und Museen nach der so launischen Dame Wahrheit zu suchen: »Gehen Sie ans Mittelmeer«, belehrte er mich, »noch immer sehen Sie, von deren Wellenspiel aufgezeichnet, die Spuren der Schiffe, die die Eingeweihten der Ägypter, Syrer, Phönizier, Kreter fuhren. Dort verstehen noch die Menschen, was die heiligen Steine bedeuten. Die Geschichten, die König Salomo auf seinem goldenen Löwenschiff der Magierin von Saba erzählte, wissen sie nicht mehr wörtlich. Aber sie leben die alten Sagen jeden Morgen neu.«

Ich folgte Cocteaus Empfehlung und durchzog mit einem Zigeunergeiger die burgundischen und savoyischen Alpen bis zur Rhonemündung und der Camargue. Fremdenverkehr im heutigen Sinn gab es damals noch nicht. Beim Anblick der kristallklaren Wellen verstanden wir die Worte eines Nomaden, der ursprünglich aus der Ägäis kam: »Dieses Meer ist uns heilig. Wir spüren in ihm noch die Wasser des Märchenflusses Nil. Lauschen wir in sie hinein, vernehmen wir die Weisheit der löwenhaften Völker, die an seinen Quellen mit den Tieren reden.«

Nahe dem Meer erzählte uns in ihrem mit Sphinxen und Löwen bemalten Wohnwagen eine Weise Frau: »Wie jeder in der

Provence und Aquitanien weiß, stammen wir Wahrsager noch aus dem einstigen Ägypten. Wir verließen es zusammen mit Moses, als man sogar dort begann, die alte Weisheit zu vergessen und zu mißbrauchen.« Sie blickte durch ihr Fenster auf das Spiel des Silberlichts, das der Mond auf die fernen Schaumkronen goß. Dann fragte sie: »Kennt ihr die Geschichte von der Sphinx, dieser

Der gestiefelte Kater verhilft dem Märchenhelden zum Erfolg. Die »Rasse der Glückskatzen« ist ganz sicher noch nicht ausgestorben.

schönen Frau mit dem mächtigen Löwenleib? Sie stellt den Menschen immer die gleiche Frage: Was ist das? Es läuft am Morgen auf allen vieren, zu Mittag hat es zwei Beine, aber am Abend braucht es deren drei.«

Sie wartete nicht auf die Antwort aus der antiken Sage, wie wir sie aus der Schule kannten. Sie hatte sie eben nicht irgendwo zusammengelesen, sondern sie »von einem alten Griechen auf den Ruinen von Karthago« gehört. Und sie fuhr fort: »Der Mensch ist in seiner Gesamtheit die Sphinx. Ein Volk, das das Sinnbild der Weisen nicht begreift, dessen Knochen bleichen schon bald zu Wüstenstaub und dessen Name fällt in den Abgrund der Vergessenheit. Auf allen vieren lief der Mensch in der fernen Vergangenheit herum, wie heute noch der Säugling. Er erhob sich dann zum aufrechten Gang, hatte die weite Übersicht und konnte zu den Sternen blicken. Er las bald deren Himmelsschrift und entdeckte jetzt eine Wissenschaft nach der anderen. Er vergaß leider nur, vom Stolz aufgebläht, seinen tierischen Ursprung. Er verwendete seine einstigen Schicksalsgefährten nicht nur als Fellkleider oder für die Nahrung. Er begann sie zu verachten und versuchte sogar, ihre unabhängigsten, klügsten, ihm dadurch am nächsten stehenden Arten eifersüchtig auszurotten. Er vergaß die Mahnung seiner heiligsten Sagen, nach denen Gott seine Welt allen Geschöpfen schenkte.«

Die Weise Frau schloß ihre esoterische Weltgeschichte: »Doch spätestens, wenn der Abend einbricht, sollte der kluge Mensch sein sphinxhaftes Leben verstehen. Wird es um uns finster, dann verschwindet unsere ganze eingebildete Überlegenheit. Wir torkeln im Dunkeln dahin und stolpern leicht in jedes Unheil hinein. Mühsam müssen wir uns mit einem Arm durch die Nacht tasten, wie ein Blinder auf seine Krücke, also auf drei Beine angewiesen. Neidisch blicken wir auf die Tiere, die sich immer noch mit ihren starken Sinnen und Instinkten zurechtfinden.«

Die Dame aus der Camargue zeigte uns eines ihrer handgemalten Tarotbilder. Eine goldene Sphinx, deren geschmeidiger Katzenleib wie eine Sonne strahlte, saß auf ihrem Tempelsockel. Eine schöne Königin kniete vor ihr und hatte eine Hand auf ihrem Herzen, wohl das ägyptische Zeichen der Bewunderung gegenüber einem hohen Geheimnis. Die Frau im Wagen flüsterte uns zu: »Geh nur stolz und aufrecht auf deinen beiden Beinen herum. Eins darfst du aber nie mehr vergessen, daß die auf den Vieren viel des Urwissens um unsere Welt für dich bewahren. Nur wenn dir dies bewußt wird, wie den Ägyptern oder dem prächtigen Löwenkönig Salomo, kannst du noch endlos lernen. Nie mußt du dann fürchten, am Abend, im milden, aber unsicheren Mondschein, im Unbekannten zu stolpern. Ohne die Freundschaft zu den Tieren kann es daher für den Menschen keine gute und sichere Zukunft geben.«

ANHANG

Abkürzungen

A	A. N. Afanassew, Narodnye russkie skazi (Russische Volksmärchen), Hrsg. W. J. Propp, Moskau 1957.
CC	Champfleury, Les chats, Paris 1869.
DG	P. Dale-Green, Cult of the Cat, London 1963.
DS	M. Damjan & R. Schilling, Miau Miau, Zürich 1969.
HA	Handwörterbuch des deutschen Aberglaubens, Leipzig 1928 ff.
HC	M. O. Howey, The Cat in the Mysteries, London 1981.
L	F. Leppmann, Kater Murr und seine Sippe..., München 1908.
M	G. Michel, Das Buch der Katzen, Weimar 1876.
MK	P. L. Martin, Das Leben der Hauskatze, Weimar 1883, 2. Aufl.
PM	F.-A. Paradis de Moncrif, Les chats, Paris 1727.
OK	Ökonomisch-technologische Encyklopädie..., Hrsg. J. G. Krünitz, Berlin 1786, 36.
PC	G. Percheron, Le chat..., Paris 1885.
VK	Versuch einer Katzengeschichte, Augsburg 1772.
W	H. Weir, Our Cats and all about them, London 1889.
WK	G. Waeger, Die Katze hat neun Leben, Bern 1976.
PA	Paracelsus, Sämtliche Werke, Hrsg. B. Aschner, Jena 1928–1932.

Anmerkungen

1. TEIL: SECHS SPIEGEL DER GÖTTIN

Ägyptens Katzenseele

Zum ägyptischen Katzenkult: u. a. PM, S. 10ff.; CC, S. 20f.; M, S. 15ff.; PC, S. 4ff.; DS, S. 9–23.
Beschäftigung des 15.–18. Jahrhunderts mit »ägyptischen Mysterien«: PA, Bd. 4, S. 388f.; A. Kircher, Oedipus Aegyptiacus, Rom 1652–1653 (z. B. S. 3 u. 121: Katze als »Mondhieroglyphe«); Court de Gébelin, Monde primitif, Paris 1773–1781.
Sage von Isis als Kulturbringerin von Europa: J. Aventin (1477–1534), Beyerische Chronica, Frankfurt 1580, S. 27ff.
Von »ägyptischen Fahrenden«: E. Wittich, in: »Schweizer Archiv für Volkskunde, Basel 1914, Bd. 18, S. 171; M. Block, Zigeuner, Leipzig 1936, S. 22.
Zu Kulturzusammenhängen vgl. auch G. Grimm, Die Zeugnisse ägyptischer Religion im römischen Deutschland, Leiden 1969.

Die indische Katzengöttin und ihre Kinder

Mond und Katze: M, S. 28; W. J. Wilkins, Hindu Mythology (Neudruck), London 1974, S. 477f.; M. und J. Stuteley, A Dictionnary of Hinduism, London 1977, S. 271.
Reinheitsvorschriften: H. Brunnhofer, Arische Urzeit, Bern 1910, S. 126ff.
Shakti: F. Nork, Mythologie d. Volkssagen..., Stuttgart 1848, S. 446; J. B. Friedreich, Die Symbolik der Natur, Würzburg 1859, S. 426.
Kater im Götteruniversum: PM, S. 66–72.

Liebling der Jägerin Artemis

Zur antiken Katzensymbolik: A. De Gubernatis, Die Tiere in der indogermanischen Mythologie, Leipzig 1874, S. 371ff. u. 458ff.; Friedreich, S. 421ff.
Zum Fortleben des Diana-Kults: HA, Bd. 2, S. 196; M. W. de Visser, Die nichtmenschengestaltigen Götter der Griechen, Leiden 1903; C. G. Le-

land, Etruscan Magic (Neudruck), New York 1963; J. W. Wolf, Beiträge zur deutschen Mythologie, Göttingen 1852, Bd. 1, S. 186f.; H. P. Duerr, Traumzeit, Frankfurt 1978, S. 27 f.
Rokokodeutungen der Dianasage (als Quelle der romantischen Dichtung): A. Banier, Erläuterung der Götterlehre, Leipzig 1756, Bd. 1, S. 102ff. u. Bd. 2, S. 243ff.; B. Hederich, ... gründliches mythologisches Lexicon, Leipzig 1770, S. 2423.

Freya fliegt im Katzenwagen

Hinweise auf Freya- und Katzenmythos: J. N. v. Alpenburg, Mythen und Sagen Tirols, Zürich 1857, S. 250; J. N. Sepp, Die Religion der alten Deutschen und ihr Fortbestand..., München 1890; K. Simrock, Handbuch der deutschen Mythologie, Bonn 1874, S. 471; P. Herrmann, Deutsche Mythologie, Leipzig 1898, S. 116; R. Brasch, Dreimal schwarzer Kater, Wiesbaden 1979, S. 190 (Glaube an die neun Sphären).
Frau Holle und Katzen: Hundert Volksmärchen, Wien 1947, S. 320ff. (Nach J. R. Bünker, Schwänke, Sagen und Märchen, Leipzig 1906, Nr. 62); K. Paetow, Frau Holle, Husum 1986, S. 64 u. 135.
Frau Holle und Katzenhexen: F. Nork, Die Sitten und Gebräuche der Deutschen..., Stuttgart 1849, S. 550ff. u. S. 662.
Zur Zeichnung von Baldung Grien: E. Schade, Schadzauber..., Worms 1983, S. 104f.

Der Kater am Weltenbaum

Erwähnung slawisch-ostdeutscher Katzenkobolde: C. Brentano, Die Gründung Prags, Hrsg. O. Brechler & A. Sauer, München 1910, S. 281 u. S. 409 (Hier abgebildet löwenähnliche Schildträger nach K. G. Anton, Erste Linie eines Versuches über der alten Slawen Ursprung..., Leipzig 1783.
Umstrittene slawische Löwengötter: I. J. Hanusch, Die Wissenschaft des slawischen Mythus, Lemberg 1842, S. 120ff. (auch heute werden wieder iranisch-indische Kulturbeziehungen vermutet!).
Zum »singenden« Märchenkater: A, Bd. 2, S. 158f. u. 377.
Baba-Jaga und Kater: u. a. A, Bd. 1, S. 157.
Kater als Freund der Gewittermächte: Russische Volksmärchen, Hrsg. A. v. Löwis of Menar, Jena 1914, S. 70f.
Zum Volksglauben an die Gewitterbeziehungen der Tiere: A. N. Afanassew, Poetitscheskie wozzrenija slawjan na prirodu (Dichterische Naturanschauungen der Slawen), Moskau 1865–1868.

Keltische Wiedergeburt

Zu »magischen« Katzenversammlungen: u. a. P.-Y. Sébillot, Le folklore de la Bretagne, Paris 1950, S. 164; Guide de Paris mystérieux, Hrsg. F. Caradec

& J. R. Masson, Paris 1966, S. 390 (Hier auch zu Pariser »Isisplätzen«, S. 87, 243 u. 396).

Moderner »ägyptisch-keltischer« Isiskult: P. Geyraud, Parmi les sectes..., Paris 1939, S. 151ff.

Zum geheimen Fortleben des Keltentums: H. Schreiber, Feen und Hexen, in: »Taschenbuch für Geschichte und Altertum in Süddeutschland«, Freiburg/Br. 1846 Bd. 5, S. 153f.; F. Nork, Mythologie der Volkssagen..., S. 660ff.; Nork, Sitten und Gebräuche..., Stuttgart 1849, S. 551ff.; T. W. Rolleston, The Mythus and Legends of the Celtic Race, London 1911, S. 412ff.

Magier in Katzengestalt: J. Dorsay, Contes d'Armorique, Paris 1954, S. 176.

Katzengeister als Schatzhüter: M, S. 131; H. Brunnhofer, Die Schweizerische Heldensage, Bern 1910, S. 69ff.

Wünschelrute und Ceridwen: C. Sterne, Wahrsagungen..., Weimar 1862; vgl. DG, S. 38 u. 44f.

2. TEIL:
AUF WEICHEN PFOTEN DURCH DIE KULTURGESCHICHTE

Bei der Gottesmutter in Bethlehem

Herodes und der Löwenstamm Juda: E. Hennecke & W. Schneemelcher, Neutestamentarische Apokryphen, Tübingen 1968, Bd. 1, S. 316.

Pseudo-Matthäus: Hennecke, Bd. 1, S. 307.

Noah: M, S. 68f.

Heiliger Gregor: MK, S. 4; Paulys Real-Encyclopädie der klassischen Altertumswissenschaft, Stuttgart 1921, Halbband 21, S. 53.

Franziskus: DG, S. 34.

Martha: HC, S. 240; DG, S. 46.

Brandan: H. J. Falsett, Irische Heilige und Tiere..., Bonn 1960, S. 58.

Agatha: DG, S. 93

Sergius: Russische Heiligenlegenden, Hrsg. E. Benz, Zürich 1983, 2. Aufl., S. 322.

Gertrud: C. Wimmer & H. Melzer, Lexikon der Namen und Heiligen, Innsbruck 1982, 4. Aufl., S. 319; HA, Bd. 3, S. 699–708.

Verena: R. Müller, Katzenmuseum, Aarau 1987, S. 23f.

Tierliebe in Legenden: S. Golowin, Mären um den Lieben Gott, Bern 1961, S. 18 u. 58.

Theosophische Lehre von Tierliebe als Hauptidee des orientalischen Urchristentums: Das Evangelium des vollkommenen Lebens, Hrsg. R. Müller, Bern 1955. (Vor allem S. 1956–1960, Einsicht in das Archiv von Rudolf Müller, Schloß Vallamand.)

Die Völker suchen neue Grenzen

Attila-Sage (nach Scheffels »Ekkehard«, 1853): M, S. 76; DS, S. 45.
Zum Islam u. a.: CC, S. 264f.; M, S. 68f.; PC, S. 14f.; DS, S. 93–113; E. Zbinden, Die Djinn des Islam..., Bern 1953; W. Beltz, Die Mythen des Koran, Berlin 1979.
Mittelalterliche Tiersymbolik: CC, S. 43ff.; A. Gevaert, L'héraldique, Paris o. J., S. 33 (Katze und Burgunder) u. 49 (Löwe); DS, S. 39.
Arthus: Merlin..., Hrsg. E. B. Wheatley & W. Mead, London 1899, Bd. 4, S. 235f.; E. Freymond, Artus' Kampf mit dem Katzenungetüm, Halle 1899; Le Tristan en vers, Hrsg. J. C. Payen, Paris 1974, S. 273 (Minneheld Tristan nennt »eine große Tigerin« seine Ziehmutter).
Geparde: Slowo o polku igorewe (Igorlied), Hrsg. P. Adrianowa-Peretz, Moskau 1950, S. 90, 163 u. 429f.

Die »Katzenküsser« im Alpenraum

Katzen in den »Kilter«-Sagen: S. Golowin, Adrian v. Bubenberg..., Bern 1976, S. 105ff. (»Die Mädchen der Katzengöttin«); U. Hostetter, Anderi Lieder, Bern 1979, S. 72.
Die Mondgöttin und »ihre« Katzen als Beschützerinnen der geheimen Liebeswege: Vgl. C. G. Leland, Aradia..., London 1899.
Phantasievolle Ableitung des Wortes »Kilten«: F. J. Stalder, Versuch eines schweizerischen Idiotikon, Aarau 1812, Bd. 2, S. 100f.; vgl. K. Paulin, Die schönsten Tiroler Sagen, Innsbruck 1972, S. 79f u. 122.
Benützte Tellsage: E. L. Rochholz, Tell und Gessler in Sage und Geschichte, Heilbronn 1877, S. 102ff.; Grisler ou l'ambition punie, o. O. 1762 (von Samuel Henzi), S. 5, 23 u. 57.

Das Rokoko entdeckt das Märchen

Allgemein: PM, Lettre 1; Le Cabinet des Fées, Paris 1785–1789; Voyages imaginaires, songes, visions et romans cabalistiques, 34 (Abdruck des Grafen Gabalis), Amsterdam 1788, Bd. 34, (E. Lévi, Histoire de Magie [Nouvelle éd.], Paris 1922, S. 419 hielt Gabalis für einen großen »Rosenkreuzer«).
»Trost bei Katzen« im 18. Jahrhundert: S. N. Schubinski, Istoritscheskie otscherki... (Geschichtliche Studien), S. Petersburg 1908, 5. Aufl., S. 389–402.
Magie in Pariser Salons: R. H. Laarss, Eliphas Lévi, Hrsg. G. Meyrink, Wien 1922, S. 213ff.

Die Sagenwelt entsteht neu

Allgemein: L. Sprague de Camp, Lovecraft, New York 1975, S. 40, 73, 230.
Lovecrafts (sagenhafte) Studien der ägyptischen Geheimlehren: K. Grant, The Magical Revival, New York 1973, S. 114ff.

Zu »Cat People« im Film: Midi-Minuit fantastique, Hrsg. E. Losfeld, Paris 1962, Bd. 2, S. 13 ff. (auch E. Losfeld, mündlich).
Zum neuen Diana- und Katzenkult: Leland, Aradia; D. Valiente, An ABC of Witchcraft Past and Present, New York 1973, S. 223 ff.

3. TEIL: MAGISCHE NATURWISSENSCHAFT

Von Spukhäusern und Katzensteinen

Zum »Spuk von Thun« (1966): S. Golowin, Die Weisen Frauen, Basel 1982, S. 95 ff. u. 181 f.; T. Locher & G. Lauper, Schweizer Spuk und Psychokinese, Freiburg 1977, S. 17–31.
Spuk- und Katzenglauben: L, S. 64 ff. (Böhlimann); CC, S. 39 f.; H. Bazing,, Die Katze in Ortsnamen, Stuttgart 1886; E. O'Donnell, Animal Ghosts, London 1913; G. Sulzer, Truggeister..., Pfullingen 1984, S. 16 f., S. 117–119 (Die Okkulte Welt); HC, S. 156 f.
Zur Katze in der modernen Parapsychologie (Auswahl): R. Montandon, De la bête à l'homme, Paris 1834; J. Peter, Okkulte Erscheinungen in der Tierwelt, Berlin 1923; W. Schrödter, Tiergeheimnisse, Billerbeck 1960; K. Spiesberger, Phänomen Tier, Berlin 1986; D. Green, Die Katze – das geheimnisvolle Wesen, Rüschlikon-Zürich 1985.

Das »New Age« entdeckt den Katzen-Kobold

Idee des »New Age«: I. de Steiger, Memorabilia, Hrsg. A. Waite, London o. J., S. 136.
Moderner Mythos von »Kosmischen Katzen«: S. Golowin, Götter der Atomzeit, Moderne Sagenbildung, Bern 1967, S. 18.
Paracelsus und Elementargeister: K. Kiesewetter, Geschichte des neueren Okkultismus, Leipzig 1909, 2. Aufl., S. 48 ff.; PA, Bd. 4, S. 303 ff.
»Erziehung« des Kobolds: P. Huson, Mastering Witchcraft, London 1972, S. 141 f.; M. A. Murray, The God of the Witches (Neudruck), New York 1974, S. 84

Torhüter zu den Traumreichen

Die moderne Sage von der entscheidenden Rolle der sibirischen Schamanen im letzten Weltkrieg bezweifelt: R. G. Wasson, Soma, New York 1969, S. 356 (auch Wasson, mündlich).
Traumreisen der Hexen: J. S. Halle, Fortgesetzte Magie..., Wien 1788, S. 496.
Zu L. Carroll: L. Carroll, The Annotated Alice, Hrsg. M. Gardner (Neue Ausg.), New York 1974, S. 83; G. J. Monson-Fitzjohn, Quaint Signs of

Old Inns, London 1926, S. 92 (Mad Cat), S. 90f. (Lion), S. 120 (Red Cat); W. Bauer, Bildlexikon der Symbole, München 1980, S. 534.

»Traumreisen« in Märchen und Esoterik: A, Bd. 1, S. 287ff. (Nr. 138); F. A. Volmar, Berner Spuk, Bern 1969, S. 61f. (vgl. M. Bouissou, Ein seltsamer Beruf, Luzern 1956); M. Kyber, Unter Tieren, Stuttgart 1921, S. 173ff.

Katzen und Jenseits: H. Berger, in: »Wörterbuch der Mythologie«, Hrsg. H. W. Haussig, Stuttgart 1984, Abt. 1.5, S. 789 u. 820; K. Schwenck, Die Mythologie der Slawen, Frankfurt 1853, S. 265; E. Le Roy Ladurie, Montaillou, Frankfurt 1983, S. 315f. (Katharer).

Seelenwanderung durch alle Welten

Löwe und Unsterblichkeitskult: K. Schwenck, Die Mythologie der Ägypter, Frankfurt 1846, S. 27, 104ff. u. 129ff.; J. Ennemoser, Geschichte der Magie, Leipzig 1844, S. 394.

»Zeitreisen« im Traum: C. Doyle, Round the Fire Stories, London 1908; M. Oettli, in: »Naturwissenschaftlich-technisches Jahrbuch«, Zürich 1921, Bd. 2, S. 307ff.; E. Dacqué, Urwelt, Sage und Menschheit, München 1924.

Buddha und Katze: J. Adeline, Le chat d'après les Japonais, Rouen 1893, S. 30f.; J. Dutoit, Jatakam, Leipzig 1914, Bd. 5, S. 15f. (Nr. 511); DG, S. 47.

Symbole der Natur

Esoterische Deutung von »Carabas«: v. a. Frau Prof. Dr. Anna Kamensky (Genf 1949, mündlich; J. Duchaussoy, Le bestiaire divin (vermutet hier sogar Schlüsselworte der ägyptischen Religion, »Ka-Ra-Ba«; vgl. R. de Laroche, Le chat dans la tradition spirituelle, Paris 1984, 3. Aufl., S. 100f.

Die Katze im Tarot: O. Wirth, Le tarot des imagiers... (Neue Ausg.), Paris 1966, S. 253ff.; A. Crowley, Das Buch Thot, Waakirchen 1981, S. 56ff.; R. Butler, The Definitive Tarot, London 1975, S. 110 u. 165; S. Golowin, Die Welt des Katers, Basel 1975, S. 369 (nach J. G. J. Breitkopf, 1784).

Symbolik der Katze: H. P. Blavatsky, Die Geheimlehre, Bd. 2: Die archaische Symbolik der Weltreligionen, Hrsg. R. Froebe (Neudruck), Den Haag o. J., S. 583.

Katze als »Korndämon«: u. a. P. Sartori, Sitte und Brauch, Leipzig, Bd. 2, S. 87; HA, Bd. 4, S. 1115; HC, S. 75 (The Corn Cat).

Zur Wetterkatze: F. L. W. Schwartz, Die poetischen Naturanschauungen..., Berlin 1879, Bd. 2, S. 33.

Zeichen Löwe (Leo): Medizinisch-astrologischer Volkskalender, Hrsg. M. Mitscherling, Leipzig 1981 (Transkription), S. 41.

4. TEIL: GEHEIMPFADE DER ALTEN HEILKUNST

Schutz vor den Seuchendämonen

Zu Ratten noch heute im Volksglauben: A. Sumatry, Das echte Zigeuner-Traumbuch, Freiburg 1961, S. 108; vgl. HA, Bd, 7, S. 514 ff.
Zur »Wurzel« der schwarzen Pest: u. a. DS, S. 211 ff.; F. Méri, Le chat, Paris 1973, S. 29 ff.
Erinnerungen an Ratten und Hungersnöte (das Traumbild von fressenden Katzen ist »den Armen gut« – es verspricht ihnen alles, was sie »zur Notdurft« brauchen): Erneuertes und viel vermehrtes Traum-Buch..., Augsburg 1826, S. 34.
Katzenfreundliche Dörfer in Indien, meistens vor Pest verschont: F. & R. Lockridge, Katzen und Menschen, Rüschlikon-Zürich 1953, S. 72 ff.
Besondere »Rattenkatzen«: M. Reney, Nos amis les chats, Genf 1947, S. 228 ff.

Wundermittel für das Übersinnliche

»Katzenaugen«: O. v. Hovorka & A. Kronfeld, Vergleichende Volksmedizin, Stuttgart 1908, Bd. 1, S. 233; DG, S. 132 f.
Glückssteine: H. Lüschen, Die Namen der Steine, Thun 1979, 2. Aufl., S. 150; R. Garbe, Die indischen Mineralien..., Leipzig 1882, S. 86; S. Seligmann, Die magischen Heil- und Schutzmittel..., Stuttgart 1927, S. 257.
Besonders zum Luchsstein: Hildegard v. Bingen, Naturkunde, Hrsg. P. Riethe, Salzburg 1959, S. 133; Hildegard v. Bingen, Das Buch von den Steinen, Salzburg 1979, S. 68; vgl. HA, Bd. 1, S. 1023 ff. u. 1092 u. Bd. 5, S. 1440; A. Lonicerus, Kreuterbuch, Ulm 1679, S. 730.

Die Wildnis ist eine Apotheke

Großkatzen als Waldbeschützer: Jatakam, Bd. 2, S. 403 ff. (Nr. 272).
Kamille: HA, Bd. 4, S. 938; G. W. Gessmann, Die Pflanze im Zauberglauben, Den Haag o. J., S. 52; H. Marzell, Geschichte und Volkskunde der deutschen Heilpflanzen, Stuttgart 1938, S. 272 ff.; G. Kistler, Wurzellsepp und Kräuterweibl, Wien 1981, S. 80 ff.
Katzenminze: VK, S. 36 u. 213; Großes vollständiges Universal-Lexicon..., Hrsg. J. A. Zedler, Halle 1737, Bd. 15, S. 247; OK, S. 36 u. 213; A. v. Perger, Deutsche Pflanzensagen, Stuttgart 1864, S. 142 f.; Das Kräuterbuch des J. Harlaub, Hrsg. F. Speta, Graz 1980, S. 25.
Baldrian: W, S. 200 f.; Kistler, S. 34 ff.; Marzell, S. 255; HA, Bd. 1, S. 854 ff.; L. Fuchs, New Kreuterbuch..., Basel 1543, Kap. 330; J. T. Tabernaemontanus, Kreuterbuch..., Frankfurt 1613, Bd. 1, S. 471; H. Roerich, Briefe, 1: 1929–1938, Linz 1973, S. 195.

Von der »elektrischen« Katzenkraft

Alte Elektrizitätslehre: J. S. Halle, Magie, oder die Zauberkräfte der Natur..., Wien 1787, Bd. 3, S. 35ff. (vgl. auch Halle zum Wettergefühl der Katze, Bd. 5, S. 360, und zum nächtlichen Leuchten der Katzenaugen, Bd. 6, S. 99–103); J. C. Wiegleb, Onomatologia... magica, Nürnberg 1784, 3. Aufl., S. 726f.; W, S. 195ff.

Nervöse und Katzen: G. Jungbauer, Deutsche Volksmedizin, Berlin 1934, S. 123.

Moderne Ansichten zur Bodenstrahlung: A. G. Pirosa, Der Kosmosfaktor, Zürich 1982; C. Bird, Die weissagende Hand..., München 1981; Kosmopathie, Hrsg. A. Resch, Innsbruck, 1981.

Verhalten der Katze: H. Mayer & G. Winklbaur, Biostrahlen, Wien 1983, S. 163; R. Endrös, Die Strahlung der Erde, Remscheid 1981, 3. Aufl., S. 174f.; E. Hoch, Strahlenfühligkeit, Linz 1982, S. 50.

»Mumien«-Lehre: A. de Rochas, Die Ausscheidung des Empfindungsvermögens, Leipzig 1909, S. 152ff. u. 390 (Hexen von Bearn); G. W. Surya, Okkulte Medizin, Berlin-Pankow 1927, Bd. 12.

5. TEIL: ZUSAMMEN IN GEGENWART UND ZUKUNFT

Mein Kater ist mein Psychiater

Vishnu als »Hausgottheit« (auch Vergleich mit slawischer Volksreligion): Hanusch, S. 113.

Schmerzlose Geburt und osteuropäische Parapsychologie: u. a. E. Sidenbladh, Wasserbabys, Essen 1983, S. 146.

Zusammengehörigkeit von Frau, Katze und Hausgeist: A. Ermolow, Narodnaja selskochozjajstwennaja mudrost... (Die landwirtschaftliche Weisheit des Volkes), S. Petersburg 1905, Bd. 3, S. 177.

Die Katze begrüßt ihre Eigentümer im Jenseits: Ermolow, Bd. 3, S. 186; DG, S. 33.

Das Rätsel der Lebenswärme

Elektrizität des Katzenfells durch Sonnenwärme: MK, S. 38.

Entdeckung der Sonnenenergie: A. Mouchot, Die Sonnenwärme..., Hrsg. R. Weber, Oberbözberg 1987, S. 86ff. u. 143ff. (Zu Kircher), S. 206 (natürlicher Reichtum Ägyptens).

England des 18. Jahrhunderts: N. M. Karamsin, Briefe eines reisenden Russen, Wien 1922, S. 523 (»No young girl wants to be an old maid ... whining over a fat cat«; S. Benson, Tobit transplanted, London 1974, S. 60.

Nonnen und Katzen: MK, S. 4 u. 48.

Ostasiatische Mythologie der Königsmutter des Westens: W. Münke, Die klassische chinesische Mythologie, Stuttgart 1976, S. 263 u. 304; W. Eberhard, Lexikon chinesischer Symbole, Köln 1983, S. 136 u. 282; D. Y. Paul, Die Frau im Buddhismus, Hamburg 1981, S. 275 u. 282 (Kwan-Yin).
Esoterik der Nadelhölzer: H. Roerich, Briefe, Linz 1973, Bd. 1, S. 196.
Von den Wildkatzen (»Ihr liebster Aufenthalt sind ausgedehnte Nadelholzwälder...«): MK, S. 113.

Ritt auf dem Tiger im trauten Heim

Katze im »esoterischen« Wohnstil: P. D. Ouspensky, Das seltsame Leben des Iwan Osokin, Basel 1984 (Russ. 1. Ausg. 1905), S. 21; vor allem S. Leek, Diary of a Witch, New York 1969, S. 207 f.
Katze als Beschützerin der menschlichen Gedanken und Träume: C. Lemmonier, im Sammelband: »Contes et légendes«, Brüssel o. J., S. 32; De Laroche, S. 136 (besonders auch Vorwort von N. Guiot-Tabernat).
Zerspringen des Glases durch Schnurren: VK, S. 24.
Von Katzenaugen (»Windows looking out upon another world«): F. X. King, Witchcraft..., London 1987, S. 60.
Dante, Salomo und Katzen: W, S. 22 f. u. 95.
Tasso: PC, S. 19.
Petrarca: MK, S. 10.
Die Theosophie zur Tierseele: C. W. Leadbeater (1847–1934), Der sichtbare und unsichtbare Mensch, Freiburg 1964, S. 43.

Spielgefährtin meiner Fantasie

Mazarin zum Freiheitssymbol: VK, S. 29 f.; OK, S. 36 u. 214; M, S. 162.
Das Ursprüngliche (konservative) der Katze: MK, S. 89.
Bedeutung der Farben in der Astrologie: S. Golowin, Edelsteine – Kristallpforten der Seele, Freiburg 1986.
Zum Volksglauben um Katzenfarben: HA, Bd. 2, S. 1190 ff.; M, S. 133; F. Mery, Le chat..., Paris 1972.
Erfreuliche Bedeutung der »schwarzen« Katzen: u. a. Valiente, S. 54 ff.
Kurze Farblehre von H. Vetter, bei M. Dubrovic, Veruntreute Geschichte, Frankfurt 1987, S. 141.

Bildnachweis

Seite:
- 3: CC.
- 13: CC.
- 11: M.
- 17: Histoire du ciel (nouvelle éd.), Amsterdam 1759.
- 20: M.
- 24: Papus, Le Tarot des bohémiens (nouvelle éd.), Paris 1911.
- 28: W. J. Wilkins, Hindu Mythology, London 1882.
- 32: Wilkins, 1882.
- 43: CC.
- 45: M.
- 48: Histoire du ciel, 1759.
- 52: W. Mannhardt, Die Götter der deutschen Völker, Berlin 1860.
- 57: M. Herr, Eigentlicher Entwurf des Zauber-Festes, Kupferstich um 1640 (Ausschnitt).
- 63: Wassilij Masjutin, in: A. S. Puschkin, 1922.
- 71: Ukrainskie narodnye skazki (Ukrainische Volksmärchen), Hrsg. M. Rylski, Moskau 1954.
- 75: H. Eggimann, in: H. Correvon, Gespenstergeschichten aus Bern, Bern 1910.
- 78: Eggimann, 1910.
- 85: PM.
- 89: Hieronymus Bosch, Garten der Lüste (Ausschnitt).
- 94: Natalia Gontscharowa, Mönch und Katze (Ölgemälde), 1910, aus: T. T. Rice, Die Kunst Rußlands, Zürich 1965.
- 97: Albrecht Dürer, Adam und Eva (Kupferstich), 1504.
- 101: J. Collin de Plancy, Dictionnaire infernal (illustr. Ausg.), Paris 1863.
- 106: M.
- 109: Bronze-Aquamanile, 13. Jahrhundert, aus: Rice, 1965.
- 112: K. Meuli, Schweizer Masken, Zürich 1942.
- 119: U. Baumgartner, in: S. Golowin, Das Büchlein für die Katze, Bern 1978.
- 126: CC.
- 129: PM.
- 131: CC.
- 134: Plakat der »Club de chat noir«, gegründet von Rodolphe Salis, Paris.

139: Jean Cocteau: Die Schöne und das Tier (© Filmverleih Die Lupe GmbH).
141: Mini minuit fantastique, Nr. 2: Vamps, Paris 1962.
145: The Great Superman Book, Hrsg. M. L. Fisher, New York 1978.
149: Collin de Plancy, 1863.
152: CC.
158: Encyclopedia of Witchcraft, Hrsg. H. Holzer, London 1974.
168: CC.
171: J. Faust, Praxis Caballe... (Handschrift), 1728.
181: John Tenniel, Bilder zu Alice-Büchern von L. Carroll.
184: F. X. King, Witchcraft and Demonology, London 1987.
199: U. Baumgartner, in: Golowin, 1978.
203: Papus, 1911.
206: Iwan Bilibin, in: A. S. Puschkin, 1899.
211: U. Baumgartner, in: Golowin, 1978.
221: Bataille, Le diable au 19e siècle, Paris 1895.
224: Russkij lubok, Hrsg. P. Adrianowa-Peretz, Moskau 1952.
242: A. Lonicerus, Kreuterbuch, Ulm 1679.
247: Histoire du ciel, 1759.
253: Klaus Berger, in: S. Golowin, Ein Büchlein für die Katze, Bern 1955.
255: VK.
261: CC.
268: CC.
274: Tenniel/Carroll.
279: Russkij lubok, 1952.
283: F. Chapront, in: J.-K. Huysmans, La-bas, Paris 1924.
290: Berger, in: Golowin, 1955.
301: VK.
304: Jean Cocteau, Le chat botté (Zeichnung).

Vorderes Vorsatz: Erté, Der Buchstabe ›L‹ (© VG Bild-Kunst, Bonn 1989).
Hinteres Vorsatz: H. Marrifield, 1986.

Die Urheber einiger Abbildungen konnten leider nicht ermittelt werden; die Rechte dieser Urheber werden selbstverständlich vom Verlag gewahrt. Die Urheber oder deren Erben werden gebeten sich beim Verlag zu melden.